中华文化公开课

文化艺术七讲

马彦文 著

图书在版编目（CIP）数据

文化艺术七讲 / 马彦文著 . -- 北京：当代世界出版社，2019.5
（中华文化公开课）
ISBN 978-7-5090-1364-9

Ⅰ . ①文… Ⅱ . ①马… Ⅲ . ①文化艺术—中国 Ⅳ . ① G12

中国版本图书馆 CIP 数据核字 (2018) 第 125776 号

文化艺术七讲

作　　者：	马彦文
出版发行：	当代世界出版社
地　　址：	北京市复兴路 4 号（100860）
网　　址：	http://www.worldpress.org.cn
编务电话：	（010）83907528
发行电话：	（010）83908410
	（010）83908377
	（010）83908423（邮购）
	（010）83908410（传真）
经　　销：	新华书店
印　　刷：	河北华商印刷有限公司
开　　本：	710mm×1000mm　1/16
印　　张：	16
字　　数：	300 千字
版　　次：	2019 年 5 月第 1 版
印　　次：	2019 年 5 月第 1 次
书　　号：	ISBN 978-7-5090-1364-9
定　　价：	39.80 元

如发现印装质量问题，请与承印厂联系调换。
版权所有，翻印必究；未经许可，不得转载！

PREFACE 前言

中华民族历史悠久，文化渊深流长，历代名家辈出，树立起一座座艺术高峰，形成了世界艺术史上的一座巨型山脉。中国古代艺术拥有鲜明的民族特色，对全人类的文明和进步产生过巨大的影响。骨力内敛的书法、优美和谐的音乐、气韵生动的绘画，无不反映了古代中国人对宇宙、对生命的感悟。中国艺术执着于宇宙与生命合而为一的境界，注重表现艺术家的心灵感觉和个性色彩，重意境、向内化，表现手法写意，在世界艺术殿堂中闪耀着独特的光辉。

中国古代艺术卓有成就，体现了东方美学的精髓，在中华传统文化的滋润下，形成了独特的审美情怀。书法是中国诸艺术门类中最具民族特色的表现形式。书法家凭借汉字字形结构，运用中国特有的毛笔、墨和纸张，营造出无比美妙的姿态风神。他们书写的笔画铁钩银画、仪态万方、力透纸背，这些笔触渗透了对艺术的哲学化体验，蕴含着充沛的骨力和流动的美感。可以说，书法是无声的音乐、抽象的绘画、纸上的舞蹈。李泽厚先生在《美的历程》中把书法视为中国艺术精神的典型体现："书法由接近于绘画雕刻变而为可等同于音乐和舞蹈。并且，不是书法从绘画而是绘画要从书法中吸取经验、技巧和力量。运笔的轻重、疾涩、虚实、强弱、转折顿挫、节奏韵律，净化了的线条如同音乐旋律一般，它们竟成了中国各类造型艺术和表现艺术的魂灵。"

中国古代艺术中另一重要的文化元素是音乐。乐声袅袅，舞姿翩翩，载歌载舞的表演形式在中国流行久远。乐和舞在其起源之初曾经密不可分，随着诗歌的兴起，乐和舞又与诗结合在一起。从远古迄于隋唐，歌舞一直是表演艺术的主流。隋唐以降，诗、乐、舞相互影响而后提高，诞生了中国最早的戏曲表演艺术，并发展成一门璀璨夺目的艺术：戏剧。

中国古代艺术走过了漫长的历程，一万多年前的山顶洞人就开始制作石珠、骨附一类的装饰品。他们不仅掌握了打磨、钻孔的技术，而且还在新石器后期，学会了制作彩陶。在出土的半坡彩陶上，绘制着狗、鱼、蛙、鸟等形象，马家窑彩陶则以几何文饰为主。这些创作行为，一方面开了中华雕塑的先河，另一方面，也成了绘画艺术的滥觞。

中国古代艺术犹如大海，浩瀚而深邃，本书以青少年的阅读为本位，打破了传统的以文字记史的单一模式，通过科学的体例与创新的版式，全方位、新视觉、多层次地阐释中国艺术。系统地介绍了书法、绘画、音乐、舞蹈、戏曲等艺术内容，使广大读者对中国古代艺术得到详实的了解。同时，编者选配的近300幅涵盖面广阔的图片，更加方便读者理解有关作品。

目录
CONTENTS

第一讲　书法艺术

⊙ 钟体：巧趣精细，殆同机神 / 2
⊙《平复帖》：唯存数行，为希代宝 / 4
⊙《兰亭序》：天下第一行书 / 6
⊙ 魏碑：笔力雄健，拙朴天成 / 8
⊙ 欧体：草里惊蛇，云间电发 / 10
⊙ 虞世南：刚柔并重，骨力遒劲 / 12
⊙ 褚遂良：字里金生，行间玉润 / 14
⊙ 孙过庭：书论双绝 / 16
⊙ 李阳冰：阳冰独步，仓颉后身 / 18
⊙ 颜真卿：点如坠石，画如夏云 / 20
⊙ 柳公权：骨力矫健，气脉流贯 / 22
⊙ 张旭：挥毫落纸如云烟 / 24
⊙ 怀素：壮士拔剑，神彩动人 / 26
⊙ 苏轼：酒酣放浪，意忘工拙 / 28
⊙ 米芾：天姿辕轹未须夸，集古终能自立家 / 30
⊙ 文徵明：温润秀劲，稳重老成 / 32

⊙ 祝允明：性功须并重，超然出神彩/34
⊙ 黄道周：刚劲有力，雄健奔放/36
⊙ 王铎：怪诞奇卓，气势磅礴/38
⊙ 傅山：清初第一写家/40
⊙ 邓石如：清代碑学巨擘/42

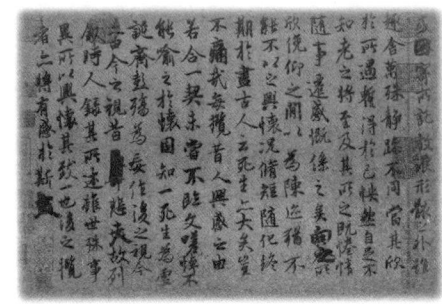

第二讲　绘画艺术

⊙ 彩陶纹画/46
⊙ 战国帛画/48
⊙ 汉代壁画/50
⊙ 顾恺之：才绝、画绝、痴绝/52
⊙ 张僧繇：点睛之笔动寰宇/54
⊙ 展子虔：天生纵任，亡所祖述/56
⊙ 王维：盛唐画坛第一把交椅/58
⊙ 阎立本：神彩如生的人物画/60
⊙ 吴道子：落笔雄劲、敷粉简淡/62
⊙ 关仝：笔简气壮，景广意长/64
⊙ 敦煌壁画：神性中的世俗美/66
⊙ 张萱和周昉：仕女画的集大成者/68
⊙ 边鸾：精于设色，浓艳如生的花鸟画/70
⊙ 顾闳中及其《韩熙载夜宴图》/72
⊙ 赵佶及其花鸟画/74
⊙ 张择端及其《清明上河图》/76
⊙ 梁楷：不拘法度，放浪形骸/78
⊙ 文同：墨竹大师/80
⊙ "南宋四家"：李唐、刘松年、马远、夏珪/82
⊙ 李公麟：不施丹青，而光彩动人/84
⊙ 赵孟頫：元代画坛冠冕/86

- ⊙ 倪瓒：牙签曜日书充屋，彩笔凌烟画满楼/88
- ⊙ 黄公望：简淡洗炼山水风/90
- ⊙ 沈周：吴门画派创始人/92
- ⊙ 仇英：神彩飞动，精丽艳逸/94
- ⊙ 唐寅：江南第一风流才子/96
- ⊙ 徐渭：放浪曲蘗，恣情山水/98
- ⊙ 陈洪绶：一代版画宗师/100
- ⊙ 董其昌：晚明画坛宗主/102
- ⊙ 八大山人：墨点无多泪点多/104
- ⊙ 髡残：奥境奇辟，缅邈幽深/106
- ⊙ 石涛：搜尽奇峰打草稿/108
- ⊙ 恽寿平：为花传神/110
- ⊙ 郑板桥：买尽青山当画屏/112
- ⊙ 扬州八怪：泼墨写意，抒发性灵/114
- ⊙ 海上画派：揭开现代中国画序幕/116
- ⊙ 岭南画派：大处落墨，形神兼备/118
- ⊙ 任伯年：丰姿多彩，新颖生动/120
- ⊙ 吴昌硕：浑厚苍劲，真趣盎然/122
- ⊙ 张大千：包众体之长，兼南北二宗之富丽/124
- ⊙ 齐白石：为万虫写照，为百鸟张神/126

第三讲　音乐艺术

- ⊙ 《诗经》：古乐歌词/130
- ⊙ 曾侯乙墓编钟：气势磅礴的大型乐器/132
- ⊙ 李延年：西汉宫廷音乐家/134
- ⊙ 蔡文姬和《胡笳十八拍》/136
- ⊙ 嵇康：七弦琴上说寂寥/138

- ⊙梅花三弄：凌霜傲雪之韵/140
- ⊙苏祗婆：音乐理论家/142
- ⊙秦王破阵乐：豪迈苍凉的大曲/144
- ⊙霓裳羽衣曲：声韵华贵的大曲/146
- ⊙恬淡虚静的佛教音乐/148
- ⊙瓦市勾栏与说唱音乐/150
- ⊙曲子词：豪放婉约并秀/152
- ⊙潇湘水云：云水苍茫，声入九嶷/154
- ⊙海青拿天鹅：惊心动魄的琵琶曲/156
- ⊙十面埋伏：雄浑壮武琵琶曲/158
- ⊙散曲：元代俗谣俚曲/160
- ⊙明代民歌和小曲/162

第四讲　舞蹈艺术

- ⊙神秘的原始乐舞/166
- ⊙华丽的"百戏"歌舞/168
- ⊙千姿百态的魏晋舞风/170
- ⊙像风一样的胡旋舞/172
- ⊙矫健豪放的胡腾舞/174
- ⊙唐代的健舞与软舞/176
- ⊙映日浴风的踏歌/178
- ⊙宋代的"队舞"和"舞队"/180

第五讲　戏剧艺术

- ⊙ 盛况空前的百戏/184
- ⊙ 充满搏斗气息的角抵戏/186
- ⊙ "滑稽"参军戏/188
- ⊙ 唐代歌舞戏/190
- ⊙ 宋代杂剧/192
- ⊙ 元曲四大家/194
- ⊙ 关汉卿与《窦娥冤》/196
- ⊙ 王实甫与《西厢记》/198
- ⊙ 汤显祖与《牡丹亭》/200
- ⊙ 李玉与苏州派戏曲/202
- ⊙ 洪昇与《长生殿》/204
- ⊙ 孔尚任与《桃花扇》/206
- ⊙ 京剧：中华国粹/208
- ⊙ 豫剧：大众化的戏剧/210

第六讲　曲艺艺术

- ⊙ 弹词：但许兰闺消永昼，岂教少女动春思/214
- ⊙ 弦子书：西韵悲秋书可听/216
- ⊙ 京韵大鼓：唱中有说，说中有唱/218
- ⊙ 梅花大鼓：悲如秋声，脆如落珠/220
- ⊙ 马街书会/222

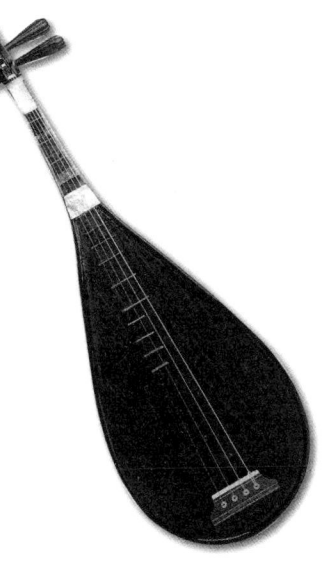

第七讲　雕塑艺术

- 商周雕塑：青铜时代的壮歌/226
- 秦俑：气势磅礴的阵容/228
- 霍去病墓石雕：庄重雄浑的史诗/230
- 麦积山石窟：东方雕塑陈列馆/232
- 云冈石窟：飞翔和微笑的世界/234
- 龙门石窟：神秘华丽的佛界/236
- 南朝陵墓石刻：倾听风雨的神兽/238
- 昭陵六骏：凝注在石上的辉煌/240
- 乾陵：初唐时期的雕刻总汇/242
- 明十三陵：帝陵的杰出代表/244

第一讲
书法艺术

钟体：巧趣精细，殆同机神

> 钟繇在中国书法史上影响很大，历来都奉他为中国书法史上的鼻祖。他在书写上首定楷书，对汉字的发展有杰出贡献。钟繇所创立的书写风格，被后世称为"钟体"，为许多人竞相学习，对后世楷书字的发展产生了重大影响。

书家生平

钟繇（153—230年）三国时期魏国的书法家，字元常，颖川长社（今河南长葛，一说许昌）人。出身于东汉望族，祖先数世均以德行著称，祖父钟迪因党锢之祸而终身没有做官。钟繇的父亲很早就去世了，钟繇由叔父钟瑜抚养成人。

相传钟繇自小就长相不凡，聪慧过人，他曾经与叔父钟瑜一起去洛阳，途中遇到一个相面者，相面者看到钟繇相貌，便对钟瑜说：这个孩子面相富贵，但是将有一个被水淹的厄运，请多加注意。结果没走几里，钟繇所骑马匹突然惊慌，钟繇被掀到水里，差点淹死。钟繇的叔父看到算命先生的话应验了，认为钟繇将来必会成就一番事业，便对其悉心培养。钟繇也不负众望，学习十分刻苦，最终成为书坛一代宗师。

汉末，董卓作乱，钟繇随同曹操平定叛乱有功，被曹氏倚为心腹。官渡之战时，袁绍与曹操相持不下，钟繇及时送往曹营一千余匹马，为曹操大破袁军起到了一定作用。钟繇在曹魏政权官声很隆，后来位至太傅。魏太和四年（230年），钟繇去世，魏明帝曹睿亲穿孝衣凭吊，谥号"成侯"。

痴迷书法到癫狂

钟繇在书法上冠盖古人，很重要的一个原因在于他能够钻研前人的成就，他曾经学书于曹喜、刘德昇、蔡邕等当世名家。同时，他的悟性极好，钻研书法达到了痴迷的程度。他曾自称："吾精思书学三十年，坐与人语，以指就座边数步之地书之，卧则书于寝具，具为之穿。"钟繇对书法的热诚近乎癫狂，相传他曾在韦诞的座位上发现了大名

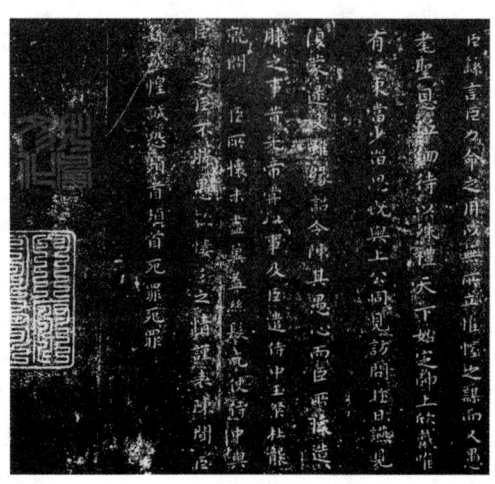

◆《力命表》

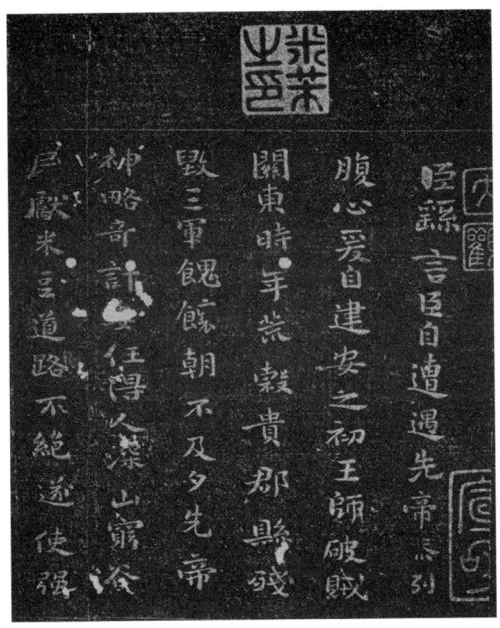

◆《荐季直表》（局部）

士蔡邕的练笔秘诀，便请求韦诞给自己，但因该书甚为珍贵，韦诞坚决不肯外借。尽管钟繇苦苦请求，仍然遭到拒绝。情急之下，钟繇捶胸顿足，击打自己的胸口，以致伤痕累累，终于昏蹶而奄奄一息。尽管如此，韦诞仍心如钢铁，不肯借书。曹操得知此事，命人立即急救，钟繇才不至于丧命。钟繇对韦诞的藏书耿耿于怀，但人家不借，他也无奈。后来，韦氏去世，钟繇掘其坟而得其书，终于以偿所愿，由此可见钟繇对书法的痴迷。

艺术风范

钟繇的书法古朴、典雅，字体大小相间，整体布局严谨、缜密，博取众长，自成一家，书若飞鸿戏海，舞鹤游天。梁武帝撰写了《观钟繇书法十二意》，称赞钟氏书法"巧趣精细，殆同机神"。后人将其和大书法家胡昭并称为"胡肥钟瘦"，又与晋代大书法家王羲之并称为"钟王"。

钟繇的正楷书法独步当世，所作秀美典雅，幽深无际。他的小楷体势微扁，行间茂密，点画厚重，笔法清劲，醇古简静，富有一种自然质朴的意味。其《荐季直表》被后世称为"神品"，元代陆行直称赞此表为"无上太古法书，天下第一妙迹"。

钟繇在中国书法史上堪称泰山北斗，其书法理论对后世也产生了较大影响。《书苑菁华》对他论书的话做了记载："用笔者天也，流美者地也，非凡庸所知。"他以天地、天人来论述书法艺术，认为书法艺术中存在自然之气，把对自然奥妙的领悟运用于书法创作中，达到出神入化、赋造化之灵于笔端的境界。由此可见，钟氏不但勤于实践，而且在理论上也对后世影响深远。

延伸阅读

钟繇不避敌

官渡之战后，钟繇成为曹操阵营里独当一面的人物之一。当时河北袁绍的残余势力还没有扫清，有的投靠了匈奴。不久，匈奴单于在平阳挑起战争，钟繇率军抵御，这时，袁绍残部河东太守郭援陈兵河东，兵势大盛。钟繇的部下都劝他躲避，钟繇说："袁绍正当强盛之时，郭援来关中暗中与袁绍互通情报，郭援之所以没有立即公开与袁绍联合起来，是惧于我们的威名，现在躲避，敌人会认为我们畏敌。百姓都仇恨郭援，纵然我们躲开了，百姓能躲吗？如此一来我们仗没打而先败了。况且，郭援刚愎自用，认为我军兵少可胜。如果他渡过汾水安营扎寨，我们半渡而击之，就能获胜。"事实果如钟繇所料，郭援兵败被杀，单于也归附。之后，钟繇又连续打败了河东的张晟、张琰、高干等割据势力，立下了赫赫战功。

第一讲 书法艺术

《平复帖》：唯存数行，为希代宝

> 陆机是西晋时期著名文学家，也是一位杰出的书法家，他的《平复帖》是现存最早的名人书法真迹。在中国书法艺术发展史上具有极高的地位，历来有"皇帖"之称，获"墨皇"之冠。

书家生平

陆机(261—303年)，字士衡，吴郡(今江苏苏州)人，一说华亭(今上海松江)人。陆机生于一个世代显臣的家庭，祖父陆逊、父亲陆抗都是三国时东吴的名将。陆机曾经担任过平原内史、祭酒、著作郎等职，世称"陆平原"，后因"八王之乱"而死，被夷三族。

世称陆机"少有奇才，文章冠世"，他文学成就很高，留下了不少脍炙人口的诗歌，尤其擅长文学批评，20岁时便创作《文赋》，这篇赋是中国文学批评史上第一篇批评性质的文学专论，系统地对文学性质、创作主体修养、创作动机生成、创作构思、审美表达、作品形态和作品风格等进行了研究。

此外，陆机还是一位杰出的书法家，他的《平复帖》刚劲质朴，对书法的发展影响很大。

《平复帖》的艺术风格

《平复帖》是陆机写给朋友的一封信，文章内容说到病体"恐难平复"等内容，所以后人称之为《平复帖》。此帖共9行84字，乍看此帖，书法起笔大多圆浑，竖、撇往往斜侧出锋；字体左高右低，既无蚕头凤尾，也无银钩虿尾之状，然而全文形散而神不散，笔画使转自如，带有隶书的波磔笔法；线条短小丰腴，笔画简练朴实，字与字之间不像今草那样连绵不断，但也不完全独立，笔意紧紧相连，上下呼应贯通。《平复帖》是草书演变过程中的典型之作，其最大的特点是犹存隶书的笔意，但又没有隶书那样波磔分明，融合了章草与今草两种字体的特征。

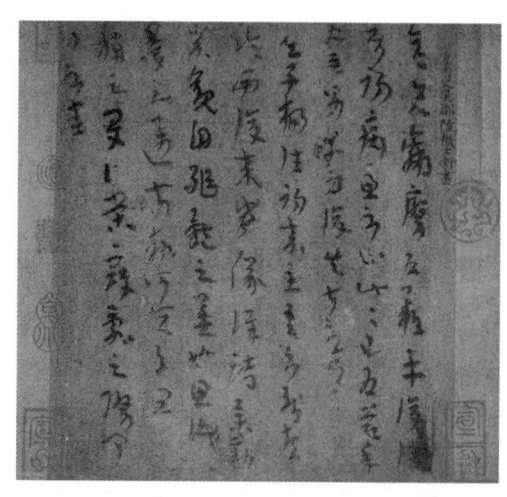

◆ 《平复帖》（局部）

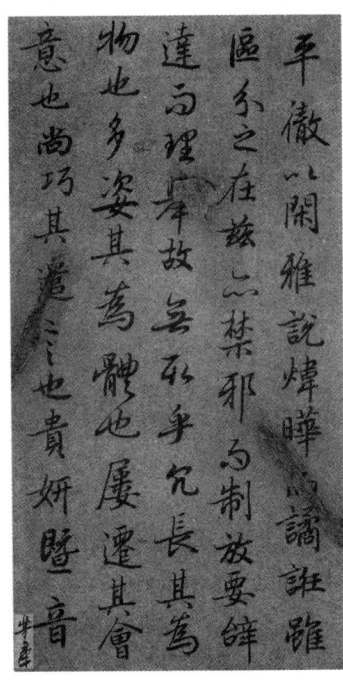

◆ 《文赋》（局部）

《平复帖》从文词到草法都有点古幻难识。用笔则使用秃笔、燥墨，有如有些书画家所追求的"万岁枯藤"的味道，与甜俗一路大异其趣，可见秃笔枯锋的独特面貌。历代人对《平复帖》有很多评述。宋代陈绎说"士衡《平复帖》，章草奇古"；明代董其昌说"右军以前，元常之后，唯存数行，为希代宝"；清代顾复说"古意斑驳而字奇幻不可读，乃知怀素《千字文》《苦笋帖》，杨凝式《神仙起居法》，诸草圣咸从此得笔"。

《平复帖》与张伯驹

《平复帖》历来受尊崇，在流传过程中大多被贵族和封建知识分子所收藏，到了近代，《平复帖》几乎流出国门，由于张伯驹先生的努力，才保留下来。抗日战争时期，日本帝国主义不仅疯狂掠夺我国的财富，还把目光对准了我国的各种珍宝。当时，有人想把《平复帖》献给日本人。在这千钧一发之际，著名书法家、收藏家张伯驹先生知道了此事，他非常愤怒，担心这件名帖流出国门。情急之下，他变卖了自己的全部家产，用巨款买回了《平复帖》以及其他一些古代书画珍品，仅《平复帖》就花去4万大洋。新中国成立后，张伯驹又与夫人潘素把这件流传1700年的无价之宝及自己所藏的古代珍品字画无偿献给了国家，他的高尚人格魅力值得世人永远铭记。

延伸阅读

古代明星

陆机是东吴名门之后，晋朝统一全国，消除了东吴的割据。陆机和弟弟陆云隐退故里，十年闭门勤学。晋武帝太康十年（公元289年），陆机和陆云来到京城洛阳，顿时产生了一股明星般的轰动效应。时任太常的著名学者张华非常看重陆氏兄弟二人，说："伐吴之役，利获二俊。"使得二陆名气大振。时有"二陆入洛，三张减价"之说。当时洛阳城的三大才子是张载、张协、张亢。可是陆氏兄弟一来，顿时失色，人们都转而追捧陆机和陆云。如此看来，古代也是有明星和粉丝的。

《兰亭序》：天下第一行书

> 王羲之书风与两汉、西晋的书法相比，最明显的特征就是用笔细腻，结构多变。他在书法上的最大成就是增损古法，把汉字书写从实用转为一种真正的艺术，他讲究情趣，注重境界，转变汉魏质朴书风，获得"书圣"之誉。

书家生平

王羲之（303—361年，一作321—379年），字逸少，号澹斋。琅琊临沂人（今山东临沂），父亲王旷，历任丹阳太守、会稽内史。伯父王导，历事元帝、明帝、成帝三朝，出将入相，官至太傅。王氏家族是东晋王朝最为显赫的家族之一，王羲之就成长在这样一种氛围中。王羲之幼年不善言辞，长大后却辩才出众。朝廷公卿看重王羲之的才器，屡屡召举为官，他都辞谢。后来征西将军庾亮请他担任参军，累迁长史，宁远将军、江州刺史，最后官至右军将军，世称"王右军"。后与太原王述不和，称病去职，在会稽隐居，直到去世。他酷爱书法，练习非常勤奋，终成大器，其作品《兰亭序》是绝世珍品。

艺术风格

王羲之经常临池书写，就池洗砚，时间长了，池水里都是墨，人们就把这个水池称作"墨池"。就这样，王羲之几十年来锲而不舍地刻苦练习，终于使他的书法艺术达到了超逸绝伦的高峰。

王羲之的书法之风与两汉、西晋的书法相比，最明显的特征就是用笔细腻，结构多变。他擅长各种字体的书写，隶、草、楷、行无不精擅，其书法平和自然，笔势委婉含蓄，遒美健秀，后人评曰："龙跳天门，虎卧凤阁""天质自然，丰神盖代""飘若

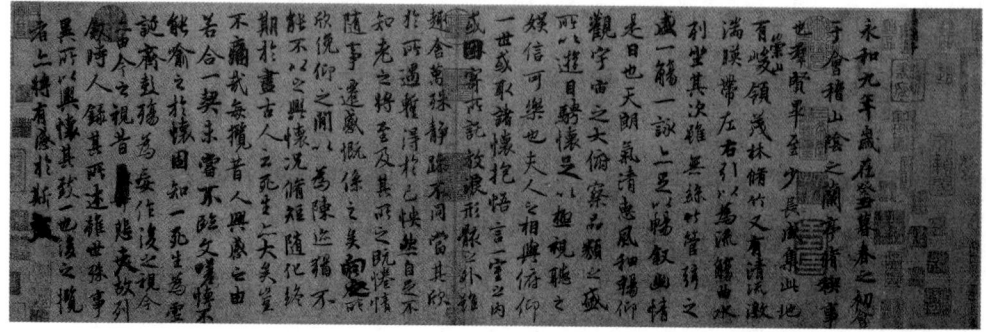

◆《兰亭序》（神龙本）

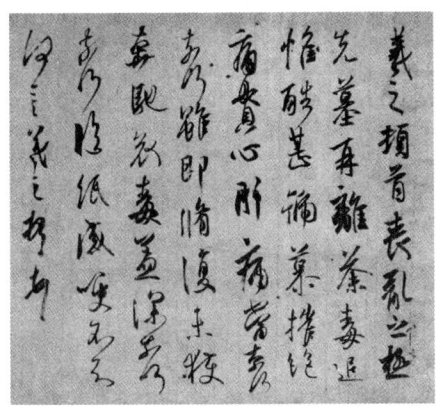

◆ 《丧乱贴》

游云，矫若惊龙"。他博采众长，摆脱了汉魏笔风，自成一家。在书法的发展上产生了质的飞跃，被人们誉为"书圣"，他的行草书又被世人尊为"草之圣"。

王羲之的书法作品没有原迹存世，流传下来的多是后世临摹的刻本，有《十七帖》小楷《乐毅论》《黄庭经》《兰亭序》（冯承素摹本）《丧乱帖》《远宦帖》《快雪时晴帖》《频有哀帖》《姨母帖》《寒切帖》《行穰帖》等，其中《兰亭序》对后世的影响力最大。

他的《兰亭序》为历代书家所敬仰，被誉作"天下第一行书"。相传唐太宗将其书法作品视为国宝，号召天下临摹他的字体，他的书法遂成为代替汉魏笔法的书体正宗，自王羲之以后行书也可以刻在石碑上。

《兰亭序》

东晋永和九年（353年）农历三月三日，王羲之和谢安、孙绰等41人在绍兴兰亭修禊（祓除疾病的集会活动）时，会上各人做诗，王羲之为他们的诗写序文手稿。序中记叙兰亭周围山水之美和聚会的欢乐之情，抒发好景不长、生死无常的感慨。法帖相传之本，共28行，324字，章法、结构、笔法都很完美，是他50岁时的得意之作。后人评道"右军字体，古法一变。其雄秀之气，出于天然，故古今以为师法"。此帖被宋代大书法家米芾称之为"天下第一行书"。

现代存世的《兰亭序》以唐代的摹本（神龙本）最为出名，此本摹写精细，笔法、墨气、行款、神韵，都得以体现，公认为是最好的摹本；石刻首推"定武本"。经郭沫若考证，认为与王羲之思想无相同之处，书体亦和近年出土的东晋王氏墓志有出入，疑为隋唐人伪托。

《兰亭序》表现了王羲之书法艺术的最高境界。作者的气度、风神、襟怀、情愫，在这件作品中得到了充分表现。古人称王羲之的行草如"清风出袖，明月入怀"，堪称绝妙的比喻。

王羲之的儿子王献之也是一位著名的书法家，他自幼就跟随父亲王羲之学习书法，以行书和草书闻名于世。因此，世人将他们合称为"二王"。

延伸阅读

东床快婿

王羲之为人坦率，不拘礼节，从小就不慕荣利。《世说新语》提到，晋代太尉郗鉴欲与王氏家族联姻，就派了门生到王家去择婿。王导让来人到东厢下逐一观察他的子侄。门生回去后向郗鉴汇报说："王氏的诸少年都不错，一个个神态矜持，只有一个人躺在东床上袒胸吃东西。"郗鉴听了，说："这就是我要找的佳婿。"原来，这个人就是书法家王羲之。这就是"东床快婿"的典故。

魏碑：笔力雄健，拙朴天成

魏碑是北朝碑刻的统称，其特点是笔力、字体强劲，是后世书法的楷模之一。魏碑主要分两大类：一类是佛教的造像题记；一类是民间的墓志铭。康有为称魏碑有"十美"，高度概括了魏碑的雄强、朴拙、自然天成的艺术特点。

书体概略

魏碑，是指南北朝时期北朝的碑刻书法作品。现存的魏碑书体都是楷书，因此有时人们也把这些楷书碑刻作品称为"魏楷"。魏碑也被称作"北碑"，在北朝的各个王朝中以北魏的立国时间最长，后来就用"魏碑"来代称包括东魏、西魏、北齐和北周在内的整个北朝时期的碑刻书法作品。魏碑的大成人物有索靖、崔悦、高遵、沈馥、姚元标、赵文深等。

魏碑是楷书的一种，魏楷和晋朝的楷书、唐朝的楷书并称三大楷书字体。魏碑体现了隶书向楷书发展过渡的一些因素。魏晋之际已经有了楷书，钟繇的《宣示表》、王羲之的《黄庭经》等作品都是比较成熟的楷书。之后，随着大批西晋文人随同晋室南渡之后，北朝的书风就和南朝产生了很大差别。北朝现存的碑刻大多是民间无名氏书法家的作品，和南朝士大夫所谓"风流蕴藉"的书法风格迥异。钟繇和王羲之完成了部分由隶变楷的过程，由于晋室南渡，北魏的民间书法家们没有继承他们的多少成果，而是遵循民间书法的发展轨迹，更多的是直接从汉魏时期的隶书演变而来。

魏碑书法主要分两大类：一类是佛教的造像题记；一类是民间的墓志铭。仅龙门石窟的造像题记就有三千余品，《龙门二十

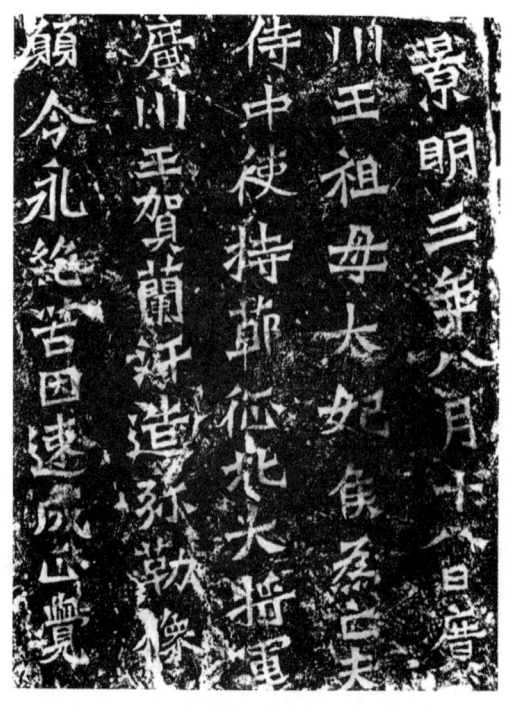

◆ 魏碑

品》是其中的菁华之作。墓志在南北朝十分盛行，北魏的墓志铭比前代都多，书法中带有汉隶笔法，结体方严，笔画沉着，变化多端，美不胜收。

龙门二十品

"龙门二十品"是魏碑书法的代表，指的是龙门石窟中北魏时期的二十方造像题记，其中十九品在古阳洞，一品在慈香窟。二十品的称呼最早见于清代康有为所著的《广艺舟双楫》和方若所著的《校碑随笔》。"龙门二十品"的内容大多是表达造像者祈福消灾的。其书法艺术从汉隶和晋楷的基础上发展演化而来，形成了端庄大方、刚健质朴，既兼隶书格调，又有楷书因素的独特风格，是北魏时期书法艺术的精华之作。

康有为论"魏碑"

康有为是近代著名的思想家、政治家、文学家。他在维新变法早期提出的政治主张未获得认同，但是他的书法理论却名满京华。《广艺舟双楫》就是一部研究书法作品的专著。他在该书中赞誉魏碑有"十美"："古今之中，唯南碑与魏为可宗。他提出的十美之说获得了不少书家的共鸣，其十美说：一曰魄力雄强，二曰气象浑穆，三曰笔法跳越，四曰点画峻厚，五曰意态奇逸，六曰精神飞动，七曰兴趣酣足，八曰骨法洞达，九曰结构天成，十曰血肉丰美，是十美者，唯魏碑南碑有之。"

康有为在此概括了魏碑书法雄强、朴拙、自然天成的艺术特点。此后碑学盛行，人们普遍认识到了魏碑的价值，修习楷书的

◆ 康有为

人除了取法"晋唐"，也有越来越多的人开始选择魏碑。

延伸阅读

周总理和《龙门二十品》

在龙门石窟流传着一个"周总理青睐龙门二十品"的故事。1973年10月14日，周总理来到古阳洞，他是陪同加拿大总理特鲁多来的。一路走来，从最北边的禹王池，一直到最南边的古阳洞，周总理一直在欣赏书法作品。他非常喜欢魏碑作品，在禹王池见到有卖《龙门二十品》拓本的小摊，就停了下来，拿起一本看起来，一问价格是500元，就放下了。到了宾阳洞，周总理再次看到卖《龙门二十品》拓本的小摊，又一次停下了脚步，问礼宾司司长韩叙"带了多少钱"。韩叙说:"没想到会用现金。我们几个人身上的钱加起来还不到300元。"

见此情景，一名随员小声和总理商量:"是否可以让他们先给一套，我们回北京后把钱寄来……"

周总理回答了两个字:"不行！"

欧体：草里惊蛇，云间电发

> 欧阳询的书法成就以楷书为最，他博览古今，八体兼妙，楷书法度之严谨，笔力之险峻，结构之独异，世无所匹，被称之为唐人楷书第一，后人称为"欧体"，于后世影响深远。

书家生平

欧阳询（557—641年），字信本，潭州临湘（今湖南长沙）人，楷书四大家（欧阳询、颜真卿、柳公权、赵孟頫）之一。与虞世南、褚遂良、薛稷并称"初唐四大家"。

◆ 欧阳询

欧阳询相貌丑陋，但非常聪明，又勤学刻苦，读书一目十行，少年时就博览古今，精通《史记》《汉书》和《东观汉记》三史，尤其笃好书法，几乎达到痴迷的地步。他的书法誉满天下，人们以得到他的尺牍文字为荣，一旦获得其墨迹就视作瑰宝。唐武德(618—626年)年间，高丽（位于今朝鲜半岛）特地派使者来长安求取欧氏书法。

唐高祖李渊感叹地说："没想到欧阳询的名声竟大到连远方的夷狄都知道。他们看到欧阳询的笔迹，一定以为他是位形貌魁梧的人物吧。"

欧阳询晚年非常珍惜自己的名誉，每次写字都十分慎重，而且非常讲究书法工具。他的笔内用狸毛，外覆兔毛制成，笔管用犀牛角或象牙制作，没有这样的书法工具绝不下笔。武则天时期，欧阳询遭到酷吏来俊臣诬陷，被捕下狱，备受拷打，后遇害身亡。

艺术风范

欧阳询初学习王羲之和王献之，并吸收了汉隶和魏晋以来楷书的营养，尤其工于楷书、行书。他的书法成就以楷书为最，笔力险劲，结构独异，被后人称之为"欧体"，对后世产生了深远的影响。

欧体骨气劲峭，法度谨严，于平正中见险绝，于规矩中见飘逸，笔画穿插，安排妥帖。在后世流传的墨迹中，欧阳询的作品较多，有《仲尼梦奠帖》《卜商帖》《张翰帖》等，碑刻有《化度寺故僧邕禅师舍利塔铭》《九成宫醴泉铭》《皇甫诞碑》《虞恭公碑》《宗圣观记》《房彦谦碑牌》等。楷书以《九成宫醴泉铭》最出名，是欧阳询的代表作，学欧书多以此为范本。唐代张怀瓘《书断》中说："询八体尽能，笔力险劲，篆体尤精，飞白冠绝，峻于古人，犹龙蛇战斗之象，云雾轻笼之势，风旋雷激，操举若神。真行之朽出于大令，别成一体，森森然若武库矛戟，风神严于智水，润色寡于虞世南。其草书迭荡流通，视之二王，可为动色，然惊其跳骏，不避危险，伤于清雅之致。"

欧阳询最大的贡献在于他对楷书结构的整理。相传欧阳询总结了有关楷书字体的结构方法共36条，名为"欧阳询三十六法"，此法虽然掺入了后人所作的若干解释或思考，但可以肯定的是，其中有很大成分源于欧阳询。欧阳询的书法，已经完全摆脱了不稳定字形的无规律性变化，进入了造型分析的层次。书法结构的成熟观念，至此才算是真正成立。

《九成宫醴泉铭》

《九成宫醴泉铭》是一块碑的碑文。该碑于贞观六年（632年）镌立于麟游(今属陕西)。碑高247厘米，宽120厘米，字24行，满行50字。魏徵撰文，欧阳询正书。记述唐太宗在九成宫避暑时发现醴泉之事。该书作笔力劲健，点画虽然瘦硬，但神采丰润饱满，向上的挑笔出锋含蓄，带有隶书笔意。字体结构典雅大方，法式严谨，看似平正，实则险劲。字形采用长方形态势，字句、行距都较大，章法显得宽松而清晰。

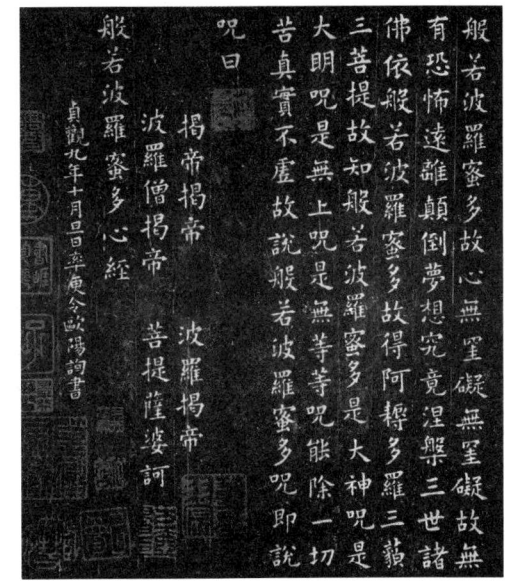

◆ 欧阳询小楷

欧阳询书写此作时已经76岁，书法艺术已是炉火纯青，加之又是奉敕之作，因而最能体现其风骨。自古以来，此铭一直被誉为"楷书之极则"，倍受人们喜爱。

延伸阅读

欧阳询八诀

欧阳询八诀，是高妙的书法理论，具有独到见解。明代人李淳的84法，清代人黄自元结构92法均受到其影响。其"八诀"为：（点）如高峰坠石，（横戈）如长空之新月；（横）如千里之阵云，（竖）如万岁之枯藤，（竖戈）如劲松倒折，落挂石崖；（折）如万钧之弩发，（撇）如利剑断犀象之角牙，（捺）一波常三过笔。

虞世南：刚柔并重，骨力道劲

虞世南是唐代诗人、书法家，唐太宗称他的德行、忠直、博学、文词、书翰为五绝。他的书法继承了"二王"的传统，外柔内刚，笔致圆融冲和而有遒丽之气。

书家生平

虞世南（558—638年）唐代诗人，字伯施，越州余姚（今浙江）人。凌烟阁二十四功臣之一，唐初书法家、文学家。虞世南的父亲虞荔，哥哥虞世基，叔父虞寄，都是隋唐时期的著名人物。虞世南、虞世基二人本为陈朝的官员，隋朝灭陈以后，虞氏兄弟二人被征入长安，人们将他们比作"二陆"（陆机、陆云）入洛阳，可见虞氏兄弟在当时的影响。

虞氏兄弟到长安后，虞世基很快受到重用，尤其是获得了隋炀帝的宠信，当时虞世基一家贵宠无比，惟独虞世南一人谨慎艰苦，只知读书写诗。虞世基是隋朝末年最著名的奸臣之一，隋朝鼠盗狗窃，朝政败坏也有他的"功劳"。隋末天下大乱，宇文化及杀掉隋炀帝以后，禁军们痛恨虞世基败坏国政，冲入他家准备将其杀死，虞世南哭泣着求情，称自己愿意代哥哥死。但未获准，哥哥全家被杀。但因为虞世南平日谨小慎微，故舍他而去。隋朝灭亡后，虞世南加入了农民起义军窦建德的阵营，虞世南在窦氏帐下做黄门侍郎。李世民擒获窦建德后，引虞世南为秦府参军，与房玄龄一起对掌文翰。后来，唐朝定鼎天下，虞世南获得重用。

唐太宗非常器重虞世南，经常和他谈论经史。虞世南趁讲史之际规调劝谏，陈述昔日帝王得失。他志性抗烈，多次因修陵、游猎等事进谏太宗，李世民更加亲礼于他，对他非常优待，封为永兴县子（唐朝爵位之

◆ 虞世南

子藏器,以虞为优。"

虞世南作品

虞世南的传世墨迹有碑刻《孔子庙堂碑》《破邪论序》等,其行书《汝南公主墓志铭》被认为可与《兰亭序》相媲美。另外还有书法理论著作《笔髓论》《书旨述》。编有《北堂书钞》一百六十卷、《群书理要》五十卷、《兔园集》十卷等。

此外,虞世南还是一位著名的诗人,其诗风与书风相似,清丽中透着刚健。他的咏物诗《蝉》紧紧抓住蝉的特点,写蝉饮清露,栖高处,声因高而远,而非是依靠秋风,寓意君子应像蝉一样居高而声远,从而不必凭借、受制于他物。其描摹状物、托物言志之功可见一斑矣。

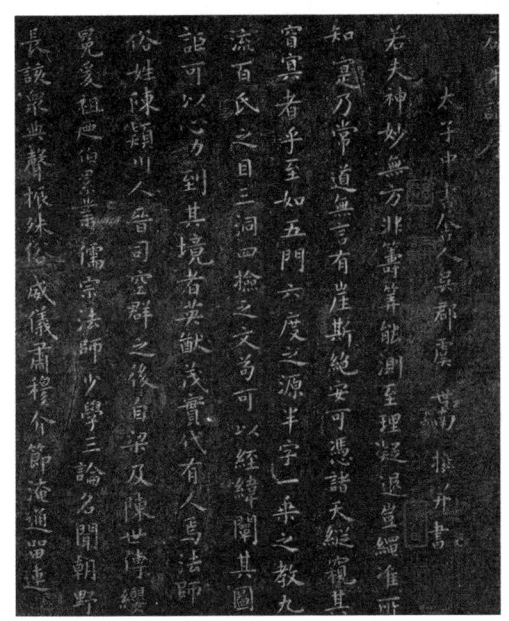

◆《破邪论序》

一,子爵),后又封为县公。贞观十二年,虞世南病逝,享年81岁。

艺术风范

虞世南师法王羲之,他的技法得到王羲之的七世孙智永禅师的传授,继承了"二王"(王羲之、王献之)的传统。其笔势圆融遒劲,外柔而内刚,上承魏晋之绪,下启隋唐之盛,与欧阳询、褚遂良、薛稷号称"初唐四大家",在当时产生了重大的影响。

书法论作《书断》把虞世南的行书称为妙品,称其书"得大令(王献之)之宏规,含五方之正色,姿荣秀出,智勇存焉。秀岭危峰,处处间起;行草之际,尤所偏工。及其暮齿,加以遒逸"。《述书赋》评论虞世南的书法:"永兴超出,下笔如神,不落疏慢,无惭世珍。"《宣和书谱》以虞世南晚年正书与王羲之相比,又以欧、虞相论,说:"虞则内含刚柔,欧则外露筋骨,君

延伸阅读

虞世南书法故事

相传,唐太宗学书就是以虞世南为师。唐太宗常感到"戈"字难写。有一天,他写字时写到"戬"字,只写了"晋"的半边,让虞世南写另外半边的"戈"。写成以后,唐太宗让魏征来鉴赏,魏征看了说:"今窥圣作,惟戬字戈法逼真。"唐太宗赞叹魏征的眼力高,从此,也更为赞叹虞世南的书法了。虞世南死后,唐太宗慨叹地说:"世南死,没有人能够同我谈论书法了。"

褚遂良：字里金生，行间玉润

褚遂良博涉经史，尤工隶楷，《唐人书评》中说他的书法"字里金生，行间玉润，法则温雅，美丽多方"，连宋代不以唐书为然的大书画家米芾也用最美的词句称颂他："九奏万舞，鹤鹭充庭，锵玉鸣珰，窈窕合度"，由此可见褚遂良的字体结构有着强烈的个性魅力。

书家生平

褚遂良（596—659年）字登善。唐初大臣，书法家。祖籍阳翟（今河南禹县），晋末南迁杭州钱塘。褚遂良的父亲名褚亮，字希明，在陈朝担任过侍郎。后来陈被隋所灭，褚亮做了隋朝的官。隋大业十三年（617年），褚遂良跟随父亲在陇西。这时候金城校尉薛举率兵叛隋，僭号称帝，号"西秦霸王"，任命褚亮为黄门侍郎，褚遂良为通事舍人。

唐朝定鼎关中后，秦王李世民消灭了西秦割据政权，听说了褚亮的名声，便聘他为东宫文学馆学士。褚遂良也被任命为都督府参军。当时著名的学者杜如晦、陆德明、孔颖达、房玄龄、虞世南等十八人都在秦王李世民的幕府中，世称"十八学士"。褚遂良获得了和他们交往和学习的机会。李世民登基之后，褚遂良获得大用，历官起居郎、谏议大夫，以黄门侍郎入相，又拜中书令，以直言敢谏深受唐太宗的赞赏。

褚遂良作为起居郎，"书人君言事，且记善恶，以为鉴诫"。一次，唐太宗问褚遂良："朕有不善，卿必记之耶？"褚遂良回答说："臣职当载笔，君举必记。"褚遂良作为起居郎尽职直批，转官谏议大夫以后，更能直言规谏。对太宗皇帝的不对之处敢于大胆指陈，甚为李世民叹服。贞观二十三年

◆《阴符经》（局部）

◆ 《雁塔圣教序》（局部）

（649年）年，褚遂良受太宗遗愿辅政。唐高宗李治即位，他任尚书右仆射。后来高宗准备立武则天为皇后，褚遂良坚决反对，抗争犯上，在大堂之上斥责武则天，受到高宗皇帝的冷遇。武则天执政之后，把褚遂良贬到了荒凉的爱州，忧愤而死。他的家人也一起被流放，两个儿子在流放途中遇害。

艺术风范

褚遂良博涉文史，尤其工于隶书，很受当时的大书法家欧阳询器重。他的书法不同于欧阳询的"险绝"，也不同于虞世南的"内涵"，而是介于他们之间的一种优美。后世评论他的书法，说他的字"温润似虞，结体法王"，"若瑶台青锁，管映春林，没人婵娟，似不任罗绮"。

少年时代的褚遂良，最初师从虞世南习字，后来又追溯"二王"，其书体学的是王羲之、虞世南、欧阳询诸家，且能登堂入室，自成体系。其特色是善把虞、欧笔法融为一体，方圆兼备，波势自如，比前辈更显舒展。

《雁塔圣教序》

褚遂良传世作品不少，墨宝有《倪宽赞》《阴符经》，碑刻有《雁塔圣教序》《伊阙佛龛碑》《房玄龄碑》等。其中《雁塔圣教序》最为后世称道。《雁塔圣教序》亦称《慈恩寺圣教序》。是大慈恩寺的两块碑的碑铭，碑有两通，均在陕西西安慈恩寺大雁塔下。第一通碑为唐太宗李世民撰文，21行，行42字。后石为记，全称《大唐皇帝述三藏圣教记》，第二通碑为唐高宗李治撰文，20行，行40字。两块石碑都是褚遂良书写，均为楷书。

《雁塔圣教序》是褚遂良58岁的作品，是最能代表褚遂良楷书风格的作品，字体清丽刚劲，笔法娴熟老成。为新型的唐楷创出了一整套规范。在字的结体上改变了欧、虞的长形字，创造了看似纤瘦，实则劲秀饱满的字体。在运笔上则采用方圆兼施，逆起逆止；横画竖入，竖画横起，首尾之间皆有起伏顿挫，提按使转以及回锋出锋也都有了一定的规矩。唐代张怀瑾评此书说：美女婵娟似不轻于罗绮，铅华绰约其有余态。秦文锦也评价说：褚登善书，貌如罗琦婵娟，神态铜柯铁干。此碑尤婉媚遒逸，波拂如游丝。

延伸阅读

唐太宗重视褚书

据说虞世南去世后，唐太宗叹息道："虞世南去世以后，再也没有人和我谈论书法了！"于是，魏征向太宗推荐褚遂良的书法，并说："遂良下笔道劲，甚得王逸少体。"唐太宗当即命人拿褚遂良的字来看。太宗一见褚遂良的书法，当即拍案叫绝，十分赞赏，即日召为侍书。

孙过庭：书论双绝

> 孙过庭擅长书法和书法理论，他的书法师法"二王"，工楷书、行书、草书。他的《书谱》是中国书法史上一篇划时代的论著，在书中他提出了著名的书法观："古不乖时，今不同弊"，为书法美学理论奠定了基础。

书家生平

孙过庭（648—703年），唐朝书法家，书学理论家。字虔礼，其籍贯有二说：一说陈留（今河南开封）人；一说富阳（今杭州西南部）人。一般均称他为富阳人，但他自称吴郡（今江苏苏州）人。他是唐高宗、武则天时人，历任参军之职。陈子昂曾经为他撰写墓志铭，说他很有才华，并有大志。但生平不甚得意，后暴疾死于洛阳植业里客舍。

艺术风范

孙过庭擅长书法和书法理论，他的书法师法"二王"，工楷书、行书、草书，张怀瓘《书断》评其书："草书宪章二王（羲之、献之），工于用笔，隽拔刚断，尚异好奇，凌越险阻，然所谓少功用，有天材。"又称："尝作《运笔论》，亦得书之旨趣。"孙过庭还善于临摹古帖，往往真赝不易分辨。唐高宗曾说，过庭小字足以迷乱王羲之、王献之，足见其逼真。陈子昂《祭率府孙录事文》说："元常既殁，墨妙不传，君之遗翰，旷代同仙。"他把孙过庭的书迹，比作钟繇，可见对孙氏书法造诣的推崇。

孙过庭的书法笔笔规范，极具法度，有魏晋遗风。宋米芾评道："过庭草书《书谱》，甚有右军法。作字落脚差近前而直，此乃过庭法。凡世称右军书有此等字，皆孙笔也。凡唐草得二王法，无出其右。"清朱履贞评："惟孙虔礼草书《书谱》，全法右

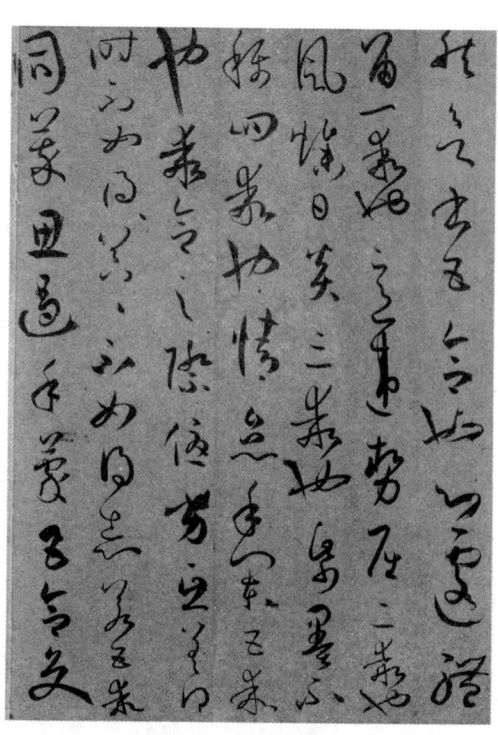

◆《书谱》（局部）

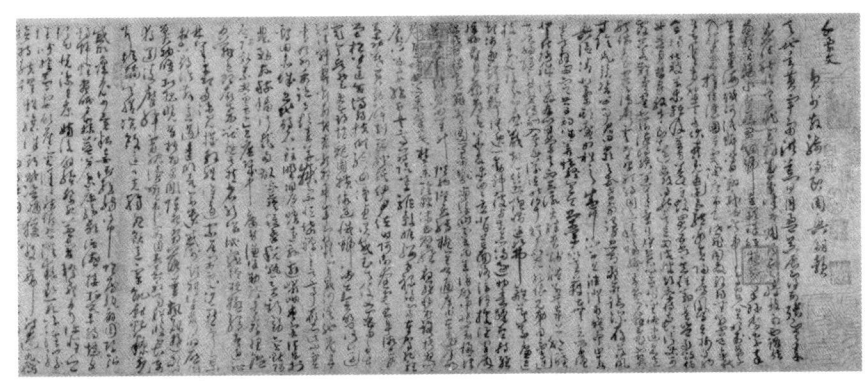

◆ 《草书千字文第五本卷》

军,而三千七百馀言,一气贯注,笔致具存,实为草书至宝。"王世贞云:"《书谱》浓润圆熟,几在山阴堂室。后复纵放,有渴猊游龙之势。"从后世名家争相评论孙氏的书法来看,其影响之深远,可谓大矣。

《书谱》

孙过庭精于书法理论,他在数十年的书法实践中,有感于汉唐以来诸论书者"多涉浮华,莫不外状其形,内迷其理";"或重述旧章,了不殊于既往;或苟兴新说,竟无益于将来。徒使繁者弥繁,阙者仍阙",因而撰写了《书谱》一书,深得书法之旨趣。《书谱》有刻本和墨迹本两种。《书谱》在宋内府时尚有上、下二卷,下卷散失后,现传世只有上卷。书中对书体的特质、运笔的技巧,书学的流派,学书的经验等,都不乏精辟的论述,历来被学习者奉为典范。

《书谱》通篇都以草书写成,洋洋数千言,首尾一致,虽然是文稿,却不失书法之佳作。作者不仅对自汉末以来的各大家书法做了深入的研究,而且从"志学之年"就开始笃志临池,有着极其深厚的功底,所以他既能很好地继承钟繇、王羲之、王献之、智永等前辈的传统,又能够综合众妙,别出新意,务华美而不委靡,追放逸而不粗野,较好地实现了"古质"与"今妍"的中和与典雅。在形式上此帖草法规范,字的大小变化不大,且上下字笔道极少牵连,是初学草书的好范本。

《书谱》墨迹为一卷,历代均有摹刻本,真迹现在"台湾故宫博物院"。

延伸阅读

《书谱序》与《书谱》

《书谱序》一名《运笔论》,撰于垂拱三年(687年),是一篇杰出的书法理论文章。从宋人题鉴可知,这只是一篇序文,正文已佚,或未写成。内容包括溯源流、辨书体、评名迹、述笔法、诫学者、伤知音六个部分。文思缜密、言简意深,在古代书法理论史上占有重要地位。其中许多论点,如学书三阶段、创作中的五乖五合等,至今仍为学书者所引用和称道。

宋高宗评述:《书谱》匪特文词华美,且草法兼备。可见此《书谱》不但书法浓润圆熟,而且文中有很多精辟的独到见解,可以说是书文并茂的典范。

李阳冰：阳冰独步，仓颉后身

李阳冰是唐代著名的古文字学家和书法家。他的篆书，在唐、宋、元、明历朝都有很大的影响。他师法秦朝李斯的篆书，又承接汉代篆体精华，大大超越六朝，在唐代书法家云集的历史时空中拥有一席之地，是我国小篆书法史上一位承前启后的大师。

李阳冰和李白

李阳冰（生卒年不详），唐代文字学家、书法家。字少温，赵郡（今河北赵县）人。李阳冰是李白的族叔。宝应元年，担任当涂的县令，是当涂历史上最著名的县令之一，历来被列为当涂第一位名宦。李阳冰极其喜欢李白的文采，非常同情他的处境。李白晚年曾经居住在当涂，一直到病终，在一定程度上受到李阳冰的照应。唐宝应元年（762年）十一月，李白一病不起，在病榻将自己的诗文草稿交给李阳冰，请他编辑作序。后来李阳冰将其诗文辑成《草堂集》十卷，并为之作《序》。

艺术风范

李阳冰以篆书名重于当世，"笔法妙天下"，论者以"虫蚀鸟迹语其形，风行雨集语其势，太阿龙泉语其利，崇高华岳语其峻"，赞其书法，谓"唐三百年，以篆称者，唯公独步"。当时颜真卿所书之碑，必请李阳冰用篆书题额，可见其篆书影响的深远。大诗人李白有诗云："吾家有季

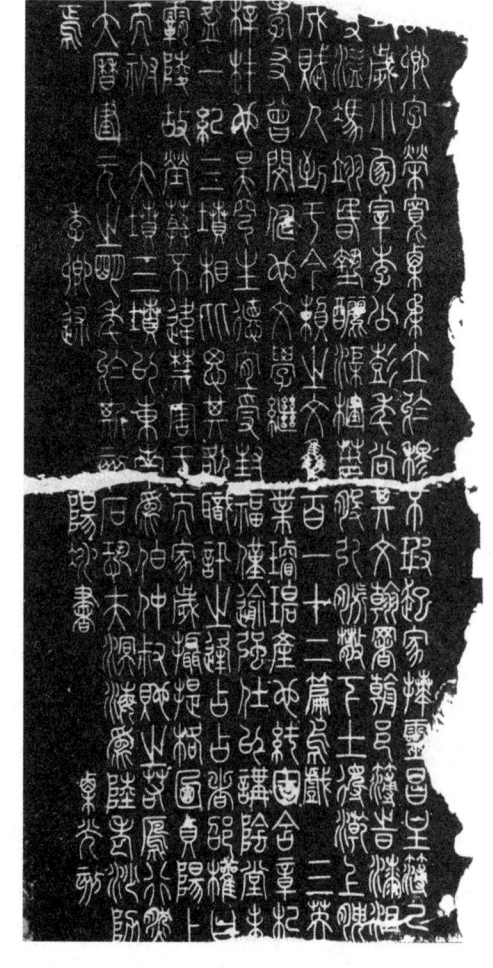

◆《三坟记》（局部）

父,杰出圣代英""落笔洒篆文,崩云使人惊",说明李阳冰的篆书确实取得了较大的成就。

李阳冰精于小篆,圆淳瘦劲,为秦篆一大变革,被誉为李斯后小篆第一人,对后世产生了很大的影响。自秦代李斯创制小篆,历两汉、魏、晋至隋、唐,逾千载,学书者惟真草是攻,而篆学中废。李阳冰曾经叹曰:"天之未丧斯文也,故小子得篆籀之宗旨。"李阳冰曾刊定东汉许慎所著《说文解字》为二十卷,但对原书的篆法和解说都大加改动。此后,许慎的原本渐渐消失,而李氏刊本则盛行。直至宋代初年,徐铉奉诏校订《说文解字》,对原书内容进行了整理,才大致恢复许著原貌。

李阳冰以篆书为己任,最初学李斯《峄山碑》,承玉筋笔法,然而在体势上变其法。线条上变平整为婉曲流动,显得婀娜多姿。《金壶记》称:"阳冰尤精书学,豪骏墨劲,当时人谓曰笔虎。"张旭的笔法也曾得到李阳冰的传授。暮年所篆,笔法愈见淳劲。自称:"斯翁(李斯)之后,直至小生。曹喜、蔡邕不足道也。"

传世之作

李阳冰传世书迹较多,其作品有《缙云庙碑》《李氏三坟记》《栖先茔记》《般若台铭》《书谦卦》等。其中《三坟记》最为知名。《三坟记》刻于唐大历二年(767年),李季卿撰,李阳冰书。《三坟记》的笔法,从头至尾粗细一致,光滑洁净。在唐代篆书中,李阳冰是成就最高的,谓之"铁线描"。《三坟记碑》承李斯《峄山碑》玉筋笔法,以瘦劲取胜,结体修长,线条遒劲平整,婉曲翩然。清代孙承泽云:"篆书自秦、汉以后,推李阳冰为第一手。今观《三坟记》,运笔命格,矩法森森,诚不易及。然予曾于陆探微所画《金縢图》后见阳冰手书,遒劲中逸致翩然,又非石刻所能及也。"清代康有为认为《三坟记》以"瘦劲取胜"。当代书法家王南溟先生曾撰文评介李阳冰的小篆:"线条或如垂柳之摇曳,或如流云之舒卷,洋溢著一种抒情的气息,代表著小篆书法在唐代复兴的文采风流。"

延伸阅读

城隍庙碑

《缙云县城隍庙碑》是李阳冰担任缙云(浙江省丽水地区)县令时,于乾元二年(759年)在本县城隍祈雨有应之后篆写刻石的。据《缙云县志》载,李阳冰在缙云的篆书真迹作品有十通。现存世者仅四处,即倪翁洞、黄帝祠宇、城隍庙碑(宋拓)、忘归台记(残)。

欧阳修在其金石学著作《集古录》中记载李阳冰篆写刻石的《城隍神记》一事,说他在缙云县庙里见过那块石碑。字体瘦长,字高不足三寸,宽二寸余。石碑原刻于唐乾元间,宋宣和间方腊造反,刀兵所及,碑石断裂,文字残缺。现存的石碑,是宋宣和五年缙云县令吴延年根据拓片重刻的,保存得颇为完整,只是重刻题记下面立石人的官爵姓名缺蚀三字。

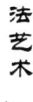

颜真卿：点如坠石，画如夏云

> 颜真卿是继王羲之之后，中国书法艺术的第二座高峰。他广泛地向历代书法名家如蔡邕、王羲之、王献之、褚遂良等汲取营养，并融会贯通，形成了雄伟刚劲、大气磅礴的独特风格，被称为"颜体"。

书家生平

颜真卿（709—785年），中国唐代书法家。字清臣，京兆万年（今陕西省西安市）人，祖籍琅琊临沂（今山东省临沂市）。颜真卿从小勤奋好学。3岁的时候，父亲亡故，他的母亲带着他回到了外祖父家。颜真卿的母亲是个知书达理的人，外祖父又是位书画家，因他聪明好学，很小就教他读书写字。颜真卿练字十分认真，一笔一画从不马虎。"三更灯火五更鸡，正是男儿读书时；黑发不知勤学早，白首方悔读书迟"，便是他勉励自己的诗句。

开元年间颜真卿中进士，曾四次被任命为监察御史，迁殿中侍御史。因受到当时的权臣杨国忠排斥，被贬黜到平原（今属山东）任太守。肃宗时授宪部尚书，迁御史大夫。代宗时官至吏部尚书、太子太师，封鲁郡公，人称"颜鲁公"。

天宝十四年（755年），平卢、范阳、河东三镇节度使安禄山发动叛乱，他联络从兄颜杲卿起兵抵抗，附近十七郡相应，被推为盟主，合兵20万，使安禄山不敢攻潼关。德宗兴元元年（784年），淮西节度使李希烈叛乱，奸相卢杞排挤颜真卿，玩弄借刀杀人之计。故意派遣他到李希烈阵营中去劝谕，被李希烈杀害。三军将士闻听颜真卿遇害，纷纷痛哭失声。半年后，叛将李希烈被属下所杀，叛乱平定。颜真卿的灵柩才得以护送回京，厚葬于京兆万年颜氏祖茔。德宗皇帝废朝八日，举国悼念。

学书法的故事

颜真卿最初向褚遂良学习书法，后来又拜在张旭门下。张旭是唐代首屈一指的大书法家，工于各种字体，尤其擅长草书。颜真卿期望在这位名师指点下，自己的书法能够突飞猛进，但拜师之后，张旭却并不急于向他透露书法秘诀，只是向颜真卿介绍了一些名家字帖，并简单地指点一下字帖的特点，让颜真卿临摹。有时候，他还带着颜真卿去爬山、游水、赶集、看戏，回家后又让颜真卿练字，或看他挥毫疾书。

几个月过去了，颜真卿仍未得到老师的真传，决定直接向老师提出自己的疑问。当他向张旭询问秘诀时，张旭回答说："学

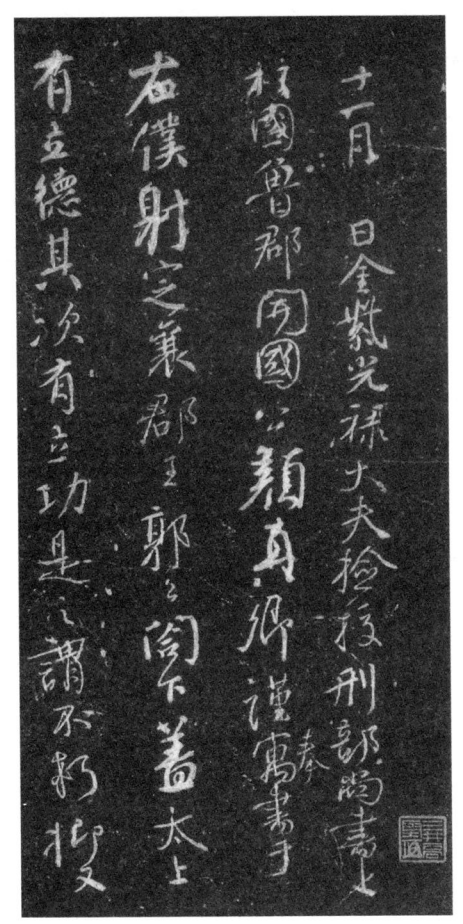

◆ 《争座位帖》

艺术风范

颜真卿的书法丰厚雄浑、气势恢宏，是大唐盛世的一种符号象征。他的楷书具有庄严雄伟的气派，他用笔横轻竖重，笔力雄强而有厚度；在结构上方正茂密，方中呈圆。竖笔向中略呈弧度，刚中有柔，富有弹性感，兼以笔画重，力足中锋，更增加气势宏大、圆润浑厚的美感。颜真卿的行书和草书具有凝练浑厚、纵横跌宕的特色。颜真卿的传世书法作品比较多，著名墨迹，楷书有《竹山堂联句诗帖》《告身帖》；行草书有《祭侄季明文稿》《刘中使帖》《湖州帖》《争座位帖》等。

颜真卿对后世书法影响重大，稍晚的唐代书法家柳公权也受其余晖，后世并称为"颜柳"。颜真卿的书法筋力丰满，气派雍容堂正；柳公权的书法则偏重骨力劲健，所以又有"颜筋柳骨"的称谓。

习书法，一要'工学'，即勤学苦练；二要'领悟'，即从自然万象中接受启发。这些我不是多次告诉过你了吗？"颜真卿听了，以为老师不愿传授秘诀，又施礼恳求道："老师说的道理我都知道了，我现在需要的是行笔落墨的秘诀，请指教。"张旭严肃地说："学习书法要说有什么'秘诀'的话，那就是勤学苦练。要记住，不下苦功的人，不会有任何成就。"颜真卿从老师张旭的教诲中深受启发，潜心钻研，终于创造了出类拔萃、雄伟刚劲、大气磅礴的独特风格，被称为"颜体"。

延伸阅读

颜真卿和御史雨

颜真卿以监察御史身份到陇右去巡查，发现五原有一桩冤案。虽然当事人及其亲属一再向官府申诉冤情，可审理此案的官员对此不予重视，此案一直拖了很久都不能平反。当时五原大旱，田里的庄稼都枯萎了，老百姓的生活十分困苦。颜真卿决定借此破案，给百姓以精神的安慰。

经过一番调查，颜真卿终于弄明白了此案的详情，重新审理，最后解救了蒙冤受屈的人，惩治了失职的官员。五原的百姓都称赞颜御史是一位好官。恰好，几个月都不下雨的五原下起了大雨，枯黄的庄稼也变得一片青绿。五原的百姓把这场雨称作"御史雨"。

柳公权：骨力矫健，气脉流贯

柳公权，唐代著名书法家。他初学王羲之并精研欧阳询、颜真卿笔法，然后自成一家。所写楷书，体势劲媚，骨力遒健。较之颜体，柳字则稍清瘦，故有"颜筋柳骨"之称。

书家生平

柳公权（778—865年），京兆华原（今陕西耀县）人，官至太子少师，故世称"柳少师"。柳公权是唐朝最后一位著名书法家。柳公权29岁进士及第，但仅仅担任低级官吏，后来他的字体偶然被唐穆宗看见，认为这是书法圣品，被召到长安。这时候，柳公权已40多岁。此后他一直受到皇帝的重用，穆宗、敬宗、文宗三朝颇受优待，官居侍书，长在朝中，仕途通达。享年80岁，一共臣事七位皇帝，最后以太子少师死于任上。

学书法的故事

柳公权12岁就能读诗写文章，并写得一手好字，被称为神童，因此渐渐骄傲起来。一天，柳公权和小伙伴在树下写字玩，这时过来一位卖豆腐脑的老人，柳公权得意地拿着自己写的字，对老人说："老爷爷，你看我写得好吗？"老人说："这字写得就像我的豆腐脑一样，软塌塌的，没有筋骨。"柳公权对此很不服气，硬要老人写个字看看。老人说："我写不好字，可有人用脚都比你用手写得好，不信你明天进城去看看。"

第二天，柳公权来到县城，一进城门就见北街的大槐树上挂了一个幌子，上书"字画汤"三个大字，树下围了许多人。只见一位失去双臂的黑瘦老者，光着双脚坐于地上，用左脚压住铺在地上的纸，右脚夹着笔写对联，写得十分好。柳公权看了之后内心感到惭愧而又敬佩，下定决心苦练书法，广学古人，最终成就大器。

艺术风范

柳公权初学王羲之，之后又遍阅当世名家的作品，于是极力变右军法，学习颜真卿，又融汇自己新意，使他的字避免了横细

◆ 柳公权

竖粗的态势，而取匀衡瘦硬，追魏碑斩钉截铁势，点画爽利挺秀，骨力遒劲，结构严谨。柳公权的书法结构紧凑，骨力秀挺，洒脱而有法度。在字的特色上，以瘦劲著称，所写楷书，体势劲媚。为此，他的书法有"柳骨"之称。

《神军策碑》

柳公权一生的书碑很多，流传于世的有《金刚经刻石》《李晟碑》《回元观钟楼铭并序》《冯宿碑》《苻璘碑》《玄秘塔碑》《神策军碑》《刘沔碑》《魏公先庙碑》《高元裕碑》《复东林寺碑》。其中以《神策军碑》最为出名。

《神策军碑》全称《皇帝巡幸左神策军纪圣德碑》，会昌三年(843年)武宗驾临"左神策军"军营，"左神策军"是皇帝的禁卫军，也是最精锐的部队。当时掌控这支部队的是太监仇士良，他借机奏请立此碑以纪圣德，武宗应允。因柳公权当时为左散骑常侍，又是当朝一流书家，故皇上命其书写。因是奉旨书写，故柳公权的书写特别郑重，竭尽全力，所书之字端庄森严，较之早两年书写的《玄秘塔碑》更为苍劲精炼。因原碑藏于禁宫，故捶拓较少，且原石早已毁灭，世仅存北宋所拓孤本。据宋金石学家赵明诚《金石录》载：原拓本分装成上、下两册，下册已佚。上册被南宋奸臣贾似道收藏，元朝时归翰林国史院，明朝被纳入内务府。明朝灭亡后，相继被私人藏家孙承泽、梁清标、安仪周、张蓉舫等人收藏。近代以来流于香港。1965年，在周恩来总理的亲切关怀下，以重金购归，今藏北京国家图书馆。

◆ 《玄秘塔碑》（局部）

延伸阅读

心正则书正

柳公权不但是一位大书法家，还是一个耿直、敢于直言的人。唐穆宗在一座寺院里，看到了柳公权写的字，对此十分喜欢。一天，唐穆宗和柳公权讨论书法，唐穆宗问他，"如何才能写出笔法端正、刚劲有力的字呢？"

听了唐穆宗的问话，柳公权对这位喜好歌舞宴饮的天子说："用笔的要诀在于心，只有心正，笔才能正啊！"听了柳公权的话，唐穆宗知道他是借讲笔法在规劝自己，顿有所悟。

张旭：挥毫落纸如云烟

张旭的书法，始化于张芝、二王一路，以草书成就最高，是"狂草"的开山祖师，史称"草圣"。他常常喝得大醉，呼叫狂走，然后落笔成书，甚至以头发蘸墨书写，故有"张颠"之称。

书家生平

张旭（生卒年不详），字伯高，苏州人，初任常熟县尉，后官至金吾长史，人称"张长史"。其母陆氏为初唐书家陆柬之的侄女，即虞世南的外孙女。陆氏世代以书传业，有称于史。张旭为人洒脱不羁，豁达大度，卓尔不群，才华横溢，学识渊博。与李白、贺知章相友善，杜甫将他三人列入"饮中八仙"。他精工楷书、草书，尤以草书著称，因此被世人称为"草圣"。

书家故事

唐代张固《幽闲鼓吹》记载：张旭担任常熟县尉，上任十几天，一位老翁来告状。张旭一看全是鸡毛蒜皮的小事，就给他写了一张判文。不料几天后，老翁又来求判，张旭有点生气，责备道："你怎敢以无关紧要的事扰乱官府呢？"

老翁的回答令人意外："我其实不是来诉讼的，只因见大人的书法高明，实在喜爱！就想把大人的书法拿回家，当作珍品收藏起来。多有冒犯，还望大人宽恕。"原来如此！张旭就问："为何如此喜好书法？"

老翁说："不瞒大人您说，先父在世时十分钟爱书法，一生朝夕把玩，揣摩不已。先父虽然已逝，但却给我留下了大量书法作品！"张旭听后，吩咐手下取来笔墨纸砚，展纸书写起来，然后把作品递给老翁，

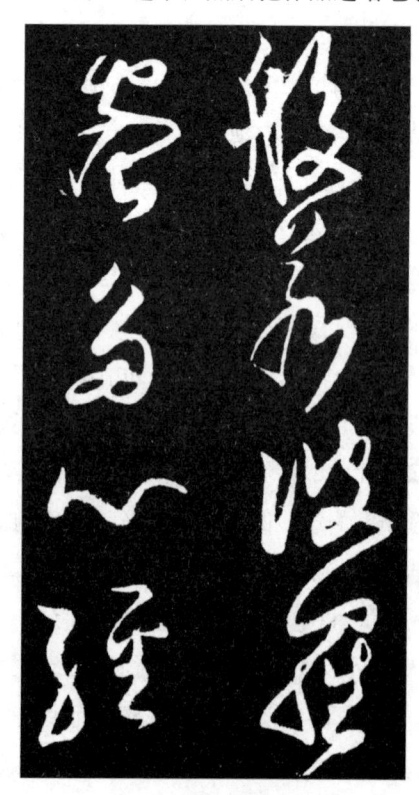

◆ 张旭《心经》

说：“我的字难登大雅之堂，聊博一笑罢了。先生若有意切磋，请把家中藏品拿来，让我一睹为快。"

老翁接过墨宝，高兴地说："大人如不嫌弃，明天就奉上！"次日，老翁将家藏书法带给张旭看。张旭阅后情不自禁地说："妙哉！妙哉！难得的佳作呀！"老翁见张旭如此重视他的家藏，说："先父写字，并有著作。"张旭赶紧叫他把著作取来，原来都是书法心得，张旭得此佳作，渐臻佳境。

书家风范

张旭的书法尽显灵性，充分显示了书法艺术"达其性情，形其哀乐"，就连唐文宗也为之倾倒，曾下诏书称：李白的诗歌，张旭的草书，斐旻的舞剑成为天下的"三绝"。由此可见，他的书法被奉为整个帝国的骄傲。

张旭为人洒脱不羁，豁达大度，卓尔不群，才华横溢，学识渊博，是一位极有个性的草书大家。张旭喜欢饮酒，世人将其与李白、贺知章、李适之、李进、崔宗之、苏晋、焦遂称为"酒中八仙"。杜甫在《八仙歌》中写道："张旭三杯草圣传，脱帽露顶王公前，挥毫落纸如云烟。"后怀素继承和发展了其笔法，也以草书得名，并称"颠张醉素"。

张旭是一位纯粹的艺术家，他把满腔情感倾注在点画之间，旁若无人，如醉如痴，如癫如狂。他能把书法艺术升华到用抽象的点线去表现书法家思想情感高度的艺术境界。在书法艺术中，他的字貌似怪而不怪，关键在于点画用笔完全符合传统规矩。可以说，他是用传统技法表现自己的个性，而在书法上成了有创造力的无愧于自己时代的书法家。博大清新，纵逸豪放之处，远远超过了前代书法家的作品，具有强烈的盛唐气象。

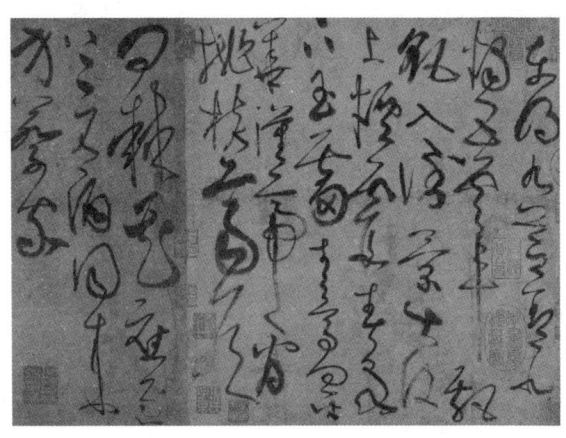

◆ 张旭《古诗四帖》

延伸阅读

一字抵百金

张旭是一个很细心的人，他认为在日常生活中所触到的事物，都能启发写字。偶有所获，即熔冶于自己的书法中。当时人们只要得到他的片纸只字，都视若珍品，世代珍藏。张旭有个邻居，家境非常贫困，听说张旭性情慷慨，就写信给张旭，希望得到他的资助。张旭同情邻人，便回了一封信给他，在信中说道：您只要说这信是张旭写的，每字要价百金。邻人便照着他的话上街售卖，果然不到半日就被争购的人围得水泄不通，一会儿便获得数千金。邻人高兴地回到家，并向张旭致谢。

怀素：壮士拔剑，神彩动人

> 怀素是中国历史上杰出的书法家，他的草书称为"狂草"，用笔圆劲有力，使转如环，奔放流畅，一气呵成，和张旭齐名。后世有"张颠素狂"或"颠张醉素"之称。是古典的浪漫主义艺术，对后世影响极为深远。

书家生平

怀素（737—799年），中国唐代书法家，本姓钱，幼年出家为僧，改号藏真。因他三家为僧，书史上称他"零陵僧"或"释长沙"。怀素天性酷爱书法，念经之暇就研墨作字。年轻时总是遗憾自己身处偏僻，因不能亲眼目睹前人优秀的书法作品而长进太慢，遂独自一人带了笔墨远游京师，遍访当代名士，得以临摹到许多著名碑帖和遗编绝简。他潜心揣摩，遂成一代宗师。

学书佳话

怀素好饮酒，每当饮酒兴起，不分墙壁、衣物、器皿，任意挥写，时人谓之"醉僧"。唐吕总《续书评》中说："怀素草书，援毫掣电，随手万变，宋朱长文《续书断》列怀素书为妙品。评论说："如壮士拔剑，神彩动人。"

怀素自幼聪明好学，他在《自叙帖》里开门见山地说："怀素家长沙，幼而事佛，经禅文暇，颇喜笔翰。"他勤学苦练的精神是十分惊人的。因为买不起纸张，怀素就找来一块木板练字，居然把木板写穿。后来他又在寺院附近的一块荒地，种植了一万多株芭蕉。芭蕉长大后，他摘下芭叶，铺在桌上，临帖挥毫。由于怀素没日没夜地练字，老芭蕉叶剥光了，小叶又舍不得摘，于是想了个办法，干脆带了笔墨站在芭蕉树前，对着鲜叶书写。这就是"蕉叶习字"的典故。

《食鱼帖》

怀素的书法深得草书三昧，极富特色。他作书时运笔如游丝袅空，圆转自如，似惊蛇走虺，像狂风骤雨，字形狂怪怒张，线条电激流星，一种"狂来轻世界，醉里得

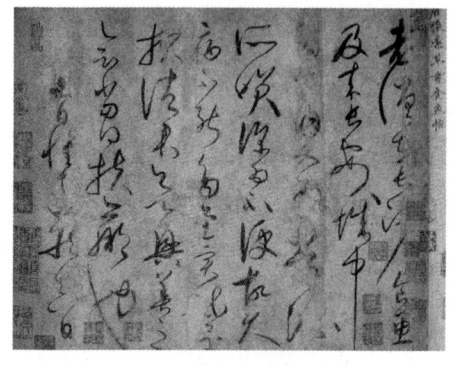

◆ 《食鱼帖》

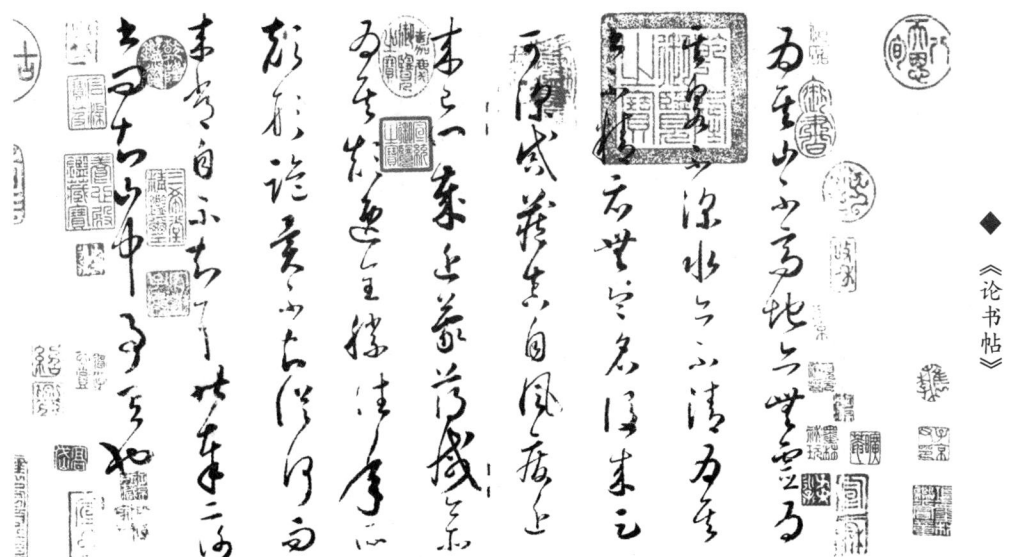

◆《论书帖》

"真知"的强烈思想感情在这风回电驰的线条中流泻出来。这种书法诞生于唐代,反映出盛唐文化奔腾激越的情致和如日中天的旺盛生命力。

怀素传世的法帖很多,例如《自叙帖》《苦笋帖》《食鱼帖》《圣母帖》《论书帖》《大草千文》《小草千文》《四十二章经》《千字文》《藏真帖》《七帖》《北亭草笔》等。其中《食鱼帖》最为出名,此帖高华圆润,放逸而不狂怪,笔墨精彩动人,使转灵活,提接得当,正如文徵明赞曰:"藏真(怀素)书如散僧人圣,狂怪处无一点不合轨范。"风格在《苦笋帖》、宋拓本《律公帖》等之间,结字亦近宋临本《自叙帖》。亦有评者以为笔画稍嫌滞涩,柏华中见有徐徐补描之迹,应是半临平綦之本,但勾摹技巧高超,所见只有唐事《万岁通天帖》,能与比拟,结体笔画保持怀素书法的面目。就作品而言,早期摩本与真迹有同等重要的学术价值。

米芾评价说:"怀素如壮士拔剑,神彩动人,而回旋进退,莫不中节。"

延伸阅读

《自叙帖》

《自叙帖》是怀素的知名作品,被称为中华第一草书,是"中华十大传世名帖"之一。《自叙帖》为纸本,纵28.3厘米,横775厘米,共126行,698字。历经南唐内府、宋苏舜钦、邵叶、吕辩、明徐谦斋、吴宽、文徵明、项元汴、清徐玉峰、安岐、清内府等收藏,数次易人。首六行已损坏,为宋代苏舜钦补书。帖前有明代学者李东阳篆书引首"藏真自序"四字,另外还有乾隆皇帝、宣统帝等人的鉴藏印。

《自叙帖》是怀素流传下来篇幅最长的作品,也是他晚年草书的代表作。明文徵明题:"藏真书如散僧入圣,狂怪处无一点不合轨范。"清代安岐谓此帖:"墨气纸色精彩动人,其中纵横变化发于毫端,奥妙绝伦有不可形容之势。"原迹现藏台湾故宫博物院。上海延光室、北京故宫博物院、文物出版社均有影印本。

第一讲 书法艺术

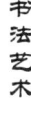

苏轼：酒酣放浪，意忘工拙

> 苏轼是北宋著名文学家、书画家。其诗、书、画、词、赋、散文皆工，是中国历史上罕见的艺术全才。其书法造诣高深，和黄庭坚、米芾、蔡襄并称为"宋四家"。

书家生平

苏轼（1037—1101年），字子瞻，又字和仲，号"东坡居士"，眉州（今四川眉山）人，祖籍栾城。苏轼的父亲是文学家苏洵，弟弟是文学家苏辙，父子三人合称"三苏"。嘉祐元年（1056年），苏轼首次出川赴京，他参加了礼部的考试，以第二名的成绩中榜，深受文学家欧阳修赏识。

熙宁二年（1069年），他续任凤翔府判官，正在春风得意的时候。这时，隐藏在北宋政府背后的政治危机逐渐露出端倪。宋神宗即位后，任用王安石变法，苏轼的许多师友，包括他的恩师欧阳修在内，都在新法的施行上与新任宰相王安石政见不合。因此，不久苏轼就被迫出京，调任杭州通判。

苏轼在杭州三年任满后，先后被调往密州、徐州、湖州等地任职，担任地方官近十年。元丰二年（1079年），沈括以"乌台诗案"诬陷他下狱，几乎被杀。出狱以后，苏轼被降职为黄州团练副使，这个职位相当低微，并无实权，生活困窘，便带领家人开垦城东的一块坡地，种田帮补生计。神宗驾崩后，新党倒台，苏轼被召还朝，升起居舍人，但是旧党也不容于他。再次外放做地方官，此后再也没有还朝的机会。

元祐八年（1093年），新党再度执政，苏轼遭到一再贬谪，甚至被贬至更远的儋州（今海南）。在宋朝，放逐海南是仅比满门抄斩罪轻一等的处罚。后来大赦，苏轼北归，死于途中。谥号文忠。

艺术风范

苏轼性格豪迈，诗词汪洋恣肆，书法豪健，开创豪放一派。他心胸坦荡，在书法

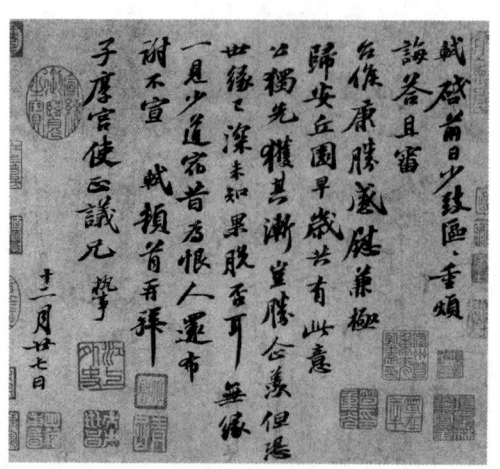

◆《归安丘园帖》

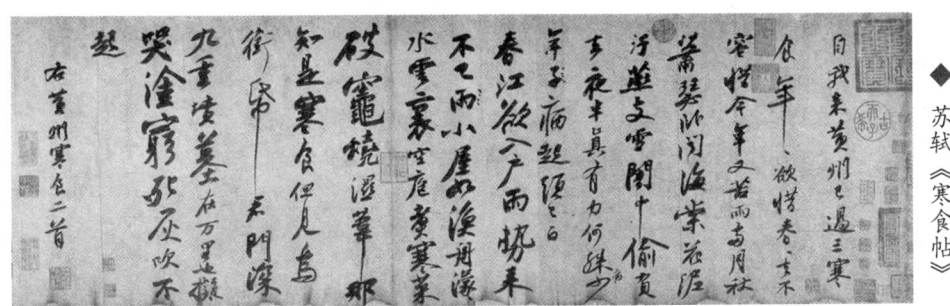

◆苏轼《寒食帖》

上虽取法古人,却又能自创新意,充满了天真烂漫的趣味。同时,他善绘画,喜作枯木怪石。苏东坡自称平生有三不如人的事情,即喝酒、下棋及唱曲子,但他的诗文、书、画却名垂后世。

苏轼的书法师法"二王"、颜真卿、柳公权、褚遂良、徐浩、李北海、杨凝式等人,又广泛涉猎晋唐其他书家,在继承传统的基础上努力革新,形成深厚朴茂的风格。他的书法,用笔多取侧势,结体扁平稍肥。这与他握笔的姿势也很有关系,苏轼执笔为"侧卧笔",即毛笔侧卧于虎口之间,类似于现在握钢笔的姿势,故其字右斜,扁肥。他说:"作字之法,识浅见狭学不足,三者终不能尽妙,我则心目手俱得之矣。"他的书法重在写"意",寄情于"信手"。他在对书法艺术深刻理解的基础上用传统技法进行艺术创造,丰富和发展了书法艺术,不是简单机械地去模仿古人。

作品特点

黄庭坚将苏轼书法分为早、中、晚三个时期:早年姿媚、中年圆劲、晚年沉着。早期代表作《治平帖》,笔触精到,字态妩媚。中年时期的代表作《寒食帖》。系元丰五年(1082年)所作,苏轼因乌台诗案遭贬黄州所写。诗句沉郁苍凉又不失旷达,书法用笔、墨色也随着诗句语境的变化而变化,跌宕起伏,气势不凡而又一气呵成,达到"心手相畅"的几近完美境界。元代鲜于枢把它称为继王羲之《兰亭序》、颜真卿《祭侄稿》之后的"天下第三行书"。

延伸阅读

苏轼的智慧

苏轼年轻时赴京师参加科考,有六个自负的举人看不起他,备下酒菜请苏轼赴宴,打算借此戏弄他。苏轼受邀后欣然前往。入席尚未动筷子,一举人提议行酒令,酒令内容必须要引用历史人物和事件,这样才能独吃一盘菜。众人轰然叫好。其中一个年长的说:"姜子牙渭水钓鱼!"说完捧走了鱼肉。"秦叔宝长安卖马!"第二位神气地端走了马肉。"苏子卿贝湖牧羊!"第三位拿走了羊肉。"张翼德涿县卖肉!"第四个扒走了猪肉。"关云长荆州刮骨!"第五个抢走了骨头。"诸葛亮隆中种菜!"第六个傲慢地端起了素菜。菜全部分完了,六个举人挂着嘲笑的神色望着苏轼,苏轼却不慌不忙地吟道:"秦始皇并吞六国!"说完把六盘菜全部拉回自己面前,微笑道:"诸位兄台请啊!"六举人呆若木鸡。

第一讲 书法艺术

米芾：天姿辕轹未须夸，集古终能自立家

> 米芾是北宋著名书法家，为"宋四家"之一，若论体势骏迈，则当属第一。他平生于书法用功最深，成就最大。米芾称自己的作品是"集古字"，对古代大师的用笔、章法及气韵都有深刻的领悟。

书家生平

米芾是北宋书法家、画家、书画理论家。吴人，祖籍太原。天资高迈、人物萧散，好洁成癖，世号"米颠"。米芾自幼爱好读诗书，从小受到良好的教育，天资聪慧，6岁时能背诗百首，8岁学书法，10岁摹写碑刻，可谓小神童。18岁时，宋神宗继位，因米芾的母亲阎氏曾是神宗皇帝的奶娘，因此恩赐米芾为秘书省校字郎，负责国家典籍的校对工作，由此走上仕途。但是米芾不善于逢迎，因此一生官阶不高。他虽然无心做官，但却因此赢得了很多时间和精力研究艺术和金石学。他对书画艺术的追求到了如痴如醉的境地，在别人眼里是癫狂之人，充满怪癖。他曾自作诗一首：柴几延毛子，明窗馆墨卿，功名皆一戏，未觉负平生。这是一个把书画艺术看得高于一切的狷介之士。

大观元年（1107年），米芾卒于任上，终其一生都担任着低级职务，未曾谋求更高的官职。

学书佳话

米芾小的时候，跟村里的私塾先生学写字。这位老师拿出一本字帖给米芾，说："你照着字帖写，写好送我批阅。"米芾学字三年，不知写了多少张纸，可是字仍然写得平平常常。先生指着他的脑袋责备说："笨小子，还是回家放牛吧！"米芾只好停学回家了。

但是，米芾并不甘心就此作罢，可也无奈。不久，村里来了一个秀才。米芾听说这秀才的字写得很好，就带上自己写的字去拜见秀才。谁知秀才只粗略地翻了翻他写的字，就把纸放在一边，冷冷地说："我教你习

◆ 米芾

字，有一个条件，得用我的纸。"

米芾满口答应老师的条件。岂料，秀才接着说："我的纸五两纹银一张。"

他大吃一惊：这纸简直是天价！他犹豫起来。

"不买我的纸，就此作罢。"

一听秀才作罢，米芾急了，赶紧答应下来。然后回家告诉母亲，母亲也觉得纸张太贵，但是为了让儿子能学好写字，也答应了。她卖掉自己的首饰，换了五两银子给儿子。

米芾拿着纸，一想这是母亲卖了首饰换来的纸，就不敢轻易下笔，坐在桌案前认真琢磨字帖，用手在空中画来画去，想着每个字的间架结构和运笔方法。字帖上的字似乎都印进了自己的脑海里。

米芾坐了半天，纸上却连一字都未写，秀才笑着问他："怎么不写呢？"

米芾一惊，如同梦中醒来，喃喃地说："纸贵，怕废了纸。"

秀才哈哈大笑，说："你琢磨了这么半天，写一个字给我看看！"

米芾提笔凝神，写了一个"永"字，仿佛和字帖上的字一模一样，又好像不太一样，十分漂亮。秀才大笑，米芾也恍然明白，从此懂得了写字的章法。

几天后，秀才要走了，和米芾分手时，送给他一个布包作为礼物。米芾依依惜别老师，回家后，打开布包一看，泪水不禁夺眶而出，原来这包里装的正是那买纸的五两纹银。

艺术风范

米芾平生于书法用功最深，成就也以

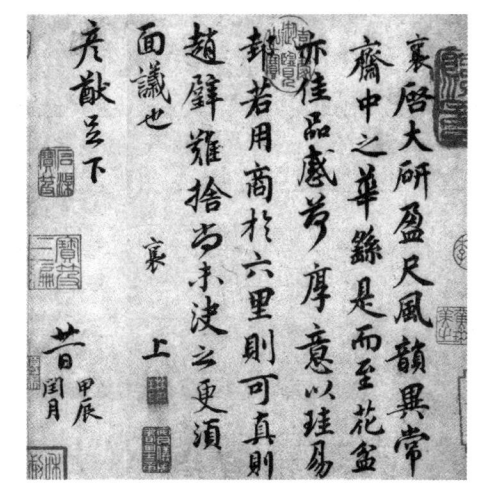

◆ 米芾书法

行书为最大，在"北宋四大书家"中，若论体势骏迈，则当属第一。皇帝询问书法之理，米芾称自己是"刷字"，这话看起来是自谦，其实道出了他书法的精妙之处，表现出了他用笔迅疾而劲健，尽兴、尽势、尽力。他的作品具有痛快淋漓，欹纵变幻，雄健清新的特点。

米芾的书法影响深远，尤在明末，学者甚众，文徵明、祝允明、陈淳、徐渭、王觉斯、傅山等名家都曾受其影响。

> **延伸阅读**
>
> **米芾索砚**
>
> 米芾爱砚成痴，常为了一方台砚，用尽心机。一次宋徽宗让米芾以两韵诗草书御屏，米芾笔走龙蛇，从上面下如直线泻下。宋徽宗看后大加赞叹。米芾见皇上高兴，立即把御用砚台揣在怀里，宋徽宗迷惑不解。问其何意？米芾说："此砚臣已用过，皇上不可再用，与其闲置，不如赐臣。"宋徽宗大笑，当即把砚台赐给他。米芾爱砚如痴，睡觉时也抱着喜欢的砚台。他对砚台的产地、色泽、细润、工艺都有研究，著有《砚史》一书。

文徵明：温润秀劲，稳重老成

> 文徵明，擅长诗文书画，诗宗白居易、苏轼，文受业于吴宽，学书于李应祯，学画于沈周。在诗文上，与祝允明、唐寅、徐真卿并称"吴中四才子"。在绘画上，师法沈周，典雅秀丽，与沈周、唐寅、仇英合称"吴门四家"。

书家生平

文徵明（1470—1559年），原名壁，以字行。因先世衡山人，故号衡山居士，世称"文衡山"，曾官翰林待诏，长州（今江苏苏州）人。

文徵明早年仕途不顺。从年轻时开始考秀才，一直到53岁还没能考取，白了少年头。54岁时工部尚书李充嗣以他拥有大才，推荐他到京城，经过吏部考核，被授予翰林院待诏，这是一个薪俸非常低的职位，因此后世称他为"文待诏"。当时，他的书画已经极负声名，向他求书画的人很多，因此遭到翰林院同僚的嫉妒和排挤，为此，他心中闷闷不乐。到京后的第二年就上书请求辞职回家，三年中打了三次辞职报告才获批准，57岁辞归出京，放舟南下，回苏州定居，自此致力于诗文书画，不再求仕进，以戏墨弄翰自遣。晚年声誉卓著，号称"文笔遍天下"，购求他的书画者踏破门槛。

文徵明享年90岁，拿着毛笔作书时去世了。他的门生遍天下，被人称为"吴门画派"，他是这个画派中最长寿的一位。

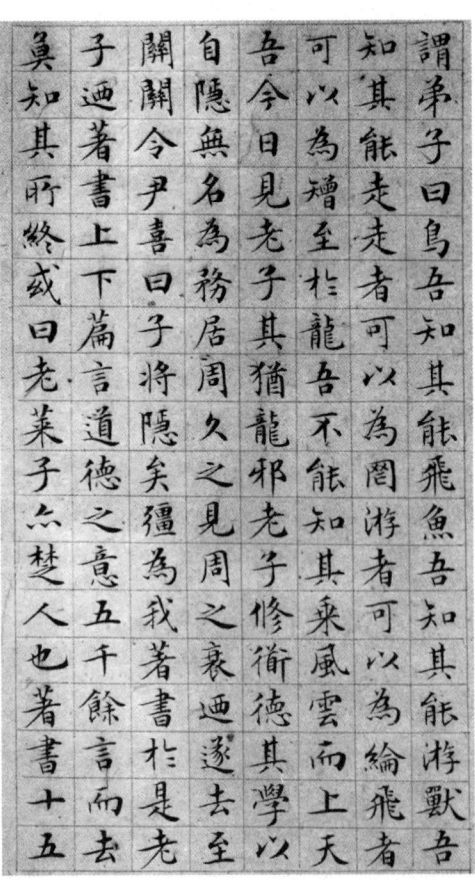

◆ 文徵明小楷《太上老君说常清净经》

艺术风范

文徵明的诗、文、书、画俱佳。他和沈周、唐寅、仇英合称"明四家"；与唐

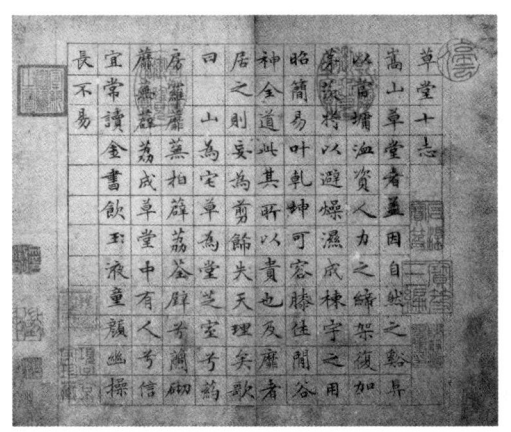

◆ 文徵明《草堂十志》（局部）

伯虎、祝枝山、徐祯卿并称"江南四大才子"（也称"吴门四才子"）。他擅长于各种字体，尤其以行书、楷书为人所称道，名重海内外。

文徵明学字从苏（轼）字入手，后来又跟随李应祯学书，李应祯的书法平正婉和，清润端方，虽非书法大师，却是一位书法教育家。他是文徵明的岳父，又是文徵明的启蒙老师。他除了把学书心得悉数传授给文徵明外，还鼓励他突破传统，自创新格。文徵明22岁时，李应祯看了他的苏体字，对他说："破却功夫何至随人脚？就令学成王羲之，只是他人书耳！"这些话影响了文徵明一生。

文徵明的书法温润秀劲，稳重老成，法度谨严而意态生动。虽无雄浑的气势，却具晋唐书法的风致。他的书风较少火气，在尽兴的书写中，往往流露出温文的儒雅之气。也许仕途坎坷消磨了他的英气，而大器晚成却使他的风格日趋稳健。王世贞在《艺苑言》上评论说："待诏（文徵明）以小楷名海内，其所沾沾者隶耳，独篆不轻为人下，然亦自入能品。所书《千文》四体，楷法绝精工，有《黄庭》《遗教》笔意，行体苍润，可称玉版《圣教》，隶亦妙得《受禅》三昧，篆书斤斤阳冰门风，而楷有小法，可宝也。"

文氏小楷

文徵明的小楷精细工整，师法钟繇、王羲之、王献之、虞世南、褚遂良、欧阳询，法度谨严、笔锋劲秀、体态端庄，风格清秀俊雅，80岁以后的小楷，尤其见功夫。他的传世墨迹很多，有小楷《前后赤壁赋》《顾春潜图轴》《离骚经九歌册》等。其《离骚经》系晚年作品，笔画坚挺刚健，结构匀称端庄，是书坛珍品。在《离骚经》作品后面，有一段鹿坪获观记云："文待诏小楷有明代书家之冠，此又文书小楷之冠，洵至宝也。"从这段跋语中，可以得知文徵明小楷的成就以及《离骚经》在其小楷作品中的独特艺术地位。

延伸阅读

文徵明与收藏

文徵明以书画名重当世，在从事书画创作的同时，也喜好收藏，是著名的鉴识高手。姜绍书在《无声诗史》中说他"居间客过从，焚香煮茗，谈古书画彝鼎，品水石，道吴中耆旧，使人忘返，如是者余三十年"。

文徵明常为三吴的收藏大家们"掌眼"。大藏家华夏的"真赏斋"秘品大半都曾为他所鉴别，他将其中的一些晋唐法帖刻入《停云馆法帖》。同时他家的藏书楼"停云馆"和"玉兰堂"也藏有很多唐宋珍品。其藏品上大多有戳记，主要是"徵明""徵仲""文仲子"等收藏印。

祝允明：性功须并重，超然出神彩

祝允明善诗文，但主攻书法，其隶、楷、行、草诸体均工，尤以草书成就为最；其诗取材颇富，造语颇妍；其文多奇气，潇洒自如。祝允明与唐寅、文徵明、徐祯卿并称"吴中四才子"。

书家生平

祝允明（1460—1526年），明代书法家。名允明，字希哲，因左手多长了一个指头，故自号枝山，又号枝指生，世亦称"祝枝山""祝京兆"。他才气横溢，书法造诣很深，蜚声艺坛，与文徵明、王宠并称"三大家"。《明史·文苑传》称其"能诗文，尤工书法，名动海内"。

祝允明5岁就能写出"径尺大字"，9岁可以作诗，以后博览群书，诗文有奇气。青年时期的祝允明有着优越的学书条件，他是明代著名书法家徐有贞的外孙、李应祯的女婿。徐有贞擅长草书，取法唐代张旭和怀素。李应祯工于篆、隶、楷、行、草等书。祝允明向这两位长辈学习书法，耳濡目染，其成为明代中期最有代表性的书法家之一。他的好友文徵明对此有如下概述："早岁楷法精谨，实师妇翁，而草法奔放，出于外大父，盖兼二父之美，而自成一家者也。"

32岁时，祝允明中举，意气风发，原以为从此仕途得意，谁知此后七次参加礼部的考试均告败北。直到55岁朝廷谒选，才被

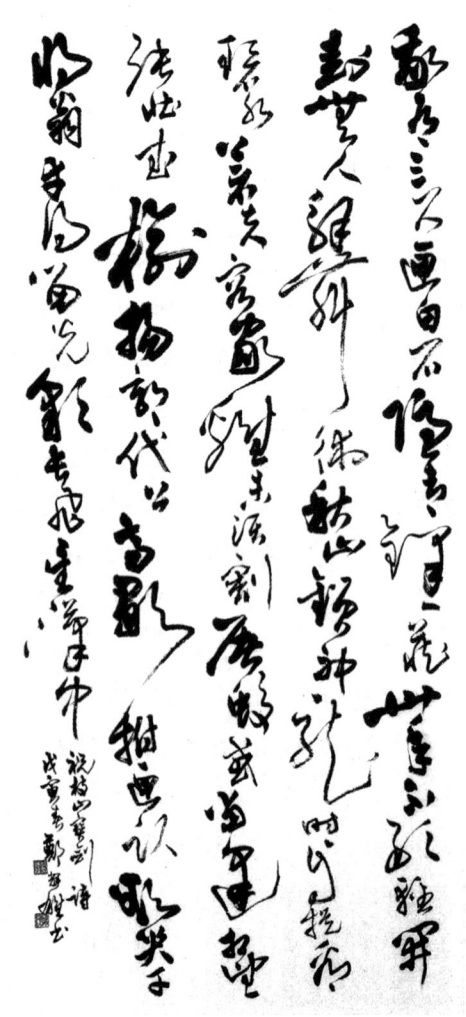

◆《宝剑诗》

选中，授广东惠州府兴宁县知县，次年上任。当地民风剽悍，社会秩序混乱，常有强盗放火抢劫。祝允明赴任后以礼待百姓，教育引导民风。对强盗大加拘捕，一个早晨捕获三十多人，从此县里安定。但是他不善于催税，以致被停薪。因此，对官场非常失望。

嘉靖元年（1522年），63岁的祝允明调任南京，任京兆应天府通判，因此后人称他为"祝京兆"。他痛恨官场腐败，不堪忍受，最终托病辞职，回故里苏州。仕途的失意改变了他的人生观，此后转而研究老庄哲学，把大量精力花在艺术上。他长居苏州，当地的文士都很仰慕，和他一起交游的有几十人。他崇尚魏晋风流，着意禅宗智慧，放浪形骸而不乐拘检，充满了强烈的诗人气质。在吴门派中，他是最具有文人特质的一位。

艺术风范

祝允明学习书法重视传统，他直接从魏、晋、唐、宋、元诸家书法中汲取营养，古代墨宝无所不窥。他在观察古人书迹，掌握各家用笔和法度的基础上，领悟各家书法的性情和气势，默识笔意和章法布白，成功地融合各家法度、神韵于一炉，取精用弘，时出新意，挥洒自如。

祝允明的楷书师法赵孟頫、褚遂良，并从欧、虞而直追"二王"，其书《出师表》谨严浑朴。晚年，临写《黄庭经》不注重点画的形似，而自成风格，结构疏密，转运遒逸，神韵益足。祝氏狂草亦出名，师法李邕、怀素、张旭、米芾，融入黄庭坚的风流，提按和使转的笔法交互使用，行与行之间的距离很紧，形成一种汪洋恣肆的视觉效果。更难得的是楷书又写得相当严谨，有晋唐人的古雅气息。这种素养与唐代的张旭十分相似。晚年尤重变化，风骨烂漫。人称"枝山草书天下无，妙酒岂独雄三吴！"

祝氏传世墨迹甚多，如小楷《出师表》、草书《自书诗》《落花诗卷》《洛神赋卷》《前后赤壁赋卷》《宝剑诗》等均为其代表作。另著有《怀星堂集》《苏材小纂》《祝子罪知录》《读书笔记》《前闻记》等，撰有《兴宁县志》。在中国的文化史上留下了灿烂的一页。

延伸阅读

唐画祝字

祝允明和唐伯虎是挚友，二人都仕途失意，醉心艺术。两人经常拎着酒壶，乘着渔船，一边饮酒赋诗，一边欣赏山水，颇有避世弃俗之意。有一次，二人到扬州游玩，发现所带的银子花光了，听说扬州盐政御史喜好风雅，便化装成道士来到衙门，自称擅长书画。御史请他们以石为题，创作一幅画，并要题诗，二人当即作成。御史非常惊讶，认为超过当时的大名士唐伯虎和祝枝山，因此赏给他们很多银子。后来才知道他们就是唐、祝二人，至此"唐画祝字"天下闻名。

黄道周：刚劲有力，雄健奔放

> 黄道周是明末著名的大书法家、大学者。他学贯古今，被视为明代最有创造性的书法家之一。他擅长楷书、行书和草书，行笔转折刚劲有力，体势方整，书风雄健奔放。他楷书师法钟繇，但比钟繇古拙，显得洒脱飘逸。

书家生平

黄道周（1585—1646年），字幼玄，号石斋，祖籍莆田文赋里双牌铺，明万历十三年（1585年）生于漳浦县铜山所（今东山县铜陵镇），是明末著名学者、书画家。后世尊称"石斋先生"。

天启二年（1622年），黄道周中进士，授翰林编修、经筵展书官。崇祯十一年（1638年），因指斥大臣杨嗣昌等私下议和，被崇祯帝召到平台参加御前会议，要他与杨嗣昌当场辩论。最后崇祯帝怒斥他："一生学问只办得一张佞口！"黄道周高声争辩："忠佞二字，臣不敢不辩。臣在君父之前独独敢言为佞，岂在君父之前谗谄面谀者为忠乎？"他的辩论让崇祯帝哑口无言，因此被连贬六级，调任江西。

崇祯十三年（1640年），江西巡抚解学龙以黄道周学问可用为由向朝廷推荐黄道周，再次惹怒崇祯帝，将二人逮捕入狱，以"伪学欺世"之罪重治，后因廷臣辩护，改为廷杖八十，永远充军广西。后来，杨嗣昌用兵失败，自杀而亡。崇祯想起黄道周的预言，下旨将他召回。黄道周见朝廷昏庸无道，遂辞官回到老家福建，专心著述。

清军入关，北京陷落后，黄道周在南方积极组织抗击清军，南明弘光朝任命他为吏部侍郎兼任礼部尚书。虽然在抗清过程中黄道周取得了一些不俗的成绩，但是南明小朝廷依然昏聩不堪，官员们争权夺利。最终导致抗清节节失败。隆武元年（1645年）12月，黄道周率军队向婺源出发，在明堂里遇敌，被清军张天禄俘获，押解到南京监狱。

◆ 黄道周像

他在狱中诗曰： 六十年来事已非，翻翻复复少生机。老臣挤尽一腔血，会看中原万里归。清朝派已经投降的前明大臣洪承畴劝降，黄道周写了一副对联给他："史笔流芳，虽未成功终可法；洪恩浩荡，不能报国反成仇。"洪承畴看到对联，羞愧不已。在监狱中绝食12天后，他的妻子蔡氏来信勉励："忠臣有国无家，勿内顾。"

隆武二年（1646年）3月5日，黄道周就义，临刑前留下遗言："蹈仁不死，履险若夷；有陨自天，舍命不渝。"在东华门刑场上，他向南方再拜，撕裂衣服，咬破手指，给家人写下血书："纲常万古，节义千秋；天地知我，家人无忧。"临刑前大呼："天下岂有畏死黄道周哉？"死后，人们从他的衣服里发现"大明孤臣黄道周"七个大字。

同一天，他的学生蔡春落、赖继谨、赵士超、毛玉洁也被杀，史称"黄门四君子"。

艺术风范

黄道周擅长楷书、行书、草书和隶书。他的行书和草书，行笔转折刚劲有力，体势方整，书风雄健奔放。其楷书受王羲之楷法的影响，行草书也见楷书之风，如《五言古诗轴》，行笔转折方健，结字欹侧多姿，朴拙的风格则是钟繇一路。隶书具有"清截遒媚"的特点。黄道周有书论，自称倾心魏晋书法，尤其对钟繇、索靖等具有古朴书风的书法推崇备至，但对明代当世书法则比较排斥，例如董其昌。

《张溥墓志铭》

黄道周作品传世颇多，最出名的是《孝经卷》和《张溥墓志铭》。《张溥墓志铭》

◆ 黄道周《榕颂》（局部）

纸本纵28.7厘米，横193.8厘米。是黄道周给义士张溥撰写的墓志铭。字体方整近扁，笔法健劲，风格古拙质朴，十分类似钟繇楷法。但是和钟体相比，钟体于古拙中显浑厚，黄书则于古拙中见清健。此铭卷前有清代藏家何绍基楷书题首，纸后有清代周永年、梁章钜、何绍基等人的题跋，现在收藏于故宫博物院。

延伸阅读

君子之风

黄道周未做官之前，生活非常困窘。由于家中贫穷，他只得在外村的私塾教书，受尽冷遇。他在范家寨村塾教书的时候，有19个学生，其中18个都考中秀才，只有一个叫陈富的弟子未曾考中，但是这名弟子却善于经商，家道小康。有一年，黄道周母亲病重，心中万分着急，恨不得插翅飞回铜山。但他身无分文，无法回家。学生陈富得知，马上送先生十五两纹银，请先生立刻动身。

次日清晨，黄道周匆匆上路，半路口渴，便伏身在路边山泉饮水，不小心把银袋遗落，走了十五里才发现。赶紧回身来找，只见路旁大榕树下坐着一老丈，鹤发银髯。对他说："老夫守候多时了，这是先生掉的银子吗？"黄道周一见大喜，赶紧致谢。弟子赠银，老翁还银，颇能显示出古人的君子之风。

王铎：怪诞奇卓，气势磅礴

> 王铎博学好古，诗文书画皆有成就，尤其以书法独具特色，世称"神笔王铎"。他的书法与董其昌齐名，明末有"南董北王"之称，他书法用笔，张弛有度，流转自如，颇有千钧之力。

书家生平

王铎（1592—1652年）字觉斯，一字觉之。所用名号甚多，有十樵、嵩樵、痴庵、痴仙道人、烟潭渔叟等。河南孟津人，世称"王孟津"。

王铎少年家贫，过着"不能一日两粥"的生活，因此发愤读书。明天启二年（1622年），王铎进士及第，先后任翰林院庶吉士、编修、少詹事。明朝灭亡后，王铎到南方，进入南明弘光政权，被弘光帝任命为东阁大学士。弘光政权覆灭后，入清被授为礼部尚书。顺治九年（1652年）病逝于孟津，享年61岁，赠太保，谥曰"文安"。

艺术革新

王铎师法于钟繇、王献之、颜真卿、米芾，在书法上各体皆能，是一位风格多变的书法全才，无论是伟岸遒劲的大楷、高古朴厚的小楷，还是飞腾跳踯的行草，都能看出其造诣，是晚明书坛上一位重要人物。同时，他也是书法史上一位杰出的革新人物。他对书法的革新，源于其不同流俗的审美观，青年时代的王铎受时代思潮的影响，

◆ 王铎《临柳公权辱问帖轴》（四川省博物馆藏）

很早就有了反思潮的奇倔胸怀，他在《拟山园选集》中的《文丹》中，集中表露了他惊世骇俗的审美观。

明季以来，书法尚情态。王铎取法高古，一改长期以来拘谨乏趣、滑弱无力的书风，开创了怪诞奇卓、气势磅礴的字体，他的书法线条遒劲苍老，含蓄多变，大胆制造线条与块面的强烈对比，形成一种强烈的节奏。在他以前，还没有

◆ 行书《嘉兴作诗》轴

人能像他那样主动地追求"涨墨"效果。

影响

王铎书法的最高成就是行草书，运笔恣肆狂野，挥洒自如，沉着痛快，纵横跌宕，自然出奇，表现了撼人心魄的雄浑气势，极富感染力。清代人姜绍书《无声诗史》称其"行草书宗山阴父子（王羲之、王献之），正书出钟元常，虽模范钟、王，亦能自出胸臆"。戴明皋在《王铎草书诗卷跋》中说："元章（米芾）狂草尤讲法，觉斯则全讲势，魏晋之风轨扫地矣，然风樯阵马，殊快人意，魄力之大，非赵、董辈所能及也。"书家马宗霍称"明人草，无不纵笔以取势者，觉斯则拟而能敛，故不极势而势如不尽，非力有余者未易语此"。现代大书法家林散之称其草书为"自唐怀素后第一人"。他的墨迹传世较多，不少法帖、尺牍、题词均有刻石，其中最有名的是《拟山园帖》和《琅华馆帖》。王铎的书法对后世书法的发展产生过巨大影响，甚至波及海外书坛，尤其对日本书法影响深远。

延伸阅读

神笔王铎

相传，明朝天启年间，熹宗皇帝为了粉饰出天下太平的局面，想在金銮殿的门额上悬挂一块"天下太平"的金匾，他听说王铎书法精绝，便召他写匾。

王铎受命之后，拿出笔墨纸砚，挥毫写写"天下大平"四个大字，工匠师傅们面对他写的字非常疑惑，但仍然把匾额刻好，挂到了金銮殿上。熹宗皇帝听说匾已经挂好，带领文武百官前来观看。忽然发现"太平"的"太"少了一点，非常生气。立即命令禁军把王铎押到殿前，严厉责问。众同僚见熹宗大怒，都吓得浑身冒汗。王铎却胸有成竹地说："万岁息怒，为臣受命后，特留下这重要的一点。是为了当着陛下的面，补上这一点。请陛下赐臣一副弓箭来。"熹宗听罢，不知道王铎葫芦里卖什么药，但仍然给了他一副弓箭。只见王铎把毛笔绑在箭杆上，蘸饱金粉，一箭射去，不偏不倚正射在匾额"大"字下部，一个"太"字赫然显现，满堂喝彩。熹宗龙颜大绽，连声称赞："神笔王铎！"神笔王铎的美名就此流传下来。

傅山：清初第一写家

> 傅山在多个学科和领域成就卓著，他严于治学，擅长书画，精于医道，长于武术。学术界尊其为"百代宗师"，史学家称他为清初最杰出的启蒙思想家之一，书坛则给他"清初第一写家"的名号。

书家生平

傅山（1607—1684年），字青竹，后改青主，别号颇多，诸如公它、公之它、朱衣道人、石道人、啬庐、侨黄、侨松等，不一而足。

傅山出身于官宦书香之家，有很深的家学渊源，先祖连续七八代有治诸子或《左传》《汉书》，卓然成家者。曾祖傅朝宣曾经担任宁化府仪宾、承务郎，祖父傅霖曾任山东参议、辽海兵备，政声颇著，他的父亲傅子谟终生不仕，精于治学。傅山从小受到严格的家庭教育，博闻强记，15岁考取秀才，20岁中举人。29岁以第一名的成绩被三立书院录取，深受学官袁继咸的器重，从而成为其弟子。后来袁继咸被诬下狱，傅山带领百余名学生徒步上京，为袁继咸鸣冤，最终洗刷清白，一时名闻天下，三晋大地称其为"义士"。

傅山无意仕途，救出自己的老师后，寻城西北寺庙辟为书斋，悉心治学，博览群书，经史子集无所不读，甚至连佛经、道经都曾悉心研究，掌握了丰富的知识。明朝灭亡后，他执意不当清政府的官，自号为"朱衣道人"，表示自己已经出家为道士，因此不剃发留辫。朱衣者，朱姓之衣，暗含对亡明的怀念，表示坚决不屈服于清朝。他曾多方联络反清义士，但终因南明王朝昏聩而失败，最后隐居乡里，以治学和为乡邻治病为寄托。

清初，为了笼络人心，泯灭遗老们的反清意识，康熙帝颁诏天下，令三品以上官

◆《丹枫阁记》（局部）

员推荐"学行兼优、文词卓越之人","朕将亲试录用"。给事中李宗孔、刘沛先推荐傅山应博学鸿词试。傅山称病推辞,阳曲知县戴梦熊强行将傅山带到北京。傅山到达北京以后,继续称病卧床不起。清廷宰相冯溥等一些满汉大员隆重礼遇,多次拜望他,他都以生病为由拒绝参加考试。后来皇帝恩准免试,授封"内阁中书",按照礼仪应该磕头谢恩。但他却站着不拜,后来同僚将他推倒,他却以生病为由倒在地上。康熙皇帝无奈,只好让他回乡。

康熙二十三年(1684年)初,傅山的爱子傅眉去世,年近古稀的傅山十分悲痛,不久便撒手人寰,与世长辞,时年77岁。

清初第一写家

傅山在诗、文、书、画诸方面都有很高的造诣,因其诗清、字逸、画精,被称为"三绝"。在三绝之中以书法成就最高,被时人尊为"清初第一写家"。他楷书出名,虽然师法颜真卿,但却独得心曲;他的草书名重当世,被学者郭上先评为"国初第一流人物";顾炎武和傅山颇有交往,对其书法非常推崇。曾经说"萧然物外,自得天机,我不如也"。

艺术风范

傅山书法初学赵孟頫、董其昌,几乎可以以假乱真。他崇尚宋人的风范,写字为文喜欢用生僻的字眼和典故,加上积学深厚,又颇具个性,因此他的书法有一种奇怪的意味。当然,最主要的还是他的人生观和审美观在起作用。他对颜真卿的人品书品推崇备至,简直是五体投地,写小楷也用颜体。邓散木《临池偶得》中说:"傅山的小楷最精,极为古拙,然不多作,一般多以草书应人求索,但他的草书也没有一点尘俗气,外表飘逸内涵倔强,正像他的为人。"

他提出"宁拙毋巧,宁丑毋媚,宁支离毋轻滑,宁直率毋安排"的理论,其意在于宁可古拙而不追求华巧,成就大巧若拙、含而不露的艺术境界;宁可写得丑甚或粗头乱服,也不能有取悦于人、奴颜婢膝之态,寻求内在的美;宁追求松散参差、崩崖老树,也不能有轻佻浮滑之态,自然潇疏之趣远胜品性轻浮之相;宁信笔直书、无需顾虑,也不要描眉画鬓,装饰点缀,有搔首弄姿之嫌。傅山的理论有针砭时风、力挽狂澜的用意。

傅山早年学赵孟頫的字,晚年则对赵字大加鞭挞,认为赵氏的字充满了媚骨,因此告诫子孙不可学赵字。

延伸阅读

傅山养生面——蝌蚪面

傅山精于医术,在养生学方面多有贡献,如对山西面食研究和传承产生了深远影响。他在自己的著作中《霜红龛集·杂记三》谈及一种"蝌蚪"面食。说"盂欲以此面漏作蝌蚪,作汤吃,虚松如无物,亦食中妙品也"。"蝌蚪"面在山西叫法各异,做法也不同。平定、寿阳、盂县一带多用荞面、豆面等杂粮面,而在晋南一带则用鲜玉米面制作,称之为"注蝌蚪"。面入锅中,如水中的蝌蚪一般,生动而活泼。玉米面的谷胱甘肽抗氧化作用,可防止致癌物的形成,并有恢复青春之功能,被誉为"长寿因子"。由此可见,傅山在数百年前就已发现了玉米的养生功能。

邓石如：清代碑学巨擘

> 邓石如是清代著名书法家、篆刻家、金石学家。他工于文，擅长经学，是一代宿儒，创立了邓派。大学者张惠言、包世臣都曾向他学习书法，可见其在当时的影响之大。

书家生平

邓石如（1743—1805年），原名琰，字石如，名号颇多，有顽伯、完白山人、完白、古浣子、游笈道人、凤水渔长、龙山樵长等，安徽怀宁人。他幼年时家境贫寒，因此读书很晚，9岁时读过一年书，就停学采樵、卖饼饵糊口。他17岁后，能够用自己的劳动所得来买书读，20岁后开始游历生涯，浪迹江湖，到处寻师访友。他的一生，除了刻苦自励之外，生活的全部内容几乎就是"交游"二字。不求闻达，不慕荣华，不为外物所动，不入仕途，始终保持布衣本色，过着纯粹的艺术家我行我素、自由自在的"逍遥"生活。30岁后，通过友人介绍，陆续认识了南京梅缪三兄弟，遍观梅家收藏的金石善本，凡名碑名帖总要临摹百遍以上，为此起早贪黑，朝夕不辍，为以后的篆刻艺术打下了扎实的书法基础。

乾隆五十五年（1790年），乾隆皇帝80寿辰之际，户部尚书曹文邀请邓石如一同前往。秋天，途经山东的时候，登泰山观览。进京之后，邓石如以书法享誉书坛。晚年

◆ 邓石如隶书

结识张惠言、包世臣等学者，向他们传授书法。63岁时去世，去世前还收程蘅衫为弟子，并在这一年书碑七块，分别为大篆、小篆、行书、行楷。

艺术风范

邓石如一生的最高成就是碑刻，其他体也精湛，称之"四体皆精，国朝第一"。他的书法以篆隶最为出类拔萃，而篆书成就在于小篆。他的小篆师法李斯、李阳冰，结体略长，却富有创造性地将隶书笔法糅合其中，大胆地用长锋软毫，提按起伏，大大丰富了篆书的用笔，特别是晚年的篆书，线条圆涩厚重，雄浑苍茫，臻于化境，开创了清人篆书的典型，对篆书一艺的发展作出不朽贡献。

邓氏隶书从汉碑中出来，结体紧密，貌丰骨劲，大气磅礴，也使清代隶书面目为之一新。楷书取法六朝碑版，兼取欧阳询父子体势，笔法斩钉截铁，结字紧密，得踔厉风发之势。行、草书主要吸收晋、唐草法，笔法迟涩而飘逸。大字草书气象开阔，意境苍茫。总观其四体书法，以篆书成就最大，楷、行、草次之。

开创"邓派"

邓石如精于碑刻，延及篆刻，在篆刻上颇有成就，开创了皖派中的邓派。他首创在篆刻中采用小篆和碑额的文字，拓宽了篆刻取材范围，在篆刻上形成了自己刚健婀娜的风格，巍然崛起于当时的印坛。他以隶法作篆，突破了千年来玉筯篆的樊篱，为清代篆书开辟了一个新天地。他的篆书纵横捭阖，字体微方，接近秦汉瓦当和汉碑额。印

◆《白氏草堂记》

章有着"疏处可以跑马，密处不使透风"的特色。

邓石如所处的时代，正值皖、浙两派称霸印坛之时，但他绝不满足于前人印家所取得的成果，而以自己雄厚的书法为基础，做到"书从印出，印从书出"。他在篆刻艺术上，对同时期的包世臣、吴让之、赵之谦、吴咨、胡澍、徐三庚等人都有较大影响。

延伸阅读

陈寄鹤书

邓石如家中养了两只鹤。据说，这两只鹤的年龄至少有130岁。一天，雌鹤死去了，仅隔十几天后，邓石如的发妻沈氏也相继去世。59岁的邓石如伤心至极，雄鹤也孤鸣不已，与他相依为命。因不忍再看孤鹤悲戚的样子，邓石如于是选择将鹤寄养在三十里外的集贤关小佛寺中。从此，他担粮饲鹤，三十里往返，每月坚持不懈。忽然有一天，正在扬州大明寺小住的他得到传报，雄鹤被安庆知府看中，抓回了府中。他即刻启程赶回安庆，用行书写下了《陈寄鹤书》向知府陈情上书索鹤。

这篇文章写得哀婉动人，催人泪下，历数得鹤、寄鹤悲欢往事。为了这只鹤，他可以将生死置之度外，正如书中所写"大人之力可移山，则山民化鹤、鹤化山民所不辞也"。知府接书，无言以答，不日将鹤送还佛寺。

第二讲
绘画艺术

彩陶纹画

追溯绘画的渊源，首先会想到史前时期那些画在陶器上的纹饰。正是由于器表绘有带色彩的纹饰，考古学家才把这些陶器叫作"彩陶"。这些彩陶制作的年代大约距今3000年至5000年间。主要分布在黄河流域，最集中的地区是青海、甘肃、陕西南部和河南北部。

在所有的中华艺术中，具有丰富多彩象征内涵的是我国越来越多地发现的原始画符及彩陶纹画。彩陶纹画较多地出现于新石器时代的考古遗址中，严格讲，彩陶纹画并非独立的绘画艺术，但彩陶绘画和符号所表达的一些象征涵义，同样说明了早期人类的审美情趣。

彩陶纹画

彩陶大多是红色陶质的盆、瓶、盘、豆一类盛器，原始艺术家用一种刷笔，蘸了黑色、白色以及红色等颜料画在器表上，使陶器呈现出色彩。彩陶上的符纹有几何纹、动物纹、植物纹等。这些纹饰主要以图案纹饰为主，数量大，种类多。常见的有水波纹、旋转纹、圈纹、锯齿纹、网纹等十几种。线条规整流畅，图案对称、匀衡、变化，疏密得体，并有一定的程式和规则。总体上看，它一方面反映人类最初对美的追求，另一方面则表达了直接或间接的象征意义，如反映奇异想象力的纯自然艺术特征和表现宗教、巫术、生殖崇拜、祖先崇拜的社会寓意。

半坡彩陶纹画

西安半坡遗址中有一件闻名于世的彩陶"人面鱼纹盆"。鱼纹画表达了以下含义：第一，象征生殖繁盛。鱼即"余"，有很多、丰富之意，闻一多先生考证认为，鱼在中华语汇中象征着生殖繁盛，因此原始先

在原始时代神秘而又极具魅力的艺术领域中，人面鱼纹盆闪耀着夺目的光彩。其简洁流畅的造型、多姿多彩的纹样，向人们传递着原始陶艺工匠们赞美生命、追求美的炽热情感

◆ 旋纹罐

民大量描绘鱼纹(画),期望自己也能像鱼一样,多多生育,以期繁衍生存下去。第二,原始时代黄河流域水源发达,那里的先民以鱼类为主食,把鱼当成生命的根本,因此对鱼产生崇拜,鱼纹象征着先民的一种原始信仰(鱼纹就是所谓鱼图腾)。至于其他彩陶纹画,如十字和星纹等象征太阳(神)、鸟(凤)纹象征太阳、蛙(蟾蜍)纹和月桂树纹象征月亮等,则是出于一种引申。另外,到了原始社会末期,随着贫富差距越来越大,等级越来越分明,氏族内部不平等的等级秩序

出现,一些艺术品的象征意义就表现在这种等级差别上,如衣饰图画纹饰图案可以显示等级、贵贱差异,这类标识及象征一直被延续下去。

总之,原始时代不同民族和地区的纹画、符号纹饰所表达的文化意蕴,既有相同之处,也存在着一定的差异。中华文明地区初期的各种绘画、纹符和其他民族和地区的纹画一样,都表现出一定的民族文化特征,由此映现出民族文化的丰富多彩。这样,绘画艺术所表现、象征的各种巫术、信仰、习俗等文化内涵,就更为突出了。

◆ 陶罐上的水纹(仰韶文化)

延伸阅读

马厂型彩陶的装饰纹样

常见的马厂型彩陶的装饰纹样有折线纹、回纹,而以人形纹(或称蛙纹)最有特色。有人认为这是作播种状的"人格化的神灵"。这种纹样不同时期的表现也不同,大体是从繁到简,锯齿纹逐渐消失。旋纹发展为简单的大圈纹,其中网纹最有特色,往往画上几十根上百根线,线条流畅规整,表现出熟练的描绘技术。马厂型彩陶盛行陶衣,即在陶器表面涂一层泥浆。器皿上的浮雕和捏塑也十分发达。马厂型彩陶具有简练、刚劲的风格。它的装饰没有半山型精致,显得粗犷、庄重、豪放。黄河上游的彩陶工艺,在马家窑、半山、马厂等遗址之后,还兴起了齐家文化,但时间已经较晚,基本上和夏代相始终。这里的彩陶不多,装饰纹样以菱形纹、网格纹为最多。器形则以双耳罐和马鞍式的陶罐为典型。

战国帛画

> 目前存世的战国帛画大多出土于先秦古墓,是一种绘制在帛或者其他丝织物上面的艺术。一般以墨线勾描,线条有力,顿挫曲折富于节奏的起伏变化,用黑白组合,使画面具有一定的装饰趣味。内容以人物和神怪为主。

战国时期是中国封建社会的开始,文化艺术都较为丰富,呈现出一派繁荣景象。绘画艺术已经相当成熟,帛画的线条流畅,造型准确,充满现实与幻想相结合的浪漫主义精神。

人物画

战国帛画中以人物画居多,例如《人物龙凤帛画》和《人物御龙图》就是战国帛画中的精品。这两幅画可谓同一时代的姐妹篇,二者从制作的时代到风格技法大体相同,但是《人物御龙图》在绘画技巧上比前者更趋成熟。

《人物御龙图》是迄今发现最早使用金粉的粉彩作品,人物用流畅的线条勾描,再施以平涂和渲染,画中龙、鹭、舆盖基本用白描勾勒,表现出绘画者纯熟的绘画技艺和精心细致的观察能力。《人物御龙图》于1973年在长沙楚墓中出土。画面中绘一有胡须的男子,侧身直立,腰佩长剑,手执缰绳,驾驭着一巨龙。龙头高昂,身平伏呈舟形,翘起的尾上立一只鹭,圆目长嘴,顶有翰毛,仰首向天。画中人物上方有一舆盖,

◆《人物龙凤帛画》。于1949年在湖南省长沙楚墓中出土。图中画着一位妇女,呈现侧面,腰肢纤细,身段十分苗条,面向左边站立着,宽松的领袖,长长的裙子。妇人的两手向前伸出,弯曲向上,十指并拢,作合掌状;头部上面左侧,飞跃着的一凤一夔(传说中独脚的龙)

的浪漫主义气质，反映出了先民们对人死后灵魂不灭、乘龙升天的一种愿望。

铭旌

战国帛画在题材内容和表现手法等方面有着相同之处，它们实际的用途都是作为葬仪中的"铭旌"。帛画的内容大多是墓主人的灵魂在龙凤的引导或负载下飞升天国，画中的人物形象都是墓主人的肖像，人物都作正侧面的立像。

◆ 《人物御龙图》

三条飘带随风拂动。绘者较好地把握了从细微的局部来烘托主题，画中龙、人物都面向左，而人物的飘带、舆盖上的饰物则向右，表现出一种较强的方向性和人御龙出行时的动感。

《人物御龙图》中男子可能是死者的侧面肖像，画中男子，高冠岌岌，长剑陆离。而白鹭象征着男子的人格风范，同时白鹭又是传说中仙境之鸟。整幅帛画表现出男子走完了尘世历程，踏上天游之行。御龙乘风，白鹭相随，表现出男子气宇轩昂的气度。这种艺术的表达，反映出中华民族对生死的独特看法。

中国传统文化中，"龙"被视为神物，它可以载人或神上天或邀游太空，两幅画中龙的形象表现出中华民族的先民们征服自然

延伸阅读

鬼神文化与战国帛画

战国时期的鬼神文化是从西周发展而来的，据现在的材料可知，鬼神至少在西周前是同一概念，都是远古部落和王朝膜拜的对象，西周之后才演变为"鬼"和"神"两个概念。

因此，战国时期的鬼神文化分别指对神的敬畏和对鬼的恐惧。由鬼神文化衍生而来的"妖、魔、精、怪"也是从战国时期开始的。东汉时期佛教的传入，以及道教的基本定型，逐渐使"神"文化扩大。战国时代，殉葬是鬼神文化的一部分，对于长生的追求促使了君王们不断地追求方术和对外求仙，这从另一个方面也说明鬼神文化包括了"长生"的因素。

战国帛画中飞升的内容实际上是对灵魂死后能进入天堂的意愿，绝不仅仅是指肉体的飞升，同时还有大量的招龙引凤的图案出现，反映了对"天"的向往。因此，"飞升"实际上包含了二层含义：生前的肉体飞升和死后灵魂的升天。

汉代壁画

近数十年，我国各地的墓葬中，发现了大量的汉代壁画，题材极其丰富。有神话传说、历史故事、人物肖像以及山川风物等。汉代墓室壁画为人们开辟了一个充满幻想奇异的世界，它摆脱了商周时期的"狞厉之美"，充满了人性情趣，它驱除了人类对死亡的恐惧，反映了汉代人积极进取的时代精神。

汉代的壁画以大型建筑物壁画和墓室壁画为主，是汉代美术创作活动中的一个极为重要的组成部分。中国汉代墓室中的装饰壁画，兴起于西汉早期，流行于东汉。由于统治者提倡"事死如事生"，孝道和厚葬，东汉实行的举孝廉制度，成为人们踏上仕途的必经之路，许多人竭尽家财，为父母或自己修建坟墓，在模拟生人居住的地下墓室壁面上，大量绘制表现生前权势、威仪和财富的生活画面，以期获得"孝"的声誉。于宦途有利，这是汉墓壁画之所以盛行的社会根源所在。

◆ 和林格尔汉墓壁画

和林格尔汉墓壁画

和林格尔汉墓壁画出土于乌兰察布盟的一座大型汉墓中，该墓位于和林格尔县新店子乡境内的一座土山上。墓分前、中、后三主室和三耳室，全长约20米。墓壁、墓顶及甬道两侧有壁画50多幅，榜题250多项。这是我国考古发掘迄今所见榜题最多的汉代壁画。从壁画内容得知，墓主为东汉王朝在北方少数民族地区的最高长官——使持节护乌桓校尉。壁画反映了死者的仕途经历，升迁时的车马出行图，历任官职所在城市和府舍图，另外还有饮宴、舞乐、百戏、农耕、庄园、牧马、放牛等。

汉代画像砖墓

汉代画像砖墓主要流行在东汉时期，其中以四川等地的画像砖墓最多，是一种在墓壁上镶嵌具有浓郁绘画韵味的画像砖的墓葬，集中分布在成都平原上，是我国最有特色的古代墓葬之一。汉画像砖题材广泛，内容丰富，如一幅幅生动逼真的风俗画，凸现了汉代复杂多样的社会生活图景，是研究那

◆ 鸿门宴壁画

个时期历史、政治制度以及经济、文化等最可靠的实物资料。成都是西南地区最大的汉代画像砖石分布地。

各地的画像砖中，以分布在成都地区的最为精美，图案也最为复杂，画面生动而富于变化。取材广泛，内容丰富，无论是桑园、田圃、市集、居住的庭院，或是宴乐、杂技、舞蹈，以及各种生产的场面，构图匀称，形象逼真。

河南洛阳烧沟西汉墓壁画

河南洛阳烧沟西汉墓壁画是汉代早期壁画，约成型于公元前487年，《鸿门宴》出土于河南洛阳烧沟西的一座汉代墓室中。梯形横幅，上边长140厘米，底边长193厘米，高23厘米。画面绘八人，分三组。右边的两个人在烤肉，背后悬挂牛头肉类。中间的三个人，有两个人席地而坐，一个手持角形杯祝酒，一个手持弓形物，一个拱手而立。旁边有一个状似猫而大于人的怪兽。左边有三人，其中年轻的那个人戴冠佩剑，看上去温文尔雅。年老者手持长戟面向中间一组怒目而视。最左边一人面目狰狞，两腿叉开，手中持剑，跃跃欲动。很可能是"鸿门宴"的内容。这幅画用粗犷的墨线勾勒人物，用紫、红、赭、绿、蓝几种颜色加以涂染，画法朴拙但颇能传神。画的对面还有一幅壁画，内容是晏子"二桃杀三士"的故事，从艺术表现上看，这是更为成熟的作品，在人物形象塑造和情绪刻画上都十分生动。

汉墓壁画是一个特定历史阶段的产物和文化现象，是汉代为丧葬礼俗服务的功能艺术，是附属于丧葬建筑物的绘画作品。总的看来，汉墓壁画几乎将天地、古今、人世、鬼神等现实与幻想的事物都纳入其中，反映了汉代人类社会的面貌与信仰状况。

延伸阅读

卜千秋墓壁画

洛阳市博物馆于1976年发掘了一座汉代墓，墓主为卜千秋，这是中国目前发现的早期壁画墓之一。卜千秋墓壁画以绘于脊顶的墓主升仙图为主。在狭长的脊顶上，画着由日、月和伏羲、女娲以及四神、仙禽神兽构成的天上世界，墓主在仙人的引导下，乘坐着仙鸟和龙舟凌云飞升。在门额和后壁上部，绘有仙禽、怪兽及四神。

卜千秋墓壁画的绘制是先在砖面上以白色涂底，再施彩绘，最后以单线勾绘轮廓。风格朴拙而传神，反映了当时绘画艺术的特点。

顾恺之：才绝、画绝、痴绝

> 顾恺之是晋代大画家，深受东晋宰相谢安的看重，认为他是千古以来罕有的人物。其画作，意在传神，提出了"迁想妙得""以形写神"等论点，他提出的"六法"为中国传统绘画的发展奠定了基础。

画家生平

顾恺之（348—409年），东晋画家、绘画理论家、诗人。字长康，小字虎头，晋陵无锡（今江苏无锡）人。晋兴宁二年（364年），顾恺之为南京瓦官寺画维摩诘像，引起轰动，从而一举成名。两年后，顾恺之担任大司马参军，太元十七年（392年）年为殷仲堪参军，后官至散骑常侍。

三绝

一曰画绝

顾恺之一生辛勤创作，仅史书记载的他的名画就有170多幅，还有许多壁画。东晋京城建康（今江苏南京）新建瓦官寺，建成后寺僧们请豪门望族来寺中鸣钟打鼓，并请他们布施捐资。但这些人中的捐资数没有一个超过10万钱的，独有20余岁的顾恺之在捐簿上写下"捐钱一百万"。这引起寺僧们的疑惑。顾恺之请他们在寺中留出一堵墙面，然后关起门来，用近一个月的时间，画了一幅维摩诘像。最后，画眼睛的时候，他叫寺僧打开寺门让人参观。并说，第一天来观看的人，要求布施10万，第二天布施5万，第三天任人布施。当打开门后，壁画光彩照人，观看者们无不心悦诚服地捐款，布施一下子超过百万钱。由此可见其画技之高。

二曰才绝

顾恺之十几岁时，家中宴请客人，有人弹筝助兴，顾恺之当即写成一篇《筝赋》，引得满堂喝彩。他一生写过不少有名的诗、赋和游记，还写成了我国现存最早的一篇关于绘画的评论文章《魏晋胜流画赞》，文中集中整理了他对一些当代著名画家的作品评论，许多精辟的见解和观点是研究我国古代

◆ 顾恺之

艺术的重要资料。他还创作了《画云台山记》，这是我国古代美术史上最早的一篇，也是唯一的"绘画设计书"，这篇文章在我国山水画的发展和研究中占有重要的地位。

三日痴绝

顾恺之常常有些不被常人所理解的行为。恒玄是东晋野心家恒温的儿子，喜欢收集古董字画，他将顾恺之平时收藏的画作强行夺取，顾恺之装疯卖傻，对别人说"妙画通灵，变化而去，如人之登仙"。恒玄故意拿了一片树叶对顾恺之说："这片树叶是蝉专用来遮挡自己的，也可以挡人，不被别人看见，这对你成仙会有用的"，想以此捉弄顾恺之。结果顾恺之将计就计，拿着树叶对着恒玄小便起来，问恒玄能不能看见自己，恒玄被搞得啼笑皆非，只好承认自己看不见顾恺之。由此可见顾恺之的"痴"之一斑。

绘画特点

顾恺之的人物画，强调传神，注重点睛。认为传神写照，正在阿堵（指眼珠）中。其笔迹紧劲连绵，如春蚕吐丝，又如春云浮空，流水行地，皆出自然，通称为高古游丝描。着色则以浓色微加点缀，不求藻饰。他善于用睿智的眼光来审察题材和人物性格，加以提炼，因而他的画具有一定的思想深度，耐人寻味。顾恺之是继东汉张衡、蔡邕等以来所有士大夫画家中成就最突出的。他总结了汉魏以来民间绘画和士大夫画的经验，把传统绘画向前推进了一大步。与他同时代的谢安对他的评价极高，认为"顾

◆《女史箴图》（局部）

长康画，有苍生来所无"。

顾恺之画迹甚多，有《司马宣王像》《司马宣王并魏二太子像》《桂阳王美人图》《荡舟图》《虎豹杂鸷鸟图》《凫雁水鸟图》《谢安像》《刘牢之像》《王安期像》《阮脩像》《阮咸像》《晋帝相列像》《庐山会图》《水府图》《行三龙图》《夏禹治水图》等。

延伸阅读

《洛神赋图》

《洛神赋图》是顾恺之根据曹植的名篇《洛神赋》而作的传世精品。全卷分为三个部分，曲折细致而又层次分明地描绘着曹植与洛神真挚纯洁的爱情故事。该长卷采用连环画的形式，随着环境的变化让曹植和洛神重复出现。人物安排疏密得宜，在不同的时空中自然地交替、重叠、交换，而在山川景物描绘上，展现出了一种空间美。此画用色凝重古朴，具有工笔重彩画的特点。作为衬托的山水树石均用线勾勒，而无皴擦，与画史所记载的"人大于山，水不容泛"的时代风格相吻合。

张僧繇：点睛之笔动寰宇

> 张僧繇，南朝萧梁时期绘画成就最大的画家，他和东晋顾恺之、刘宋陆探微以及唐代的吴道子并称为"画家四祖"。张僧繇擅作人物故事画及宗教画，所绘佛像，自成样式，被称为"张家样"，为雕塑者所摹仿，后人将其画法与唐吴道子并称为"疏体"。

画家生平

张僧繇是吴中（今江苏苏州）人，一说为吴兴（今浙江湖州）人，生卒年不详。梁武帝天监（502—519年）中，张僧繇为武陵王国侍郎、直秘阁知画事，后来又担任右军将军、吴兴太守。

艺术成就

张僧繇的绘画艺术，是在继承传统艺术和借鉴外来形式的基础上发展起来的。他善于吸收传统艺术的优点，融合形成自己的风格。此外，他还善于向其他艺术门类借鉴，如他的"点、曳、斫、拂"四个基本技

◆ 张僧繇画作（故宫博物院藏品）

法，是从卫夫人的《笔阵图》中得到的启发，是书法艺术在绘画艺术上创造性的运用。张僧繇善于接受外来艺术形象，从他的画题里可以看到胡僧、番奴形象，例如《扫象图》和《二胡僧图》。这不但表明他与外域使者的往来频繁，而且意味着张僧繇还通过他们来丰富佛教画艺术形象的创造。

张僧繇在艺术修养上有坚实的基础，他最主要的艺术成就，就在于他创造了独具风格的疏体画法，突破了从顾恺之、陆探微以来密体画法为惟一技法的局面。疏体的形成，为我国绘画艺术奠定了疏与密两种表现手法的基石。

张氏画的传说

传说，张僧繇的绘画大多入神，甚至具有灵性。关于他的名画《天竺二胡僧图》就有一个故事，南朝萧梁王朝，侯景举兵叛乱，在战乱中，《天竺二胡僧图》从中撕开，两僧被拆散。后来，其中一个胡僧像被唐朝右常侍陆坚收藏。不久陆坚病重，梦见一个胡僧告诉他："我有个同伴，离散了多

法，全用色彩画成，改变了顾恺之和陆探微以来的瘦削型的形象，创造出比较丰腴的典型。张怀瓘评价道："象人之美，张（僧繇）得其肉，陆（探微）得其骨，顾（恺之）得其神。"后来把他的这种画法和唐代的吴道子并称为"疏体"。张僧繇的"疏体"画法，到了隋唐时期才兴盛起来。后人论其作画用笔多依书法，点曳斫拂，如钩戟利剑，点画时有缺落而形象具备。

张僧繇的作品有《二十八宿神形图》《梁武帝像》《汉武射蛟图》《吴王栔武图》《行道天王图》《清溪宫氤怪图》《摩纳仙人图》《醉僧图》等。已无真迹流传，多为摹本，唐代梁令瓒的摹本《五星二十八宿神形图卷》最为出名，目前藏于日本大阪市立美术馆。

◆《巫峡清秋》（张大千仿摹张僧繇作品）

年，他现在洛阳李家，你要是能找到他，把我们俩放在一起，我们就会用佛门法力来帮助你。"陆坚到洛阳李家，果然找到了另外半幅画，他买下了另一个胡僧的画像，并把这幅画拼接在一起。没过多久，陆坚的病果然痊愈了。

江陵有天皇寺，齐明帝命张僧繇画佛像，他在殿内画卢那舍佛和孔子等十人，明帝责问："佛门怎有孔子？"张氏说："以后还须孔圣人。"果然，周世宗柴荣灭佛，天下寺多毁，天皇寺因孔子像而保存。

艺术风范

张僧繇创造了不用轮廓线的"没骨"

延伸阅读

张僧繇与"画龙点睛"

有一年，张僧繇在金陵安乐寺的墙壁上画了四条龙。这些龙画得惟妙惟肖，栩栩如生。游人纷纷前来观看，赞不绝口。但美中不足的是，这四条龙都没画上眼睛。于是，大家请求张僧繇把龙眼睛点上。张僧繇说："如果画上眼睛，龙就会飞走的！"人们认为他的说法十分荒唐，一再要求他画上眼睛。面对恳求，张僧繇难以推辞，只好挥舞画笔，把其中两条龙的眼睛画上。刚刚画完，只见雷鸣电闪，风雨交加，两条巨龙撞毁墙壁，腾云驾雾，飞向天空去了。没有画上眼睛的那两条龙，依然留在墙壁上。由此，人们用"画龙点睛"这个成语来比喻画画或写文章时，一两笔关键的话（画）能为之增色，遂把画作或者文章中的妙笔称为"点睛之笔"。

展子虔：天生纵任，亡所祖述

> 展子虔擅画人物、山水及杂画，人物描法细致，以色景染面部；画马入神，立马有足势，卧马则腹有腾骧起跃之势，与董伯仁齐名。写山水远近，有咫尺千里之势。元人汤垕赞誉他为"唐画之祖"。他在中国绘画史上，是承前启后的一代宗师。

画家生平

展子虔（约550—604年），生于北朝时期，历北齐、北周入隋，入隋为朝散大夫、帐内都督。他一生足迹很广，几乎遍及大江南北，曾在洛阳、长安等地的寺院画过许多壁画。他的山水画风直接影响到唐代李思训父子的金碧山水创作，被后世誉为"唐画之祖"。《宣和画谱》称赞他"写江山远近之势尤工，故咫尺有千里趣"。他的山水画比起六朝前山水画那种"水不溶泛，人大于山"的稚拙画法要成熟得多。

《游春图》

展子虔的山水画，在中国绘画史上，独树一帜。特别是他描绘贵族游春情景的《游春图》，是我国现在保存下来最古老的卷轴山水画之一，对后世山水画的发展产生了很大的影响。《游春图》构图壮阔沉静，设色古艳，富有典丽的装饰意味，此画已脱离了为山水为人物画背景的地位，独立成幅，反映了早期独立山水画的面貌，体现出承上启下的风格，也标志着山水画即将进入成熟期。

◆《游春图》

◆ 《授经图》

《游春图》于尺幅之内描绘了壮丽的山川和流连其中、乐而忘返的游客。图中展现了水天相接的广阔空间，青山叠翠，湖水融融，有的士人在山中小径中策马扬鞭，有的士人则驻足于湖边，仕女则泛舟水上，熏风和煦，微波粼粼，桃杏绽开，芳草如茵，美不胜收。

《游春图》卷也是一件为历代鉴赏家所珍视的名画。它经宋徽宗题签后，约在宋室南迁之际即行散出，后归南宋奸臣贾似道所有。宋亡后，元成宗之姊鲁国大长公主得到了它，并命冯子振、赵严、张珪等文人赋诗卷后。明朝初年，《游春图》卷收归明内府，而后又归权臣严嵩所有。万历年间，画卷为苏州收藏家韩世能所藏。入清后，经梁清标、安歧等人之手而归清内府。随溥仪出宫被携至长春。目前收藏于故宫博物院。

作品

展子虔的作品有隋朝官本《法华变相图》《长安车马人物图》《白麻纸》《弋猎图》《南郊图》《王世充像》《白描》等，著录于《贞观公私画史》；《朱买臣覆水图》《北齐后主幸晋阳图》《维摩像》等，著录于《历代名画记》；《北极巡海图》《石勒问道图》等20件，著录于《宣和画谱》。传世作品有《游春图》轴。

展子虔在中国绘画史上占据着重要位置，唐人张彦远对他的画评道："所画台阁，虽一时如董展，不得已窥其妙。写江山远近之势尤工，故咫尺有千里趣。"《中国画鉴赏》认为他"天生纵任，亡所祖述"，而自能开一代风气。

张伯驹与《游春图》

1946年年初，故宫散失于东北的书画开始陆续出现。北京琉璃厂的古董商马霁川最早奔赴东北，收购到不少字画精品。回京后，他将一些伪迹和平常之品售于故宫博物院，然后将一些真迹和精品售于上海以牟取重利，甚至勾结沪商辗转出国。此时，展子虔的名画《游春图》就在出售之列。

著名大收藏家张伯驹得知马霁川手中有展子虔的《游春图》卷后，异常着急，唯恐国宝流失海外。因此，他决定购回此画。但是，与马氏接洽后，索价高达八百两黄金，让张伯驹无可奈何！为了免于国宝流失，张伯驹一面请墨宝斋的马保山先生从中周旋，一面奔走告知各家古玩厂商，声明此卷有关历史，决不能流失出境，否则便是中华之罪人，使各商家有所顾虑。最终，在马保山先生的多次协商下，终以二百两黄金谈定。当时张伯驹屡收宋元名迹，已经几乎破产，最终他把所居房产出售，才将《游春图》卷收归。

后来张伯驹又把这件文物捐献给国家，目前这件稀世之珍收藏于故宫博物院。

王维：盛唐画坛第一把交椅

世有"李白是天才，杜甫是地才，王维是人才"之说。王维不仅是公认的"诗佛"，也是文人画的南山之宗，苏轼赞他"味摩诘之诗，诗中有画；观摩诘之画，画中有诗。"他还精通音律，是少有的全才。钱钟书称他为"盛唐画坛第一把交椅"。

画家生平

王维（701—761年），字摩诘，官至尚书右丞，世称"王右丞"。原籍祁（今山西祁县），迁至蒲州（今山西省永济）。21岁中进士，早年有积极的政治抱负，希望能够有所作为，成就一番大业。

开元二十二年（734年），张九龄为中书令，王维被擢为右拾遗。其时作有《献始兴公》诗，称颂张九龄反对结党营私和滥施爵赏的政治主张，体现了他当时要求有所作为的心情。开元二十四年（736年），张九龄罢相。次年贬荆州长史。李林甫任中书令，这是玄宗时期政治由清明到日趋黑暗的转折点。王维对张九龄被贬，感到非常沮丧，但他并未就此退出官场。开元二十五年，曾奉使赴河西节度副大使崔希逸幕，后又以殿中侍御史知南选，天宝中，王维的官职逐渐升迁。

四十多岁的时候，他特地在长安东南的蓝田县辋川营造了别墅，以修养身心。该别墅原为初唐诗人宋之问所有，有山有湖，有林子也有溪谷，其间散布着若干馆舍。后半生的大多数时间，在此过着半官半隐的日子。

天宝十四年（755年），安史之乱爆

◆ 王维雕像

◆ 王维《袁安卧雪图》

发，在战乱中王维被贼军捕获，被迫当了伪官。战乱结束之后这成为严重的政治问题，他被交付有司审讯。幸亏他在战乱中曾经写过思慕天子的诗，加上当时任刑部侍郎的弟弟求情，才得以幸免于难，只是被贬官。但是不久之后，又升至尚书右丞。

艺术风格

王维画风受吴道子的影响，其绘画成就以山水画最为突出，能作青绿山水，但以泼墨山水最受推崇。他善写泼墨山水及松石，尤工平远之景。王维始创皴法和以水渗透墨彩来渲染(泼墨)的新技法，打破了青绿重色和线条勾勒的束缚，丰富了中国画的表现力。王维深湛的艺术修养，对于自然的喜爱以及长期生活于山林的生活经历，使得他对自然之美有着一种细致独特的感受，因而他笔下的山水景物别具一番神韵，常常是略事渲染，便表现出深长悠远的意境，耐人寻味。王维曾绘《辋川图》，山谷郁郁盘盘，云水飞动。北宋苏轼称他："味摩诘之诗，诗中有画；观摩诘之画，画中有诗。"明朝董其昌尊其为"南宗画之祖"。

《辋川图》

《辋川图》是画家晚年隐居辋川时所作。画面群山环抱，树林掩映，亭台楼榭，古朴端庄。别墅外，云水流肆，偶有舟楫过往，呈现出悠然超尘绝俗的意境。在王维的山水画中，尤其这幅《辋川图》所创造的淡泊超尘的意境，给人精神上的陶冶和身心上的审美愉悦，旷古驰誉。《画鉴》中说："其画《辋川图》，世之最著也。"目前传世的《辋川图》为唐人摹本，构图着色尚存唐人气息。

延伸阅读

王维与重阳节

王维17岁那年，决定上京去考状元。父母为他准备好了行李，兄弟、朋友们闻讯后纷纷赶来为他送行。在一片祝福声中，王维踏上了通往京城赶考的路。

王维经历了千辛万苦，终于来到京城，京城的繁华使王维惊呆了。街上川流不息的车辆，密密麻麻的人群，真是让王维大开眼界，使他有种来到了人间仙境之感。

他找到了一间安静的客栈住了下来，每天都在这儿静心学习，也无心去欣赏京城的美景。每当他看见别人朋友齐聚，在树下饮酒作诗时，内心就会涌出孤单、寂寞之感，因此十分思念家中的亲人，很想和他们团聚。

不久，重阳节到了，王维想："在家乡的时候，每逢节日，朋友们便相约到高高的山峰玩耍，而今年朋友们中却单单少了我一人。"因此便放下书本，登上了京城的高处，眺望远方的家乡，写下了"独在异乡为异客，每逢佳节倍思亲。遥知兄弟登高处，遍插茱萸少一人"的著名诗句。

阎立本：神彩如生的人物画与脉图

> 阎立本作画取材广泛，如宗教人物、车马、山水，尤其善画人物肖像。所画宫女，曲眉丰颊，神彩如生。用墨而有骨；设色奇特而有法。描法富于变化，有粗有细，有松有紧，用笔也较顾恺之细密精致，富有表现力，被誉为"丹青神化"而为"天下取则"，在绘画史上具有重要地位。

画家生平

阎立本（约601—673年）是中国唐代画家兼工程学家。雍州万年(今陕西省西安临潼县)人，出身于贵族之家。他的父亲阎毗是北周时期的驸马，由于阎立本擅长工艺，心灵手巧，工篆隶书，尤为擅长绘画和建筑，故隋文帝和隋炀帝都十分爱惜他的才艺。入隋之后官至朝散大夫、将作少监。他的哥哥阎立德也擅长书画、工艺及建筑工程。父子三人都以工艺、绘画驰名隋唐之际。

唐朝定鼎后，高祖李渊看重他的政治才干，在秦王李世民府中任库直，太宗贞观时任主爵郎中、刑部侍郎。高宗显庆元年(656年)，哥哥阎立德去世，他被任命为工部尚书，总章元年(668年)擢升为右相，封博陵县男。当时姜恪以战功擢任左相，因而时人有"左相宣威沙漠，右相驰誉丹青"之说。

咸亨元年（670年）迁中书令，四年后去世。

历代帝王图

《历代帝王图》又称《古帝王图》，目前传世的为绢本，纵51.3厘米，横531厘米。画卷共画有自汉至隋十三位帝王的形象：汉昭帝刘弗陵，汉光武帝刘秀，魏文帝曹丕，吴主孙权，蜀主刘备，晋武帝司马炎，陈废帝陈伯宗，陈宣帝陈顼，陈后主陈叔宝，北周武帝宇文邕，隋文帝杨坚，隋炀帝杨广，加上侍人共46人。帝王均有榜书，有的还记述其在位年代及对佛道的态度。画家既注意到刻画作为封建统治者的共同特性和气质仪容，又根据每个帝王的政治作为，不同的境遇命运，成功地塑造了个性突出的典型历史人物形象，体现了作者对这些帝王

◆《历代帝王图》局部

的评议。

画家力图通过对各个帝王不同相貌表情的刻画，揭示出他们不同的内心世界、性格特征。那些开朝建代之君，在画家笔下都体现了"王者气度"和"伟丽仪范"；而那些昏庸或亡国之君，则呈现委琐庸腐之态。画家用画笔评判历史，褒贬人物，扬善抑恶的态度十分鲜明。人物造型准确，用笔舒展，色彩凝重。此图经历代内府或个人收藏，清末落入汉奸梁鸿志之手，流失国外，目前藏于美国波士顿博物馆。

《步辇图》

《步辇图》是中国十大传世名画之一。图卷右半是在宫女簇拥下坐在步辇中的唐太宗，左侧三人前为典礼官，中为禄东赞，后为通译者。唐太宗的形象是全图焦点。作者煞费苦心地加以生动细致的刻画，画中的唐太宗面目俊朗，目光深邃，神情庄重，充分展露出盛唐一代明君的风范与威仪。画家为了更好地突现出太宗的至尊风度，巧妙地运用对比手法进行衬托表现。一是宫女们娇小、稚嫩的体态，以她们或执扇或抬辇、或侧或正、或趋或行的造型来映衬唐太宗的壮硕、深沉与凝定，是为反衬；二是以禄东赞的诚挚谦恭、持重有礼来衬托唐太宗的端肃平和、蔼然可亲之态，是为正衬。该图不设背景，结构上自右向左，由紧密而渐趋疏朗、重点突出、节奏鲜明。

作品风格

阎立本在艺术上继承南北朝的优秀传统，认真切磋加以吸收和发展。根据那些传为他所做的作品所显示的刚劲的铁线描，和

◆ 《步辇图》

前朝相比，具有丰富的表现力，古雅的设色沉着而有变化，人物的精神状态有着细致的刻画，都超过了南北朝和隋的水平，因而被誉为"丹青神化"且为"天下取则"，在绘画史上具有重要地位。

延伸阅读

阎立本学画

阎立本酷爱绘画，年轻时就十分崇拜南朝画家张僧繇。

有次阎立本赴荆州，途经一个寺庙，据说有一幅张僧繇的壁画，于是连忙跑去欣赏。他兴冲冲地来到壁画前，却并未发现这幅画的特别之处，因此失落地回去了。

回到住处后，阎立本心有不甘。他认为能看到张僧繇的真迹十分难得，于是第二天他又去看画。他细心观察，并不停地思考，认为这幅画有可取之处。之后，他再次来到了壁画前，连一个细微之处也不放过。越看越钦佩，干脆搬来铺盖卷住在了这里，由于阎立本的认真观摩、体会，终于发现了张僧繇的绘画高妙之处，也使自己的绘画水平产生了飞跃，终成一代名家。

吴道子：落笔雄劲、敷粉简淡

> 在中国古代艺术史上，有三位艺术家被称作"圣"人：一位是晋代王羲之，被称为"书圣"；一位是唐代杜甫，被称为"诗圣"；还有一位被誉为"画圣"，那就是唐代的吴道子。

画家生平

吴道子（约680—759年），河南阳翟（今河南禹县）人，唐代著名画家，画史尊称"吴生"，又名道玄。吴道子小时候就失去了父母，家中生活十分贫困，他为了生计向民间画工和雕匠学习。由于他刻苦好学，才华出众，20岁时就已经很有名气。唐代皇帝把他召入宫中担任宫廷画师，为他改名道玄。

吴道子性格豪爽，他十分喜欢在酒醉的时候作画。相传他在描绘壁画中佛头顶上的圆光时，不用尺规，挥笔而成。在龙兴寺作画的时候，观看者围得水泄不通。他画画时速度很快，像一阵旋风，一气呵成。当时的都城长安是中国的文化中心，汇集了许多著名的文人和书画家。吴道子经常和这些人在一起，相互促进，提高技艺。

艺术成就

吴道子擅长佛道、神鬼、人物、山水、鸟兽、草木、楼阁等，尤精于佛道、人物，长于壁画创作。其作品有很多都反映了现实生活，诗人杜甫看了他画在洛阳玄元庙的壁画《五圣图》后，写下了"画手看前辈，吴生独擅场。森罗移地轴，妙绝动宫墙；五圣联龙衮，千官列雁行。冕旒俱秀发，旌旗尽飞扬"的赞语。

吴道子创造出了独特的绘画风格。他的山水画有变革之功，所画人物衣褶飘举，线条遒劲，具有天衣飞扬、满壁风动的效果，被誉为"吴带当风"。他还于焦墨线条中，略施淡彩，世称"吴装"。作画线条简练，"笔才一二，象已应焉"，有疏体之称。吴道子的绘画对后世产生了极大的影响，人们称他为"画圣"，民间画工还尊他

◆《天王送子图》（局部）

八十四神仙图卷（局部）

为祖师。苏轼曾称赞他的艺术为"出新意于法度之中，寄妙理于豪放之外"。吴道子绘画无真迹传世，传至今日的《送子天王图》可能为宋代摹本，另外还流传有《宝积宾伽罗佛像》《道子墨宝》等摹本，莫高窟第103窟的维摩经变图，亦被认为有他的画风。

影响

吴道子弘扬绘画艺术，悉心教授弟子，把自己高超的技艺传于后世，使绘画艺术后继有人。据《图绘宝鉴》和《历代名画记》记载，他有很多弟子，其中较为著名的有朱繇、张藏、韩虬、卢稜伽、李生、翟琰等。朱繇从师于吴道子，"妙得道玄笔意"。韩虬"以丹青自污，学吴道玄，尤长于道释"。吴道子对弟子言传身教，不是让弟子们背诵口诀、研色等，就是让弟子们临摹他的画稿，或者依照他的吩咐去填染色彩。有时，吴道子作壁画时只描一个大概，剩下的工作便交给弟子来完成，在洛阳敬爱寺中，吴道子所描的"日藏月藏经变"就是由他的弟子翟琰完成的。

吴道子的绘画艺术对唐代的绘画有着深刻影响，他被画工尊为"师祖""画圣"。吴道子在绘画艺术上取得卓然超群的成就，是因为他善于求新，勇于创造。他的作品被绘画界称为"吴家样"。唐人朱景玄在《唐朝名画录·序》中品评了唐朝诸画家："近代画者，但工一物以擅其名，斯即幸矣，惟吴道子天纵其能，独步当世，可齐踪于陆（探微）、顾（恺之）。"

延伸阅读

吴道子与裴旻

吴道子随驾赴东都洛阳，会见了将军裴旻和书法家张旭，三人展示自己的绝技：裴旻擅于舞剑，当即舞剑一曲；张旭擅长草书，挥毫泼墨，在墙壁上写下草书；吴道子也奋笔作画，画卷出来，"有若神助"。洛阳的百姓，一时间大饱眼福，都高兴地说："一日之中，获睹三绝。"

后来，裴旻居母丧，请吴道子在东都天官寺画神鬼像数壁，"以资冥助"。吴道子回答说："我已经很久不画画了，如果将军有意的话，就请为我舞剑一曲，或许因为你的激励，可以获通幽灵。"裴旻听了，立刻脱去缞服，剑在手中"左旋右抽"，忽地将剑抛向高空，距离地面有数十丈，落地如电光下射。裴旻举起剑鞘，不左不右，正好插入鞘内。观看的有数千人，齐声喝彩。吴道子看了舞剑，灵感大发，遂挥毫作画，"飒然风起，为天下之壮观"。

关仝：笔简气壮，景广意长

> 关仝擅长山水画，师从荆浩，刻意力学，遂自成一家，被当时的人誉为"关家山水"。他所作的山水笔简气壮，景广意长，与李成、范宽齐名，在北宋号称"三家山水"。

关仝，一作"关同""关穜"，长安（今陕西西安）人，生卒年不详，五代后梁画家，北宋米芾说他"工关河之势，峰峦少秀气"。关仝擅长画山水，他早年师法荆浩，刻意学习，几乎到了废寝忘食的境地。关仝在山水画的立意造境上能够超出荆浩的格局，从而显露出自己独特的风貌。他所画的山水颇能表现出关陕一带山川的特点和雄伟气势，其中又不缺乏细节安排的丰富性。

艺术特色

关仝山水的一个重要特色是长于创造意境。他特别喜欢作秋山寒林，还不时地掺入村居野渡、幽人逸士、渔市山驿等富有生活气息的景物。这些景物所塑造的荒疏气氛，能够让观者有身临其境之感，"悠然如在灞桥风雪中，三峡闻猿时，不复有市朝抗尘走俗之状"，具有很强的艺术感染力。因而，当时的人也称赞他的画"笔愈简而气愈壮，景愈少而意愈长"。

关仝山水画师法荆浩，荆浩批评吴道子的画有笔无墨，反映了山水画技法特别是皴法的进步。关仝受其影响，对山水画的发

◆《关山行旅图轴》（台北故宫博物院藏品）

展又进行一定程度的革新。他的画较之荆浩更能青出于蓝，是荆浩画派的有力继承者。画史将其与荆浩并称为"荆关"。

传世作品

关仝传世作品有《山溪待渡图》《关山行旅图》《秋山寒林图》《秋山渔乐图》《秋山观楼图》等。

《山溪待渡图》描绘大山下水滨有人待渡，画中大山矗立，石质坚凝，气象壮伟荒寒，与宋人论述关仝山水"坐突危峰，下瞰穷谷，卓尔峭拔者，（关）仝能一笔而成"（《五代名画补遗》）的风貌相似。

《关山行旅图》是关仝的代表作，画上峰峦叠嶂、气势雄伟，深谷云林处隐藏古寺，近处则有板桥茅屋，来往旅客商贾如云，再加鸡犬升鸣，好一幅融融生活图。此画布景兼"高远"与"平远"二法，树木有枝无干，用笔简劲老辣，有粗细断续之分，笔到意到心到，情境交融。此外，画家在落墨时渍染生动，墨韵跌宕起伏，足见关仝山水画道之精深。

关仝的画风朴素，形象鲜明突出，简括动人，其山水画在构图上继承了荆浩全景式大山大水的格局："坐突巍峰，下瞰穷谷，卓尔峭拔，而又峰谷苍翠，林麓土石，加以地理平远，磴道邈绝，桥彴村堡，杳漠皆备。"

《秋山晚翠》为关仝名作，此作注重营造气势，除远峰巍峨耸立外，由中景斜出至前景水际的山脊，也带有无比的魄力。画面正中画峭拔的主峰，山涧丛生寒林秋树，涧水悬瀑曲折而下，气势壮伟。画上无款，仅边幅上有明代王铎题语，指明为"关仝真笔"，并誉为"结撰深峭，骨苍力，""磅礴之气，行于笔墨外"。画上钤有明纪察司半印及"秘园""乾隆御览之宝"等收藏印章，《石渠宝笈初编》著录。

《秋山晚翠》的远山各自高耸矗立，《画品》描述关仝的作品"大石丛立，然万仞"，应是指这种作风。无论是描绘陡峭的山壁，或者临水岩石的数个块面，画中直率而粗放的线条都传达出山石雄伟的气势，而这正是历来画史认为关仝最擅长的部分。

画史中记载关仝不善描绘人物，多为他人代笔。《秋山晚翠》即未见人物，不过作者并非意在表现一处人烟绝迹之地，而是由近景至远景，安排了山路、小桥、瀑布、水流，最后让观者的视线休憩于隐匿于右上的庙塔中。

延伸阅读

关仝《关山行旅图》

《关山行旅图》是关仝的代表作，绢本浅设色，纵144.4厘米，横56.8厘米。该图在构图上以一条河从左向右斜下而流，将画面分割成"Z"字形。河的右边是起伏的山峦，以高远法向上画出巨峰，突兀高耸，形状如同卷云，这是关陇山川的特色，河的左岸地势较为平缓，有一座木桥把两岸连接起来，桥上及岸边都有行人，骑驴或者徒步向旅店走来。画面的下方以平远法画出了一家山野旅店，店内旅客各异。旅店周围有鸡犬、猪圈，并有一小船停泊河边。真是一派宁静和谐的生活景象！

敦煌壁画：神性中的世俗美

> 敦煌壁画的内容丰富多彩，它和其他的宗教艺术一样，是描写神的形象、神的活动、神与神的关系、神与人的关系以寄托人们善良的愿望，安抚人们心灵的艺术。因此，壁画的风格，具有与世俗绘画不同的特征。但是，任何艺术都源于现实生活，因此又表现出世俗之美。

所谓敦煌壁画，通常是指存在于敦煌石窟中的壁画。敦煌壁画包括敦煌莫高窟、西千佛洞、安西榆林石窟，共有石窟552个，有历代壁画五万多平方米，是我国也是世界壁画最多的石窟群，内容极为丰富。敦煌壁画是敦煌艺术的主要组成部分，规模巨大，技艺精湛。著名的敦煌壁画有释迦牟尼传记、萨锤那舍身饲虎、九色鹿救人等著名的壁画故事。

◆ 敦煌壁画

敦煌壁画类别

一、佛像画

作为宗教艺术来说，它是壁画的主要部分，其中包括各种佛像：三世佛、七世佛、释迦、多宝佛、贤劫千佛等；各种菩萨：观世音、大势至、文殊、普贤等；天龙八部：天王、龙王、大蟒神、夜叉、飞天、阿修罗、迦楼罗(金翅鸟王)、紧那罗(乐天)等。这些佛像大多数都画在说法图中。仅莫高窟壁画中的说法图就有933幅，各种神态各异的佛像12208身。

二、经变画

所谓"经变"，乃是指利用绘画、文学等艺术形式，通俗易懂地表现深奥的佛教经典。"变相"，则是指用绘画的手法表现经典内容的绘画，即经变画；用文字、讲唱手法表现者则称为"变文"。

三、民族传统神话画

在北魏晚期的洞窟里，出现了具有道家思想的神话题材。西魏249窟顶部，除中心画莲花藻井外，东、西两面画阿修罗与摩

◆ 敦煌壁画中的《讲经图》

尼珠，另外南、北两面壁上还画有西王母驾龙车、人首龙身的神兽、展翅的飞廉、击鼓的雷公、喷雾的雨师、闪电的电母、朱雀、玄武、青龙、白虎等。

四、供养人画像

所谓供养人，乃是指信仰佛教出资建造石窟的人。他们为了表示对佛祖的虔诚，留名后世，在开窟造像时，在窟内画上自己和家族、亲眷和奴婢等人的肖像，这些肖像，被称之为供养人画像。

五、装饰图案画

丰富多彩的装饰图案画主要用来装饰石窟建筑，桌围、冠服和器物等。敦煌石窟中的装饰性图案画主要有藻井图案、椽间图案、边饰图案等。

六、故事画

为了广泛吸引大众，大力宣传佛经，使之笃信佛法，在洞窟内绘制了大量的故事画，可以让人们在看的时候耳濡目染、潜移默化地受到教育。故事画内容十分丰富，情节动人，具有浓郁的生活气息及诱人的魅力。故事画主要可分为佛传故事、本生故事画、因缘故事画、佛教史迹故事画、比喻故事画五类。

七、其他画

壁画内容除以上六类外，还有花鸟画、动物画、建筑画、器物画等。敦煌壁画的艺术价值弥足珍贵，在线描勾勒、赋彩设色、结构布局、人物造型等方面系统地反映了各个时期的艺术风格及其传承演变、中西艺术交流融汇的历史面貌。

上述七类壁画，除了装饰图案而外，还有一些有情节的壁画，例如反映统治阶级出行、宴会、审讯、游猎、剃度、礼佛等内容的壁画。因此，敦煌石窟，不仅是艺术，也是历史。

延伸阅读

敦煌飞天

敦煌壁画中的飞天，和洞窟创建同时出现，从十六国开始，历经十个朝代，历时千余年，直到元代末期，随着敦煌石窟的停建而消逝。由于朝代的更替，人们的审美情趣的变化，飞天的艺术形象、姿态和意境、风格也都在不断地发生着变化。因而，不同的时代、不同的艺术家，为我们留下了不同风格的飞天。

飞天不是一种文化的艺术形象，而是多种文化的复合体。虽然飞天的诞生地在印度，但敦煌飞天却是印度文化、西域文化、中原文化共同孕育成的。它是印度佛教的天人和中国道教的羽人、西域飞天和中原飞天长期交流融合的产物。它是一种不长翅膀、不生羽毛、不借助烟云，但却能飞翔的神灵。她衣裙飘曳，凌空翱翔，姿态优美，可以说是中国艺术家最天才的创作，是世界美术史上的奇迹。

张萱和周昉：仕女画的集大成者

绮罗人物画，一般指仕女画。据文献记载，汉武帝时（前48年）就有著名的宫廷画家毛延寿，开始创作仕女画，更早的晚周帛画中的《龙凤美人》图，马王堆帛画上轪侯妻像，北魏木板漆画上的"帝舜二妃娥皇女英"等，也都属于仕女画。

唐代以前，不论是宫廷仕女或是民间仕女画，常常画的是烈女、节妇，如晋代的司马昭、荀勖、卫协等人画过《烈女》图，张墨画过《捣练图》以及顾恺之的《女史箴》，都是十分有名的仕女画。到唐代开元间，仕女画的题材变得丰富多彩，以现实生活为对象，造型上都是丰满而健康的形体，服饰、头饰也更加绚烂。唐代仕女画家中最著名的是张萱和周昉，现存的作品《簪花仕女图》《纨扇仕女图》《听琴图》等，是他们的名作。

张萱

张萱，生卒年不详，京兆（今陕西西安）人，开元间（713—741年），担任史馆画直，擅长画人物、仕女。他画仕女尤其喜欢用朱色晕染耳根，画婴儿既能够描摹出幼童的形貌，又能够表现出他们的活泼神采。他画贵族游乐生活场景，不仅以人物生动和富有韵律的组合见长，还能为花蹊竹榭，点缀皆极妍巧，注意环境和色彩对画面气氛的烘托和渲染。从他曾以"金井梧桐秋叶黄"之句画《长门怨》并且"甚有思致"来看，张萱是有文学修养并巧于构思的。他的人物画线条工细劲健，色彩富丽匀净。其妇女形象代表着唐代仕女画的典型风貌，是周昉仕女画的先导，直接影响晚唐五代的画风。

周昉

周昉，字景玄（景元），大历年间（766—785年）担任越州长史。周昉是一位出色的画家，有"画仕女，为古今冠绝"的美誉。他的仕女画最初师法张萱，之后技法出现微妙的变化，其作品具有用笔秀润匀细、衣裳劲简、色彩柔丽，人物体态以丰厚为体的特点。然而，周昉生活在唐帝国经过

◆ 张萱《虢国夫人游春图》

◆ 周昉《簪花仕女图》

安史之乱由盛而衰，社会矛盾日渐尖锐的时代，因此，他笔下的妇女和张萱作品中的欢愉活跃的女性已经有所不同，她们仿佛是沉湎在一种百无聊赖的心态中，茫然若失，动作迟缓。纵然是装饰得团花簇锦，也难以掩饰内心的寂寞与空虚。

周家样

张萱和周昉开创的绮罗人物画，对后世产生了极大的影响，至晚唐仍在盛行。后来，人们把张萱、周昉开创的画风称为"周家样"。其造型特点是，唐以前一般体形稳重敦实，脸部呈椭圆形；到了唐代，体形变得肥胖，脸型更加圆润丰满。画中妇女浓丽肥胖，酥胸长裙，从披纱中能看出丰满的肌肉。杜甫《丽人行》中"态浓意远淑且真，肌理细腻骨肉匀"，就是画中的诗意，给人的感觉既是百无聊赖，又有极浓尊贵气象。此外，张萱、周昉还创造了一种适于表现光洁华美、轻罗薄纱的透明感的"铁丝描"和"游丝描"的综合技法，用色彩取了朱红、绯红、石青、翠绿、米黄、草绿、白等多种鲜艳的色彩，交相辉映，富丽而又活泼明快。

作品特色

张萱的《虢国夫人游春图》，周昉的《簪花仕女图》《纨扇仕女图》等，都取材于宫廷生活，表现出她们的闲情逸致。此外，还有直接以唐明皇和杨贵妃为题材的作品，如《明皇纳凉图》《杨妃出浴图》《明皇斗鸡射鸟图》《太真教鹦鹉图》《明皇夜游图》《明皇击梧桐图》等。

仕女画不同于佛教绘画中所出现的庄严华贵以及烈女图中僵硬死板的内容，画家极力表现骄、奢、雅、逸的气息和柔软温腻的姿态，甚至对丰满的肌肤都毫无保留地画出来，尽管唐代经过了安史战乱，但商业经济仍很活跃，特别是在江南和西蜀一带，官商大贾、新兴地主、官僚、均把绘画当作奢侈品之一。当时的富商大贾把购买仕女画视为一种风尚。

延伸阅读

《簪花仕女图》

《簪花仕女图》，绢本设色，为周昉所作，用笔朴实，气韵古雅。该图描绘出了贵族妇女春夏之交赏花游园的情景，画面反映了仕女们的闲适生活。她们衣着华丽奢艳，游玩于庭院之中，动作悠闲，拈花、扑蝶、戏犬、赏鹤、徐行、懒坐，无所事事，侍女们持扇相从。其赋色技巧，层次明晰，面部的晕色，衣着的装饰，都极尽工巧之能事。轻纱的透亮松软，皮肤的滋润光泽，都画得惟妙惟肖，表现出作者具有高超的艺术技巧。

边鸾：精于设色，浓艳如生的花鸟画

> 边鸾是中晚唐时期的花鸟画大家，最长于花鸟、折枝草木，亦精蜂蝶。下笔轻利，用色鲜明，穷羽毛之变态，夺花卉之芳妍。边鸾采用工笔重彩法创造出独特的花鸟画艺术，被美术史家们奉为花鸟画之祖。

中国花鸟画集中体现了中国人与作为审美客体的自然生物的审美关系，具有较强的抒情性。它往往通过抒写作者的思想感情，体现时代精神，间接反映社会生活，在世界各民族同类题材的绘画中表现出十分鲜明的特点。其技法多样，曾以描写手法的精工或奔放，分为工笔花鸟画和写意花鸟画（又可分为大写意花鸟画和小写意花鸟画）；又以使用水墨色彩上的差异，分为水墨花鸟画、泼墨花鸟画、设色花鸟画、白描花鸟画与没骨花鸟画。

在花鸟画的发展中，边鸾是一个重要的人物。

画家生平

边鸾（生卒年不详），长安（今陕西西安）人，唐德宗时曾担任右卫长史。边鸾是中晚唐时期的花鸟画大家。唐代的画史《历代名画记》记载了他的画法特点："边鸾善画花鸟，精妙之极，至于山花圆熟，无不遍写……花鸟冠于代，而有笔迹。"据说，唐德宗时期，新罗国向唐王朝进献孔雀，德宗皇帝曾经命边鸾当殿绘画。史书记载，他画的两只孔雀"一正一背，翠彩生动，金羽辉灼，若连清声，宛应繁节……写《玉兰图》连根苗之状精极，见传

◆ 《花鸟》

于世。近代折枝叶，居其第一。凡草木、蜂蝶、雀蝉，并居妙品"。宋代的画史《宣和画谱》也载他："精于设色，无斧凿痕。"可见他精于写生，妙于设色。

艺术风格

边鸾的用笔是"有笔迹""下笔轻利"，也就是用轻利的墨线勾勒出物象的轮廓，再用鲜艳的色彩填补上去，这种画法也就是现在我们所说的工笔花鸟画画法。因而在他的笔下，花鸟草木的形象都呈现出了一派自然生动、活泼明快的景象。如他所画的《玉兰图》，连根苗都画出来，而且画得非常精细，表现出了他高超的写生能力，所以在当时他的"折枝花""居其第一"。根据宋人的记载，他所画的牡丹，花朵红淡、赋色润泽，有如真实的牡丹花形象。

影响

边鸾的一生创作甚丰，根据《宣和画谱》记载，他共有33件作品，其内容多为牡丹、梨花、桃李、木瓜、孔雀、鹧鸪、鹡鸰、白鹇等名贵花木禽鸟。他还把题材扩展到"山花野蔬"，丰富了花鸟画的内容。他给长安等地的寺观绘制的花鸟画，深受人们的喜爱。

边鸾采用独具一格的工笔重彩法去创造他的花鸟画艺术，成为了一代大家，其绘画艺术深深影响了后代花鸟画家，如唐末五代的花鸟画名家刁光胤，以及五代宋初黄筌画派，都直接承袭他的画风。正如汤垕在《画鉴》中所言："唐人花鸟，边鸾最为驰誉。大抵精于设色，浓艳如生……要知花鸟一科，唐之边鸾，宋之徐、黄，为古今规

◆ 《牡丹图》（扇面·宋人摹仿）

式。所谓前无古人，后无来者是也。"

延伸阅读

花鸟画

在中国画中，凡是以花卉、花鸟、鱼虫等为描绘对象的画，称之为"花鸟画"。花鸟画中的画法有"工笔""写意""兼工带写"三种。所谓工笔花鸟画，乃是指用浓、淡墨勾勒动象，再深浅分层次着色，所谓写意花鸟画，则是指用简练概括的手法绘写对象；介于工笔和写意之间的就称为"兼工带写"。

历代花鸟画家辈出，如唐代薛稷的鹤、边鸾的孔雀、刁光胤的花竹，五代郭乾晖的鹰，黄筌、徐熙的花鸟，北宋赵昌的花、崔白的雀、吴元瑜的花鸟，南宋吴炳的折枝、林椿的花果、李迪的禽，元代李衎的竹、张守中的鸳鸯、王冕的梅，明代林良的禽，陈淳、徐渭的墨花，清代朱耷的鱼、恽寿平的荷、华嵒的鸟，近代吴昌硕的花卉等，都是一代名手，绵延不绝。

顾闳中及其《韩熙载夜宴图》

《韩熙载夜宴图》是我国古代人物画的重要作品，其艺术成就表明我国五代时期人物画创作的水平，也使顾闳中在中国绘画史上永远占有一席之地。

画家生平

顾闳中（约910—980年），五代南唐画家，江南人，曾在元宗、后主时，担任画院待诏。顾闳中擅长画人物，用笔圆劲，间以方笔转折，设色浓丽，善于描摹人物的神情意态。其存世作品《韩熙载夜宴图》为"中国十大传世名作"之一。此图描绘了南唐中书侍郎韩熙载夜宴的情景，真实地描绘了在政治上郁郁不得志的韩熙载纵情声色的夜生活，成功地刻画了韩熙载的复杂心境，堪称古代人物画的杰作。这幅图是顾闳中作品中的唯一遗存。

《韩熙载夜宴图》

《韩熙载夜宴图》采用了我国传统表现连续故事的手法，随着情节的进展而分段，以屏风为间隔，主要人物韩熙载在每段中都有所出现。通过听乐、观舞、歇息、清吹、散宴等情节，叙事诗般描绘出了夜宴的全部情景。画家在构图上作了精心安排，每段一个情节、一个地点、一个人物组合，每段相对独立，而又统一在一个严密的整体布局当中，繁简相约，虚实相生，富有节奏感，图中三个屏风绝不雷同的处理方法体现了画家巧妙的构思。人物的趋向动势变化丰富，疏密向背有致，神态动静相宜，全图之势蓄于画卷之内，紧密而富有张力。第三段景物中放置了一枝烛台，红烛高照，间接暗示了《夜宴图》特定的时间，而并不精心描绘夜色，这种中国传统式的意象表现手法与方式共同构成了一种"有意味的形式"。

《韩熙载夜宴图》对不同对象的形体姿态、目光手势作了相应描绘，画中人物有的弹奏舞蹈，有的按拍欣赏，情态生动。

◆《韩熙载夜宴图》（局部）

◆ 《韩熙载夜宴图》（局部）

而对主人公刻意描绘，曲尽神形。韩熙载形体高大轩昂，长长的胡子，头上戴着高巾，从倚栏倾听，到挥锤击鼓，直到曲终人散，他在各个不同的场合始终眉峰双锁，若有所思，郁郁寡欢，和欢快的夜宴歌舞戏乐的场面形成了鲜明的对比，表现了韩熙载复杂的内心世界，刻画了人物特殊的个性，十分传神，由此深化了《夜宴图》的内涵。

《韩熙载夜宴图》的艺术风格

《韩熙载夜宴图》无论是设色还是用笔，其表现技法都堪称精湛娴熟。古人善用矿物质颜料作画，历经岁月的磨砺依然璀璨夺目。《夜宴图》多处采用了石青、石绿、绯红、朱砂等色，对比强烈，而整个画卷统一在墨色丰富的层次变化中，色墨相映，神采动人。古人作画，专尚用笔，在准确地把握了对象的形体特征以后，用笔除了勾画出对象的外在轮廓之外，同时具有表达对象本质的要求，线是一个独立的艺术元素，在绘画中具有独特的审美意味。用笔"轻重疾徐，偏正曲直"。《夜宴图》线条流转自如，铁线描与游丝描结合的圆笔长线中，时见方笔顿挫，颇有韵味。人物衣纹组合丰富有变化，须发的勾画"毛根出肉，力健有余"，画尽意在，塑造了富有生命活力的艺术形象。

延伸阅读

顾闳中为何画《韩熙载夜宴图》

韩熙载出身北方望族，素有才华，唐朝末年登进士第，懂音乐，擅长诗文书画，而且富有政治才能。南唐国主李煜倚重韩熙载，想用他为相，但是在五代时期权臣震主的事情时有发生，因此对他不太放心，于是便派顾闳中和周文矩深夜潜入韩宅，了解他的私生活。

顾闳中发现，宾客中有当年的新科状元郎粲、太常博士陈雍、紫薇郎朱铣等官员和教坊副使李嘉明，此外还有走红的歌女和舞女。夜宴气氛异常热烈，极尽奢华。

韩熙载这种沉湎声色的做法，实际上是表明自己对权力没有兴趣，以免受皇帝怀疑。顾闳中和周文矩回到居所后，各自绘制了一幅《韩熙载夜宴图》送给李煜。李煜看了画以后，对韩熙载的戒心减少。后来，韩熙载在南唐累官至中书侍郎、光政殿学士承旨，得善终。

◆ 韩熙载

赵佶及其花鸟画

> 赵佶，即宋徽宗，是中国画史上一位杰出的画家。他的艺术成就最高的是花鸟画，他画鸟，用生漆点睛，高出纸素，几欲活动。现存的作品，如《腊梅山禽》和《杏花鹦鹉》，用笔精炼准确，腊梅、萱草和杏花，均形象生动。

画家生平

赵佶（1082—1135年），即宋徽宗，河南开封人，北宋第八位皇帝，在位25年（1100—1125年）。他热爱艺术，但却对处理朝政一塌糊涂，是一个典型的艺术家皇帝。他在位期间，重用奸臣，追求奢侈生活。他崇奉道教，自称"道君皇帝"，由于其荒淫无度，导致农民起义的烽火四起。在内忧之际，又引起金国的窥伺，可谓内忧外患。宣和七年（1125年），金军南下攻宋。他急忙传位给儿子赵桓，自称太上皇。靖康元年（1126年）八月，金军大举入侵，不久北宋首都开封被攻破，徽宗和儿子钦宗以及大批王公贵族一起被俘。靖康二年（1127年）二月，金太宗下诏废徽、钦二帝，贬为庶人，二帝被押往北地囚禁。后又迁到五国城（今黑龙江依兰县城北旧古城）囚禁，并一直在此病死。

艺术成就

赵佶虽然治国无能，但是艺术才能颇高，是我国著名的画家，传世画作有《芙蓉锦鸡图》《池塘晚秋》等，并能诗词。他从小就爱好诗词、音乐、戏曲、书法、绘画，在书画艺术上尤其富有才华。他继位后，把大部分精力都用在了书画的研究上，还任命大书画家米芾为书画博士，整顿和健全画院组织，订出各种制度，并提高画家的地位。

赵佶的绘画有两种格调，一种是精工富丽的黄（筌）派传统，如他临张萱的《捣

◆ 宋徽宗儒服衣冠

◆ 《芙蓉锦鸡图》

严谨。有一次，他带着画师们到宣和殿前赏玩，当他看到荔枝结了喜人的果实，树下，一只羽毛艳丽的孔雀，正举步台阶，便命人作画。画师们几经修改，认为无论从技巧到色彩都已无可挑剔，便将画卷呈予赵佶，准备得到皇帝的封赏。赵佶看后，摇头不已道："这幅画的技巧设色虽然精湛，但画法有误，孔雀升高时，一定是先抬起左足，而这幅画却画错了。"画师们对此惊叹不已。

以锦鸡为画面中心，配芙蓉和菊花各一丛，彩蝶一对，画法细腻，双钩工整，用色明丽，有黄筌遗风。作为画中主体的锦鸡，俗称"野鸡"，雅称"雉"。

练图》和《虢国夫人游春图》。另外一种则是他自创的《瑞鹤图》《芙蓉锦鸡图》《听琴图》等作品，均可以看出他用笔精细，充分表现艳丽富贵情调，对画院画家影响很深；二是用水墨渲染的技法，不太注意色彩，崇尚清淡的笔墨情趣。

此外，赵佶还是一位著名的书法家，他早年学薛稷、黄庭坚，参以褚遂良诸家，最终形成了自己的风格，其特点是瘦直挺拔，横画收笔带钩，竖画收笔带点，撇如匕首，捺如切刀，竖钩细长；有些联笔字像游丝行空，已近行书，被称为"瘦金体"。

画坛佳话

赵佶作为一名画家，对艺术创作非常

延伸阅读

赵佶选拔优秀画家的办法

赵佶擅长花鸟画，他选拔优秀画家的办法，是由他亲自出题考试，而画题多半是用一句古诗。

一次，他用"野渡无人舟自横"诗句考画家。有很多人都画了一只小船系在岸边的柳树上，上边栖息着一只鹭鸶或乌鸦，但这类画都没被选上，只有一个画家的画被选准，画面上一个船夫蹲在船尾吹笛子。因为"野渡无人"并非真的没有人，只是没有过客罢了，而大多数人却把这个意思给理解错了。

又有一次，他以"万绿丛中一点红"诗句作画题。有的人画的是一朵红花开在绿草地上，有的则画了绿树丛中露一段红墙，也有的画一片松林，树顶立一只丹顶鹤。但这些画最终都落选了。只有两幅被选中：一幅画的是翠楼上站着一个倚栏沉思的少女，她那鲜红的胭脂和大片绿柳相映，形成了强烈的对比，画出了"万绿丛中一点红，恼人春色不须多"的原意。另一画是万顷碧波中涌出一轮红日，构思新颖，气魄宏大，独树一帜。

张择端及其《清明上河图》

张择端是北宋著名画家。他的《清明上河图》描绘当年汴京近郊在清明时节社会各阶层的生活景象，真实生动，是一件具有重要历史价值和杰出艺术成就的优秀风俗画。经过近千年的漫长岁月，至今仍流传于世。

画家生平

张择端（1085—1145年），字正道，又字文友，东武（今山东诸城）人，北宋末年杰出的现实主义画家。张择端从小就十分好学，早年游学于汴京（今河南开封），后来学习绘画。宋徽宗时在翰林图画院供职，他专工中国画中以界笔、直尺划线的技法，用以表现宫室、楼台、屋宇等题材，尤擅绘舟车、市肆、桥梁、街道、城郭。他的画自成一家，别具一格。张择端的画作，大都散佚，只有《清明上河图》和《金明池争标图》流传了下来。

清明上河图

《清明上河图》是"中国十大传世名画"之一。宽24.8厘米，长528.7厘米，绢本设色，属一级国宝。该画卷生动地记录了中国12世纪城市生活的面貌，这在我国乃至世界绘画史上都是独一无二的。作品以长卷形式，采用散点透视的构图法，将繁杂的景物纳入统一而富于变化的画卷中。画中主要分成两部分，一部分是农村，另一部是市集。据统计画中有814人，牲畜60多匹，船只28艘，房屋楼宇30多栋，车20辆，轿8顶，树木170多棵。往来衣着不同，神情各异，栩栩如生，其间还穿插各种活动，注重情节，构图疏密有致，富有节奏感和韵律的变化，笔墨章法都很巧妙，颇见功底。

艺术成就

《清明上河图》是一幅风俗长卷，它用现

◆《清明上河图》（局部）

◆ 《清明上河图》（局部）

实主义手法，全景式构图，生动细致地描绘了北宋王都汴京的舟船往复、店铺林立、飞虹卧波、人烟稠密的繁华景象和丰富的社会生活习俗风情。全图规模宏大，结构严密，构图起伏有序，其笔墨技巧，兼工带写，活泼简练，人物生动传神，牲畜形态、房舍、舟车、城郭、桥梁、树木、河流，无一不至臻至妙，称得上妙笔神工。纵观我国古代绘画，大多数绘画作品中都蕴含着士大夫孤芳自赏的情绪，难以找到像"清明上河图"这样描绘民众市俗生活与商业经济活动的绘画。这幅画将民众置于主人翁地位，并加以正确的艺术概括，这在中国古代绘画中是不多见的，是中国古代最著名的现实主义画卷。

这幅画描绘的是汴京清明时节的繁荣景象，是汴京当年繁荣的见证，也是北宋城市经济情况的写照。通过这幅画，我们了解了北宋的城市面貌和当时各阶层人民的生活。总之，《清明上河图》具有极高的史料价值。

张择端还有一幅作品《金明池争标图》，描绘的是皇帝带领近臣到金明池观水战、赛龙舟的热闹场面。该图画面紧凑，结构严谨，主题突出，着重描写池中的大龙舟及周围的小船，采用动静结合的手法，概括地绘出了金明池的全部景色和皇帝观看争标的场面。张择端不只继承发展了久已失传的中国古代风俗画，且尤其继承了北宋前期历史风俗画的优良传统。

延伸阅读

真迹之谜

《清明上河图》自问世以来，历代名家都有摹本，且大小繁简不同。各地的公私藏家手中有许多摹本和伪造本，国外博物馆所藏也有好几卷。据统计，目前国内外公私所藏的《清明上河图》摹本多达30幅。

《清明上河图》最早由北宋官廷收藏，靖康之难后流入民间，历经辗转，后为南宋权臣贾似道所得，元代再度进官，至正年间又被掉包，流落民间。明代落入权相严嵩手中，严嵩倒台，图第三次纳入官廷，被明代皇室收藏。后来，大太监冯保将图从皇官偷出，并加上了自己的题跋，自此之后此图神秘失踪。

二百年后，清朝湖广总督毕沅得到《清明上河图》，毕沅死后，此图再次被皇室收藏，深藏紫禁城内。清末，逊帝溥仪将该画携出故官，后流落于东北长春一带。1945年，被收入东北博物馆（辽宁省博物馆），现藏故官博物院。关于真迹之说，目前有两种说法：大多数人认为现存北京故官博物院的是真迹，另一说台北故官博物院的才是真迹。

第二讲 绘画艺术

梁楷：不拘法度，放浪形骸

> 梁楷以画宗教人物、鬼神、高士为主，也能画山水花鸟，是活动于南宋中期的画家。嘉泰元年（1201年）担任画院待诏，赐金带不受，挂于院内。因其性情狂放疏野，又十分好酒，不拘小节，人称"梁疯子"。

画家生平

梁楷，南宋中期画家。生卒年不详，祖籍东平（今山东省东平县），居临安（今浙江省杭州市），宁宗时期，曾经在画院担任待诏。后来辞官，不知所终。

据画史记载：梁楷为人不拘小节，狂放不羁，且任性高傲，喜欢饮酒，在艺术上有自己独特的看法，不肯随波逐流，因而被人们称之为"梁疯子"。在他艺术生涯的前期，曾经接受过画院"格律"的严格训练，其人物画继承李公麟之画风，但是由于作者本人和历史因素，他反对因循守旧，敢于标新立异，能够创造发展，从而使得他在中国绘画史上占有一席之地。

艺术成就

梁楷的作品，大致可分为三类：一是工细类，如《八高僧故事卷》；二是工写综合类，如《布袋和尚图》；三是大写意类，如《泼墨仙人图》《太白行吟图》。他的独特贡献在第三类，即大写意，包括两种笔法，一是泼墨；二是减笔法。

《太白行吟图》最能体现梁楷的艺术

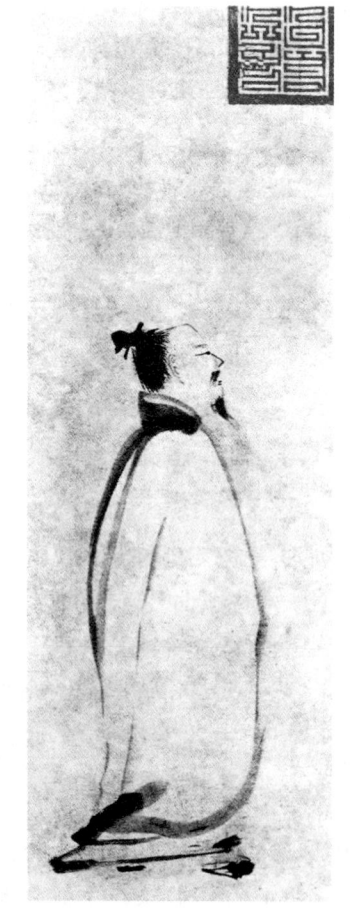

◆《太白行吟图》

成就，这是减笔人物画的代表作之一。在这幅画中，寥寥数笔就勾勒出了"诗仙"的风

◆ 《泼墨仙人图》

笔酣畅，墨色淋漓，十分豪放。作者在构造人物形象时，有意夸张人物的头额部分，几乎占去了面部的多半，而人物的五官却被挤在了下部很小的面积上，垂眉细眼，扁鼻撇嘴，既显得醉态可掬，却又诙谐滑稽，令人发笑。这幅画通过生动的形象表现了作者的思想境界和生命态度，极尽嬉笑怒骂之态。《泼墨仙人图》的产生，是和南宋佛教禅宗思想的盛行密不可分的。这幅图的标题是后人加上去的，从其大头鼓腹的形象来看，倒有点像当时民间信奉的布袋和尚；其精神体态的描写又有点像与梁楷同时的颠济和尚。这幅画不但体现了禅宗思想，也是梁楷所生活的南宋时代的必然产物。从另一个角度讲，也充分体现了梁楷对人物画体系"离经叛道"的大胆革新精神。

度神韵。画家不拘泥于琐末细节，重在突出诗人独特的性格特征，选取最能反映诗人精神状态和思想情绪的瞬间动作，加以概略的描绘。虽是逸笔草草，却言简意赅，以一当十，毫无雕琢造作之气。在这幅画中，人物神韵的体现达到了一个新的高度。自梁楷一变后，人物画从传神进入写意的层次，得意而忘形，画家的精神创造获得更大的空间。

泼墨仙人图

梁楷的《泼墨仙人图》是现存最早的一幅泼墨写意人物画，这幅画可以说是梁楷与画院画风决绝后，自辟蹊径，独树一帜，在绘画创作中所创"减笔"画之杰作。画面上的仙人除了面目、胸部用细笔勾勒出了神态之外，其他部位都是用阔笔横涂竖扫，笔

延伸阅读

《疏柳寒鸦图》

《疏柳寒鸦图》为梁楷成名之作。这幅图画了枯柳疏枝，两只乌鸦栖息于树干之上，一只低头啄食，一只仰望高空，和远处的飞鸦相映成趣，还有一只则飞临树干。几枝败柳巧妙地烘托出了冬季萧瑟的气氛，四只寒鸦形神各异。乌鸦头尾以浓墨点染，羽翼用焦墨勾写，腹部略敷白粉，更突出鸦头之黑，笔简神丰。

梁楷的"减笔"画既带有文人的笔墨情趣，又能对物象高度概括，具有传神的效果，这在两宋花鸟画中是绝无仅有的。这种画法对元代的颜辉、明代的徐渭、清代的黄慎、近代的任伯年等著名画家都有较大的影响。

文同：墨竹大师

文同是北宋著名文人画家，他善诗文、长书法，绘画以墨竹著称。文同的墨竹画开创了中国花鸟画象征主义的先河，成为中国文人画竹的宗师，对后世产生了深远影响。

画家生平

文同（1018—1079年），字与可，号笑笑居士、笑笑先生，人称石室先生，著名画家、诗人。北宋梓州梓潼郡永泰县（今属四川绵阳市盐亭县）人。宋仁宗皇祐元年（1049年）进士，后升迁为太常博士、集贤校理，历官邛州、陵州、洋州（今陕西洋县）等知州，元丰初年知湖州（今浙江吴兴），还没有到任就去世了，人称"文湖州"。

艺术成就

文同擅长画竹，他画竹不只是画竹之状，更是寄情于竹，借竹之荣、枯、丰、瘠，抒写人的悲、欢、穷、达。他注重体验，主张胸有成竹而后动笔。文同之前的竹画，多为双勾着色，而且仅作背景。文同则单画竹，以水墨单色一笔画出竹的竿、节、枝、叶，并首创以深墨的叶为正面，淡墨的叶为背面，后人将其称之为"墨竹画"。所谓画竹必先爱竹，文同十分喜爱竹子，他曾经作诗赞美竹："心虚异众草，节劲逾凡木。"他甚至将自己的住舍命名为"墨君堂"，并在四周广栽竹林，提出了"画竹必先得成竹于胸中"的见解。

文同墨竹的特点是"文同画竹，影中见骨"，在他所画墨竹之影中，可以见到竹子的"骨头"。很多人都效仿他独创的画法，形成了墨竹一派，有"墨竹大师"之称，又称之为"文湖州竹派"。

文同的《墨竹图》轴画面清淡空灵，一株秀竹斜垂而下，充满了浓郁的生意。画面以书法般挥洒点画的技法，运用墨的浓淡、笔的轻重塑造形象；以水墨在绢上渗漏的偶然性造成墨色的层次，浓淡参

◆《墨竹图》

◆ 《晚霭图》

差，轻重错落，枝叶的向背、折旋各具姿态。虽是一幅单色画，却有色彩的幻觉，展现出了文人士大夫所感知的"虚心有节""洒然清风"和"飘逸淡泊"的韵律。

画坛佳话

文同与文学家苏轼是表兄弟，又是文场挚友。苏轼也擅长书画，二人常有书信往来。文同曾指点苏东坡："画竹必先得成竹在胸，执笔熟视，乃见其所欲画者，急起从之，振笔直遂，以追其所见，如兔起鹘落，少纵则逝矣。"为此，苏轼潜心揣摩，其所画墨竹亦"独得其意，并得其法"，成为当时一绝。

文同画竹闻名遐迩，来求画的人络绎不绝。当时人们用白绢作为润笔画资，因为白绢价格较贵，几乎等同银两。文同重义轻财，并不看重润笔，尤其不愿为那些附庸风雅的富人作画。他曾经把权贵送来的绢帛掷之于地，骂道："我要把这些当成袜子！"从而成为当时的笑料。

苏轼赴徐州做官，文同写信给他说："近来我对求画者说，苏学士深谙我的画技，你们可去那里求画。苏公呵，那些做袜子的材料就都要到你那里去了。"信末还附了两句诗："拟将一段鹅溪绢，扫取寒梢万尺长。"苏轼明知诗中的数字不能用简单算术推算，却故意回信道："你要画一万尺之竹，我推算了一下，当用绢帛二百五十匹才可以。我知道文公懒得动笔，只想得到润笔而已！"文同急忙回信改口道："我的话是胡诌的，世间哪有一万尺长的竹呢？"还不无自嘲地说："像我这样的穷文人，若是真有二百五十匹绢帛资产的话，我早就拿它买田还乡安度晚年了！"

不久，文同把他画的一幅《篔筜谷偃竹》图送给苏轼，苏轼随即题写《篔筜谷》诗回赠，诗中继续戏言："汉川修竹贱如蓬，斤斧何曾赦（放过）箨龙（即竹笋）。料得清贫馋太守，渭滨千亩在胸中。"苏轼戏言文同有"千亩（千户侯）"之富，暗指前面文同的"买田"之说。诗中最妙的是"清贫馋太守"句，当时文同任洋州知府，相当"清贫"，这句诗是反语。由此可见他们关系之亲密，天性之幽默。

延伸阅读

文同"胸有成竹"

文同喜欢画竹，在自己家的房前屋后种上各种各样的竹子，无论春夏秋冬，阴晴风雨，他经常去竹林观察竹子的生长变化情况，琢磨竹枝的长短粗细，叶子的形态、颜色，每当有新的感受就回到书房，铺纸研墨，把心中的印象画在纸上。日积月累，竹子在不同季节、不同天气、不同时辰的形象都深深地印在他的心中，只要凝神提笔，片刻间画成。有人夸奖他的画，他总是谦虚地说："我只是把心中琢磨成熟的竹子画下来罢了。"这就是"胸有成竹"一词的由来。

"南宋四家"：李唐、刘松年、马远、夏圭

中国山水画于魏晋南北朝时已具独立发展意识，但到五代、两宋期间方成熟起来，其中南宋李唐、刘松年、马远、夏圭四人为代表的院体山水画，以其独特的面目在画史上写下了灿烂的一页。

南宋画院名家辈出，李唐、刘松年、马远、夏圭"南宋四家"是南宋画院诞生的著名画家群体之一。明代学者王世贞认为李刘、马、夏四人是改变中国山水画的第四波人物，是中国绘画史上划时代的人物。

画家概况

李唐（约1050—1130年），早年师法五代、北宋的荆浩、关仝、范宽而稍变其法，画风苍厚凝重。李唐喜欢用峭利劲健的刮铁、马牙、小斧劈一类的皴法来画山石，传世《万壑松风图》就是这种风格的代表作。晚年的李唐开始改变自己的画风，以高度概括的造型手法作"边角之景"，用笔则删繁就简，以粗放的笔法来突出描绘对象的主要特征，《清溪渔隐图》《采薇图》中山石所用的大斧劈皴是他晚年画风特征的集中体现。

夏圭，字禹玉，钱塘（今浙江杭州）人，宋宁宗时画院待诏，曾得到"赐金带"的荣誉，其画风无论笔墨还是构图，都与同时代的马远较为接近，即善于从局部景物中发掘山水意境的辽阔深远，以求达到以少胜多、以小见大的效果，故画史多以"马夏"并称，马被呼为"马一角"，夏则被称为"夏半边"。总体说来，马远凝练，夏圭清邃。

马远在继承李唐画风的基础上，同夏圭一起将这种画风发扬光大，不仅确立了自己在中国绘画史上的地位，更影响了当时的整个画坛。他各科皆能，在花鸟、人物方面也有卓越的成就。他画梅花往往随手写去，耳濡目染，皆比皇宫中所植为本，有"宫梅"之称。但他的主要成就还是在山水画上。其用笔简朴有力，墨色凝重，善用墨色的浓淡对比来表现烟云掩映的意境。其山水画最显著的特点就是摆脱了北宋时期的全景式构图法，大多用近景，所谓"边角之景"，他也因此有了"马一角"的称号。《踏歌图》是马远山水画的代表作，而

◆ 李唐《采薇图》

◆ 夏珪《溪山清远图卷》

《十二水图》则充分体现了马远在画水方面过人的技巧。

刘松年，钱塘（今浙江杭州）人，因居住在清波门而被人称为"暗门刘"或"刘清波"，是孝宗、光宗、宁宗三朝的画院画家。同李唐、马远、夏珪的笔法和墨法相比较，刘松年的绘画则要显得温柔、文静，对画面的刻画也更为细腻。刘松年的画，楼台水榭，界画工整，笔精墨严，清丽细润，不工不简，巧妙地将工整的青绿和淋漓的水墨结合在一起，形成自己独有的风貌。刘松年擅长画山水和人物，他的人物画以《猿猴献果图》（今藏台北故宫博物院）尤为著名，画中描绘的对象是传说中的人物，形貌奇古。

影响

李唐作为承上启下的大家，以苍劲浑厚的"斧劈皴"开创了南宋院体山水画之先河，是南宋山水画新风的创格者和奠基人。马、夏、刘等人在师法李唐的基础上另辟蹊径，成为南宋山水画的集大成者，在画坛上产生了重大的影响。

中国的山水画，画风多变，艺术成就很高，山水画上的第一个高峰是唐代的李思训和儿子李昭道，二人并称"大小李"；第二波高峰是五代时期的荆浩、关仝、董源、巨然四人；第三波高峰是北宋时期的李成、范宽；第四波高峰就是画院派的刘松年、李唐、马远、夏珪四人。自南宋四家之后，中国山水画的意境更加深长幽远，气势廓大。

延伸阅读

《溪山清远图卷》

《溪山清远图卷》是夏珪的传世佳作，纸本长卷，墨色，纵46.5厘米，横889.1厘米。该画描绘了晴日的江流景色：群峰、巉岩、茂林、长桥、村舍、楼阁、茅亭、渔舟、远帆，勾笔虽简，但形象逼真。

这幅画极尽画工，体现了夏珪擅长运用墨色的特征，他惯用层层加破、加染的"积墨法"，往往加用"蘸墨法"，即先蘸淡墨，后在笔尖蘸浓墨，依次画去，墨色由浓渐淡，由湿渐枯，变化无常。再加上"破墨法"，以墨破水，以水破墨，以浓破淡，以淡破浓，使墨色苍润，灵动而鲜活。空旷的构图，简括的用笔，淡雅的墨色，极其优美地营造了一幅清净旷远的湖光山色。

李公麟：不施丹青，而光彩动人

宋代人物画多有发展，不仅在于形象结构上的进步，还在于对人物内心刻画的变化上。李公麟的白描笔法，淡毫轻墨，开一代人物画新风，被誉为"宋画第一"。

画家生平

李公麟（1049—1106年），北宋著名画家。字伯时，号龙眠居士。庐江郡舒县（今属于安徽舒城县）人。熙宁三年（1070年）中进士。曾先后任中书门下省删定官，御史检法和朝奉郎等。元符三年（1100年）因病辞官，归老龙眠山。

徽宗崇宁五年（1106年）去世。他的一生在仕途上不甚得意，但诗文书画成就很高，擅长鉴别古器物。李公麟虽然被列入了文人画家之列，但是他除了后世文人画家所擅长的山水花鸟题材之外，更擅长人物、鞍马。在此方面，他继承了顾恺之以来的传统，而又有所创造，自立新意，在刻画人物个性和情态上极具功力。

艺术成就

李公麟是我国北宋时期一位重要的画家，在当时产生了重要的影响。他的绘画才能，首先表现在他题材的多样性上，当时人评他六法兼全，"鞍马愈于韩干，佛像追吴道玄。山水似李思训。人物似韩愰"。（《画继》）根据他现存的作品来看，他的绘画大致可以归为三类：第一类是宗教题材，即道释画；第二类是现实人物题材（包括历史人物）；第三类是鞍马。他也画过一些山水和花鸟，颇为人所称道，但数量不多。以上三类，基本可以包括他绘画创作的主流。

李公麟曾经大量临摹过传统绘画，同时重视写生，敢于独创。他所画的人物可以从外貌上区别出身份、地域和性格特点。在画法上，他以白描著称。这种善用线描，多不设色的白描，造型准确，神态生动，把传统的线描造型方法推进到一个新的水准，对后世人物画产生了很大的影响。他画的山水，亦有创格，后人论其

◆ 《免胄图》（局部）

◆《洗兵图卷》（局部）

作画"以立意在先，布置缘饰为次"。

李公麟的白描人物画，把过去仅作为粉本的白描画法确立为一种画种，使之独立成科，创造出"扫支粉黛、淡毫清墨""不施丹青，而光彩动人"的艺术效果，将传统绘画中线条的功能发挥到一个高峰。

《五马图》

李公麟善于画马，每次要画马的时候，一定先纵观群马，以把握它们的形态。苏轼称赞他："龙眠胸中有千驷，不惟画肉兼画骨。"《五马图》是他的代表作，为其传世佳作，纸本墨笔，纵29.3厘米，横225厘米，无名款。图以白描的手法画了五匹西域进贡给北宋朝廷的骏马，各由一名奚官牵引。每匹马后有宋黄庭坚题字，注明马的年龄、进贡时间、马名、收于何厩等，跋称是李公麟所作。五匹马的名字依次是：凤头骢、锦膊骢、好头赤、照夜白、满川花，而五位奚官则前三人为西域装束，后两人为汉人。马的造型因品种而异，大小、肥瘦、高低、毛色各别，但性情都温顺平和，以示已被调教驯服。大凡画贡马的题材，马的神态和步态都是如此。如《宣和画谱》卷七所云"大抵公麟以立意为先，布置缘饰为次"，意在生动地表现人、马的性情。五个奚官则因身份不同，或骄横，或气盛，或谨慎，或老成，举手投足，无不恰如其分。

除《五马图》外，尚有《临韦偃牧放图》《免胄图》《维摩诘像》《十六小马图》《龙眠山庄图》《辋川图》《九歌图》《洛神赋图》《草堂图》《莲社图》《汴桥会盟图》《白描罗汉图》《海会图》《百马图》《明皇演乐图》《农节图》《西园雅集图》《明皇醉归图》《维摩演教图》等。

延伸阅读

李公麟的《免胄图》

《免胄图》也被认为是李公麟的作品，题材和其《郭子仪单骑降虏图》相同。《免胄图》反映的是唐代的将军郭子仪和回纥酋长们在共同反对安禄山的战斗中结下了友谊，取得了唐和回纥间的和解。在战场上，郭子仪为了表示和平意向，十分镇定，单骑出阵，解甲释兵，徒步向回纥酋长走来，回纥酋长辨认出是郭子仪本人时慌忙下马行礼。画幅描写了这个事件的瞬间，远处还有跃跃欲试、急切求战的回纥骑兵和严阵以待的唐朝骑兵，充满了浓郁的战斗气氛，体现了战斗的环境。

赵孟頫：元代画坛冠冕

明人王世贞曾说："文人画起自东坡，至松雪（赵孟頫）敞开大门。"这句话基本上客观地道出了赵孟頫在中国绘画史上的地位。无论是研究中国绘画史，还是研究中国文人画史，赵孟頫都是一个不可绕开的关键人物。如果说，唐宋绘画的意趣在于以文学化造境，而元以后的绘画意趣则更多地体现在书法化的写意上，那么，赵孟頫在其间起到了桥梁作用。

画家生平

赵孟頫（1254—1322年），宋太祖赵匡胤十一世孙，秦王赵德芳之后。字子昂，名号有松雪道人、水晶宫道人、鸥波等，吴兴（今浙江湖州）人士，元代著名画家，楷书四大家（欧阳询、颜真卿、柳公权、赵孟頫）之一。赵孟頫博学多才，能诗善文，懂经济，工书法，精绘艺，擅金石，通律吕，解鉴赏。特别是书法和绘画成就最高，开创元代新画风，被称为"元人冠冕"。他也善篆、隶、真、行、草书，尤以楷、行书著称于世。

赵孟頫是宋朝没落贵族，一生历宋元之变，仕隐两兼，他虽为贵胄，但生不逢时，青少年时期南宋王朝已如大厦将倾，他在坎坷忧患中度过。他的父亲官至户部侍郎兼知临安府浙西安抚使，善诗文，富收藏，给赵孟頫以很好的文化熏陶。但赵孟頫12岁时父亲便去世了，家境每况愈下。宋朝灭亡之后，他回到故乡闲居。元代至元二十三年(1286)受到元世祖忽必烈召见，元世祖赞赏其才貌，惊呼为"神仙中人"。此后极尽元代皇室的恩宠，"荣际五朝，名满四海"，官至翰林学士，成为元代文人画的领袖人物。

艺术成就

赵孟頫的画，博涉山水、人物鞍马、花鸟、墨竹诸领域，遥追唐、五代、北宋，无论青绿重彩，水墨淡色，均运用自如，且能自出新意。他擅长画鞍马人物山水竹石，他的鞍马人物，就现在所见到的，在画法上是工整着色的方法，他的《秀石疏林图》线纹的熟练活泼和另一作品《鹊华秋色图》画面上的稚拙的风致为后人推崇备至。

◆ 《秀石疏林图》

◆ 《谢幼舆丘壑图》

赵孟頫的山水画不但将钩斫和渲淡、丹青和水墨、重墨和重笔、师古和创新，乃至高逸的士夫气息与散逸的文人气息综合于一体，使"游观山水"向"抒情山水"转化，而且使造境与写意、诗意化与书法化在绘画中得到调和与融洽，为"元季四大家"（黄公望、王蒙、倪瓒、吴镇）以诗意化、书法化来抒发隐逸之情的逸格文人画的出现，奠定了坚实的基础。

创作理论及影响

赵孟頫提出绘画艺术的标准不是作品内容的真实性，而是"古意"。向古人学习，不是学习古人怎样观察生活与表现生活，而是模仿其"古意"的"笔墨"。他曾说："作画贵有古意，若无古意虽工无益。今人但知用笔纤细，敷色浓艳，便自谓能手；殊不知古意既失，百病横生，岂可观也。吾所画似乎简率，然识者知其近古，故以为佳。此可为知者道，不为不知者说也。"

赵孟頫作为一代宗师，不仅他的友人高克恭、李仲宾，妻子管道升，儿子赵雍受到他的画艺影响，而且弟子唐棣、朱德润、陈琳、商琦、王渊、姚彦卿，外孙王蒙，乃至元末黄公望、倪瓒等都在不同程度上继承发扬了赵孟頫的美学观点，使元代文人画久盛不衰，在中国绘画史上写下了绮丽奇特的篇章。明末董其昌认为赵孟頫在元代绘画"推陈出新"中起到了领袖作用。

延伸阅读

管道升和赵孟頫

管道升（1262—1319年），字仲姬、瑶姬，华亭人（今上海青浦人），又说为德清茅山（今莫干山镇茅山村）人，元代著名的女性书法家、画家、诗词创作家。自幼聪慧，能诗善画，嫁赵孟頫，元延祐四年(1317年)册封魏国夫人。

管道升有一首著名的《我侬词》。据说赵孟頫50岁时想效仿当时的名士纳妾，又不好意思告诉老婆，老婆知道了，写下这首词，而赵孟頫在看了《我侬词》之后，不由得被深深地打动了，从此再没有提过纳妾之事。《我侬词》曰："你侬我侬，忒煞情多；情多处，热似火，把一块泥，捻一个你，塑一个我。将咱两个一齐打破，用水调和；再捻一个你，再塑一个我。我中有你，你中有我；我与你生同一个衾，死同一个椁。"

倪瓒：牙签曜日书充屋，彩笔凌烟画满楼

> 倪瓒的绘画开创了水墨山水的一代画风，与黄公望、吴镇、王蒙并称"元代四大家"。画法疏简，格调天真幽淡，以淡泊取胜。作品多画太湖一带山水，构图多取平远之景，善画枯木平远、竹石茅舍，景物极简。其画多以干笔皴擦，笔墨极简，所谓"有意无意，若淡若疏"，形成荒疏萧条一派。

画家生平

倪瓒(1301—1374年)，字元镇，又字玄瑛，别号荆蛮民、净名居士、朱阳馆主、沧浪漫士、曲全叟、海岳居士等，题名诗画时常用"云林"。元大德五年(1301年)生于无锡梅里祇陀村，他的祖父是本乡大地主，富甲一方。父亲很早就去世了，弟兄三人，同父异母长兄倪昭奎，字文光，是当时道教的上层人物，倪瓒从小得到长兄抚养，生活极为舒适，倪昭奎又为他请来同乡"真人"王仁辅为家庭教师。倪瓒受到这样的家庭影响和教育，养成了他不同寻常的生活态度，清高孤傲，洁身自好，不问政治，浸习于诗文诗画之中，和儒家的入世理想迥异其趣。

青少年时期的倪瓒家境富裕，生活优裕，热爱艺术，遍览古代名家字画。元泰定五年(1328年)，长兄倪昭奎突然病故。接着，他的母亲邵氏和老师王仁辅也都相继去世，这使倪瓒十分悲伤。他原来依靠其长兄享受的特权，随之也都消失，此时的他变成了一般的儒户，家庭经济日渐窘困。

元天历三年(1330年)到至正十一年(1351年)的20年内，是倪瓒绘画创作的成熟期。从元至正十三年(1353年)到他去世的20

◆《山水图轴》

到他的画上，作品呈现出苍凉古朴、静穆萧疏的意境。倪瓒曾细心观察太湖清幽秀丽的山光水色，仔细领会其特点，加以提炼、概括，创造了新的构图形式和笔墨技法，形成新的艺术风格。他的作品个性鲜明，笔墨奇峭简拔，近景一脉土坡，傍植树木三五株，茅屋草亭一两座，中间上方空白以示淼淼的湖波、明朗的天宇，远处淡淡的山脉，画面静谧恬淡，境界旷远，此种格调，前所未有。他的作品传世很多，《松林亭子图》《渔庆秋霁图》《怪石丛篁图》《汀树遥岑图》《江上秋色图》《虞山林壑图》《江亭山色图》《山水图轴》等许多力作，对后来的明清绘画产生了重大的影响。

◆ 《江亭山色图》

年里，倪瓒漫游太湖四周。他行踪飘泊无定，足迹遍及江阴、宜兴、常州、吴江、湖州、嘉兴、松江一带，以诗画自娱。

元至正二十三年(1363年)，他的妻子蒋氏病死，倪瓒深受打击。元朝灭亡，明朝建立，朱元璋曾召倪瓒进京供职，他坚辞不赴。明洪武七年(1374年)，倪瓒去世，享年74岁。

艺术成就

倪瓒广泛交际，朋友多是和尚、道士或诗人、画家，养成了孤僻狷介的性格，超脱尘世逃避现实的思想，这种思想也反映

延伸阅读

倪瓒的洁癖

倪云林有洁癖，几乎达到登峰造极的程度，他的厕所是一座空中楼阁，用香木搭好格子，下面填土，中间铺着洁白的鹅毛，"凡便下，则鹅毛起覆之，不闻有秽气也。"他爱洁成癖，连自己的文房四宝——笔、墨、纸、砚都有两个佣人专门负责，随时擦洗。院里的梧桐树，也要命人每日早晚挑水揩洗干净。一天，他的一个好友前来拜访，夜里寄宿在他的家中。由于害怕朋友不干净，他一夜之间，竟然起身亲自视察了三四次。忽听朋友咳嗽一声，于是担心得一宿未眠。到了天亮的时候，便命佣人寻找朋友吐的痰在哪里。佣人找遍每个角落也没见痰的痕迹，又怕挨骂，只好找了一片树叶，稍微有点脏的痕迹，送到他面前，说就在这里。他斜睨了一眼，便厌恶地闭上眼睛，捂住鼻子，叫佣人送到三里外丢掉。

第二讲　绘画艺术

黄公望：简淡洗炼山水风

南宋山水画之变，始于赵孟頫，成于黄公望，遂为百代之师。继赵孟頫之后，他彻底改变了南宋后期院画派陈陈相因的积习，开创了一代风貌。

画家生平

黄公望（1269—1354年），元代画家，书法家，元四家之一。字子久，号一峰、一峰道人、大痴道人、井西老人和净墅等。关于他的名与字的来历，还有这么一个有趣的故事。黄公望的父亲得子之后，亲戚朋友前来祝贺，说："黄公望子久矣！"因而黄父为其取名作"公望"，字子久。

黄公望年轻的时候曾在地方做过小官，先是任书吏，大约45岁左右，在地方官张闾幕下做椽吏，后因张闾卷入官司，黄公望遭诬陷，蒙冤入狱。出狱之后，他看破红尘，遂放浪形骸，游走于江湖，并参加了主张儒、释、道三教合一的全真教。此后，长期隐居于富春江一带。

艺术成就

黄公望工于书法，擅长诗词、散曲，取得了一番成就。50岁后，他才开始画山水，师法赵孟頫、董源、巨然、荆浩、关仝、李成等，晚年大变其法，自成一家。他以书法中的草籀笔法入画，有水墨、浅绛两种面貌，笔墨简远逸迈，风格苍劲高旷，气势雄秀。在创作风格上他主张学习前人，并提出见到好山好水就随时写生，不被动绘画

◆《富春大岭图》

创作。

黄公望的山水,张丑认为其画格有二:一种作浅绛色者,山头多岩石,笔势雄伟;一种作水墨者,皴纹极少,笔意尤为简远。黄公望的传世画作有《富春山居图》《九峰雪霁图》《丹崖玉树图》《天池石壁图》《溪山雨意图》《剡溪访戴图》《富春大岭图》。

师法自然

黄公望的绘画注重师法造化,他经常带着纸笔描绘虞山、三泖、九峰、富春江等地的自然胜景。他的一些山水画,就取材于这些山林胜处。他住在松江的时候,观察山水更是到了如痴如醉的地步,有时竟然一整天都在山中静坐,达到了废寝忘食之境。他居住在富春江的时候,身上总是带着皮囊,里边装着画具,每次见到山中的美景,都会取出画具,展开画纸,将这一美景摹写下来。富春江北边是大岭山,黄公望晚年的时候曾经在此处隐居,他以大岭山为师,曾画有《富春大岭图》。

他的名作《富春山居图》,长636.9厘米,高33厘米。该图描绘了富春江两岸秋天的美景,笔法上多用披麻皴,干笔皴擦,丛树平林多用横点,林峦浑秀,似平而实奇,整个画面,似融有一种仙风道骨之神韵。在构思时,他跑遍了春江两岸,用六七年时间才画成,画面表现出秀润淡雅的风貌,气度不凡。

黄公望的绘画在元末明清及近代影响极大。在元代,黄公望的画名很高,当时著名文人的诗文集中常提到他的画。"元四

◆ 《富春山居图》

家"之一的倪云林在《题黄子久画》说:"本朝画山林水石,高尚书之气韵闲静,赵荣禄之笔墨峻拔,黄子久之逸迈,王叔明之秀润清新,其品第固自有甲、乙之分,然皆予敛衽无间言者。"

延伸阅读

《富春山居图》和《剩山图》

《富春山居图》是中国十大传世名画之一,于至正七年(1347年)开始创作,至正十年完成。《富春山居图》是黄公望的力作,世传此画乃是黄公望画作之冠。它以长卷的形式,描绘了富春江两岸初秋的秀丽景色,云山烟树,峰峦叠翠,松石挺秀,沙汀村舍,布局疏密有致,变幻无穷,以清润的笔墨、简远的意境,淋漓尽致地表现出了浩渺连绵的江南山水,达到了"山川浑厚,草木华滋"的境界。

《富春山居图》于清代顺治年间曾遭火焚,断为两段,前半卷被另行装裱,重新定名为《剩山图》,现藏浙江省博物馆。被誉为浙江博物馆"镇馆之宝"。后半卷《富春山居图》现藏于台北故宫博物院。

沈周：吴门画派创始人

明代绘画的一个显著特点是画派的形成，如"浙派""吴门派""松江派""水墨写意派""勾花点叶派"等。沈周活动的年代，正值"浙派"风靡一时之际，但是沈周承元人衣钵，自创一派，并经学生文徵明弘扬，"吴派"遂崛起画坛，取代"浙派"而居主位，其画派、支流和延伸派，一直延续到清代。

画家生平

沈周（1427—1509年），明代画家。字启南，号石田、白石翁、玉田生、有居竹居主人等，长州（今江苏吴县）相城里人。沈周是明中叶画坛上四大艺术家（另三人为文徵明、唐寅、仇英）之一，是江南"吴门画派"的班首，在中国绘画史上产生了深远的影响。

沈家世代隐居吴门，居住于苏州相城，其墓在今相城区阳澄湖镇。沈周的曾祖父是画家王蒙的好友，父亲也和画家多有往来，有十分深厚的家学渊源。他的父亲、伯父都以诗文书画闻名乡里。沈周从小就有文名。景泰年间，郡守汪游欲以贤良举之，但沈周自己卜了一卦，"得遁之九五，曰'嘉遁乃吉'"，于是从此断绝了为官的想法，终生都没有参加科举考试，而与书画相伴。

沈周一生闲居读书，吟诗作画，优游林泉，追求精神上的自由，蔑视恶浊的政治现实，始终从事书画创作。他学识渊博，富于收藏。交游甚广，极受众望，平时平和近人，要书求画者"屦满户外"，"贩夫牧竖"向他求画，从不拒绝。

沈周天性达观，享年80余岁而终。

画家轶事

曹太守建了新宅，想让家里显得更加气派，于是到处搜罗画家的绘画，沈周便是其中之一。他气势汹汹地前往沈周家求画，

◆《临戴进东山谢安图》

◆ 《东庄册》

沈周说："千万不要吓到老母亲，我很快就会为你画好画的。"客人十分不平地说："太守不知先生，为何如此轻贱先生呢？"沈周答道："往役义也，岂有贱哉？谒而求免，乃贱耳。"沈周的书画流传很广，但是被摹仿赝品也很多，真伪混杂，较难分辨。甚至有人画了伪作，请他提上落款，他也不拒绝，这就导致赝品更加难以识别。

艺术成就

沈周在元明以来文人画领域有承前启后的作用，在绘画由写实向写意演绎的历史时期，沈周以终生专心致志地探索、创新，在山水、花鸟等各领域都有独特的建树，其成就影响了明、清两代绘画的发展。

沈周书法师黄庭坚，绘画造诣尤深，擅长画山水、花鸟，也能画人物。他所作的山水画，有的是描写高山大川，表现传统山水画的三远之景。而大多数作品都以描写南方的山水园林景物为主，表现出了当时文人的闲适意趣。沈周的浅色淡墨花鸟画，变宋代的精致工整为粗放雅逸。这种画风为明代末年徐渭、陈道复大写意花鸟画的前奏。明代著名评论家王世贞对沈周花鸟画有如下评论："石田氏乃能以浅色淡墨作之，面神采更自翩翩，所谓妙而真也。"明代著名绘画理论家、文人王穉登在其《国朝吴郡丹青志》中说："先生绘事为当代第一，山水、人物、花竹、禽鱼悉人神品。"

沈周早年多作小幅，40岁以后始做大幅，中年画法严谨细秀，用笔沉着劲练，以骨力胜，晚岁笔墨粗简豪放，气势雄强。沈周的绘画，技艺全面，功力浑朴，在师法宋元的基础上有自己的创造，发展了文人水墨写意山水、花鸟画的表现技法，成为吴门画派的领袖。吴门后学者文徵明、唐寅、陆治、陈淳、周之冕等人，都从沈周处汲取不同营养，树立各自风范，进一步推动了文人花鸟画的发展，其间沈周有不可磨灭的滥觞之功。

延伸阅读

沈周和"画师湖"

沈周家乡西北有个小湖，向北望去是常熟虞山，俗称"常熟山"。这座山多变，一年中间，春夏秋冬，早晚中昼，风雨阴晴，变化不同，山的颜色也就捉摸不定。沈周决心要画好这座多变的虞山，每天雄鸡报晓就起身，直到太阳落山才回家。他画画专心致志，心无旁骛。不知画纸用掉几大捆，湖水用了多少担。

经过多年的绘画，沈周以为自己掌握了虞山的变化，准备离去。忽然发现虞山的变化仍然没有摸透，他有点不耐烦，准备把画笔、画全部抛掉，但又转念一想："若要功夫深，铁杵磨成针"！人家铁杵要磨成绣花针，我用的功夫还不算深。于是他继续坚持画了下去，最终成为大才。后来，人家把沈周学画的湖，题名为"画师湖"。

仇英：神彩飞动，精丽艳逸

> 元代和明代是中国绘画推崇逸品的时期，写意山水和大写意花鸟的出现，让中国绘画进入追求笔墨书写性的时代。仇英的画是追求绘画性的、是不入逸品的，但在有明一代，能承宋代院体之工而入神妙境界的唯有仇英。

画家生平

仇英（1498—1552年），字实父，一作实甫，号十洲，又号十洲仙史，太仓（今江苏太仓）人，移家吴县（今江苏苏州）。仇英出身工匠，早年为漆工，兼为人彩绘栋宇，后专业绘画。年轻时由于擅长绘画结识了许多当代名家，为文徵明、唐寅所器重。仇英的好友彭年记载："十洲少既见赏于横翁（文徵明）"，又拜周臣门下学画，并曾在著名鉴藏家项元汴、周六观家中见识了大量古代名作，临摹创作了大量精品。他的创作态度十分认真，一丝不苟，每幅画都是严谨周密、刻画入微。

仇英是明代有代表性的画家之一，他和沈周、文徵明和唐寅被后世并称为"明四家"。他们都在江苏苏州从事绘画活动。因苏州古为吴地，故又称沈、文、唐、仇为"吴门四家"。四人中沈周、文徵明都擅长画山水，上承北宋山水画的传统；唐寅以山水、人物见长；仇英以工笔人物、青绿山水著称。四人各有所长，先后齐名。但除沈周、文徵明有师承关系外，唐寅、仇英自成风格。

艺术成就

仇英擅长画人物、山水、花鸟、楼阁界画，尤长于临摹。他功力精湛，以临仿唐宋名家稿本为多，如《临宋人画册》和《临萧照高宗中兴瑞应图》，与原作对照，几乎

◆《仕女立轴》

临摹，几乎可以以假乱真。至于发翠豪金，综丹缛素，精丽绝逸，无愧古人，尤其善于用粗细不同的笔法表现不同的对象，或圆转流畅，或顿挫劲利，既长设色，又善白描。人物造型准确，具有很强的概括力，形象秀美，线条流畅，有别于时流的板刻习气，对后来的尤求、禹之鼎以及清宫仕女画都有很大影响，成为时代仕女美的典范。后人评价他的工笔仕女画，认为他画中的人物刻画细腻，神采飞动，精丽艳逸，为明代之杰出者。仇英的代表作有《竹林品古》《汉宫春晓图》卷、《供职图》《仕女立轴》《仕女》等。

◆ 《仕女》

难辨真假。他的画形象精确，工细雅秀，色彩鲜艳，含蓄蕴藉，色调淡雅清丽，融入了文人画所崇尚的主题和笔墨情趣。

张丑在《清河书画舫》中对其评价说：仇英画"山石师王维，林木师李成，人物师吴元瑜，设色师赵伯驹，资诸家之长而浑合之，种种臻妙"。明代董其昌题其《仙弈图》谓："仇实父是赵伯驹后身，即文、沈亦未尽其法。"

仇英擅人物画，尤工仕女，重视对历史题材的刻画和描绘，笔力刚健，尤其擅长

延伸阅读

《玉洞仙源图》

《玉洞仙源图》是仇英传世的大青绿山水代表作之一。细劲的铁线勾出蒸腾的云雾，把山分成了三段，这一手法和荆、关、李、郭等不同，直取隋唐画法。他用"留白"减少了画面着色的面积，而绢的底色，正可用以调节、平衡浓艳的石青、石绿色对视觉的冲击。山顶峰峦间，有琼楼隐现于林中，而半山的溪流中有水阁筑其上。山下是一个巨大的溶洞，有溪水从洞中流出，洞外坡石上，有一个高士面溪盘膝，停琴静息，松柏围绕，宁静祥瑞。但主人并不孤寂，背后有侍童或煮茶，或端盘，或陈设，溪桥上有侍童正在过桥。仇英长期与文人交往，耳濡目染，潜移默化，故而创作了大量以文人生活——如读书、弹琴、赏泉、论画等为题材的画。然而他来自民间，他让高士隐居的山林充满了绚丽斑斓的色彩，洋溢着浓厚的生活气息。

唐寅：江南第一风流才子

唐寅是明代著名书画家、文学家，被誉为明中叶江南第一风流才子。他博学多能，吟诗作曲，能书善画，经历坎坷。绘画与沈周、文徵明、仇英齐名，史称"明四家"。诗词曲赋与文徵明、祝允明、徐祯卿并称"江南四大才子"，为江南四大才子之首。

画家生平

唐寅(1470—1523年)，字伯虎，又字子畏，别号六如居士、桃花庵主、鲁国唐生、逃禅仙吏等，有"江南第一风流才子"之美称。

◆《牡丹仕女图》

唐寅从小就天资聪敏，熟读"四书""五经"，博览《史记》《昭明文选》等史籍，喜爱绘画，年龄稍长便拜名画家周臣为师，又与文徵明同师沈周。16岁的时候参加童生试，经县试、府试、院试，高中第一名案首。明弘治十一年（1498）赴南京乡试，又中第一名解元。次年赴京汇考，"功名富贵"指日可待。与他同路赶考的江阴大地主徐经，暗中贿赂了主考官的家僮，事先得到试题。事情败露，唐寅也受牵连下狱，遭受刑拷凌辱。从此才高自负的唐寅对官场的"逆道"产生了强烈的反感，性格行为流于放浪不羁。唐寅与同乡"狂生"张灵交友，纵酒不视诸生业，后在好友祝允明规劝下，才发愤读书，决心以诗文书画终其一生。

唐寅31岁开始"千里壮游"，足迹遍及江、浙、皖、湘、鄂、闽、赣七省。贫困之下，以卖画为生。明正德四年（1509年），唐寅在苏州城北筑室桃花坞，有学圃堂、梦墨亭、竹溪亭、蚊蝶斋等（亦称唐家园，遗址在今桃花坞大街）。他的后半生主

画"在钱舜举下,杜柽(杜堇)居士上"。他的人物画,大体上分为两种,一种是线条劲细,敷色妍丽,气象高华,出自南宋院体画。如《王蜀宫妓图》,画家以传统的工笔重彩的手法,以"三白法"染仕女的面部,突出了宫女的浓施艳抹。衣纹用细劲流畅的铁线描,服饰施以浓艳的色彩,显得绮罗绚烂。把宫妓们竞相装扮、斗绿争绯的情态刻画得生动入微。另一种是从南宋的院体脱胎而出,笔墨流动爽利。转笔方劲,线条抑扬起伏,代表作品有《秋风纨扇图》以及《李端端图》《溪亭对弈图》等,画风由工丽变为简逸高雅。

唐寅的水墨花鸟画基本上是以水墨提炼形象,墨韵明净、生趣盎然。其著名的有《雨竹图》,画面以二组浓叶为主枝,后出淡叶,再出叶数笔以相呼应,叶均向下急趋,一派雨打竹叶之势。

◆ 《溪亭对弈图》

要生活在桃花坞,一生中的主要艺术作品也产生于此。

艺术成就

唐寅擅长画山水、人物、仕女和花鸟,尤以山水、仕女著称。唐寅的山水画,早年师法沈周,现存作品有《洞庭黄茅渚图》和《贞寿堂图》等。中年的山水画,主要宗法周臣。他广泛地涉猎五代及宋人画作,融会贯通,逐渐形成自己的风格。他的作品气魄雄伟壮阔,造型严谨准确,笔墨精湛高深,超过了同时代的一些画家。

唐寅的人物画,写实功力较强,形象准确而神韵独具,故《明画录》评他的人物

延伸阅读

解字谜唐寅得良师

唐寅自幼喜欢画画,13岁时父亲让他在店中帮忙干活,不再上学,画出得意的画就贴在店墙上。一次,才子祝枝山来到酒店喝酒,很喜欢墙上的画,就问老板画是谁画的。老板回答说是儿子画的。祝枝山很惊讶地要求见见孩子。在得知了唐寅的家境之后便决定帮助他,找一位丹青妙手来教他画画。不久,祝枝山带着画师沈周来到酒店。

沈周也很欣赏唐寅的画,但想考考他才气如何,就为他出了一个字谜:"去掉左边是树,去掉右边是树,去掉中间是树,去掉两边是树,这是什么字?"唐寅略一思考就说出了谜底是个"彬"字。沈周很高兴,就收唐寅为弟子了。

徐渭：放浪曲蘖，恣情山水

> 徐渭是明代画坛最具创造性的写意花鸟画大师，由于一生颠沛落魄，郁郁不得志，他把满腔愤懑不平之气诉诸笔端，酣畅淋漓，不拘格律，表现出桀骜不驯、天马行空般的张裂个性，开创出大写意花鸟画前所未有的崭新局面。

画家生平

徐渭（1521—1593年），初字文清，后改字文长，号天池山人，或署田水月、青藤老人、青藤道人、青藤居士、天池渔隐、金垒、金回山人、山阴布衣、白鹇山人、鹅鼻山侬等别号。中国明代文学家、书画家、军事家，山阴（今浙江绍兴）人。

徐渭天资聪颖，20岁考取山阴秀才，但是后来八次乡试都名落孙山。嘉靖二十六年（1547年）在山阴城东赁房设馆授徒，40岁才中举人。与萧勉、陈鹤、杨珂、朱公节、沈链、钱鞭、柳林、诸大绶、吕光升等号"越中十子"。后来为浙闽总督作幕僚，曾入胡宗宪幕府，一切疏计，皆出其手，又出奇计大破徐海等倭寇。

嘉靖四十三年（1564年），胡宗宪以"党严嵩及奸欺贪淫十大罪"被捕，在狱中自杀，徐渭作《十白赋》哀悼他。李春芳严查胡宗宪案，徐渭一度因此发狂，以致三次自杀。精神几近失常，几近癫狂。嘉靖四十五年（1566年）在发病时杀死继妻张氏，下狱七年。

◆《墨葡萄》

万历元年（1573年）大赦天下，状元张元汴等将徐渭营救出狱，出狱后已53岁，这时他才真正抛开仕途，四处游历，著书立

◆ 《五月莲花图》

样精通，诗文武略无所不能！他的诗文书画处处弥漫着一股郁勃的不平之气和苍茫之感。他的写意花卉惊世骇俗，用笔狂放，笔墨淋漓，不拘形似，自成一家，创水墨写意画新风，与陈道复并称"青藤、白阳"，对后世产生了很大的影响。徐渭的书法与沉闷的明代前期书坛对比显得格外突出。他最擅长气势磅礴的狂草，但难为常人接受，笔墨恣肆，满纸狼藉，他对自己的书法极为自负，他认为"吾书第一，诗二，文三，画四"。他的才气还表现在戏曲的创作之中。他的杂剧《四声猿》曾得到汤显祖等人的称赞，在戏曲史上也占有一席之地。

说，写诗作画。晚年更是潦倒不堪，穷困交加。常"忍饥月下独徘徊"，杜门谢客，其中只在张元汴去世时去张家吊唁，除此以外几乎闭门不出，最后在"几间东倒西歪屋，一个南腔北调人"的境遇中结束了一生。死前身边唯有一狗与之相伴，床上连一铺席子都没有，凄凄惨惨。命运的困窘激发了他的抑郁之气，加上天生不羁的艺术秉性，"放浪曲蘖，恣情山水"，一泄自己内心的情感，悲剧的一生造就了艺术的奇人。

艺术成就

徐渭虽然身世潦倒，但是琴棋书画样

延伸阅读

徐渭妙语得老酒

一天，徐文长在家正想喝酒，秀才、和尚、郎中先生三位朋友撞了进来，都要喝酒。

徐文长说："一共只有三两，不如一个人喝，来得痛快。"于是，他定下了规矩，每个人按规矩作诗，谁做得好谁喝。大家都很赞同这个提议。

于是，秀才道："天子门生，状元及第（地），左探花右榜眼，前呼后拥，三篇文章，四海闻名，好不欢心。"

老和尚说："上有天堂，下有地狱，左金刚右菩萨，前韦驮后观音，三支清香，四跪八拜，一片诚心。"

郎中先生说："天门冬，地骨皮，左防风右荆芥，前胡厚（后）朴，三片生姜，四颗红枣，一支灯蕊（心）。"

徐文长接着说："天上无片瓦，地上无寸土，左无门右无户，前没围墙，后没遮拦。三两黄酒，四人想喝，何忍于心！"

大家齐声说道："文长兄言之有理，这三两老酒留着徐先生自己喝吧！"

陈洪绶：一代版画宗师

陈洪绶是明末富有革新精神和独创风格的画家。他的画作常采用对比和夸张的手法，表现内在的生命力。如画古梅，树干淡而粗，分枝浓而细，有力地衬托出古梅的特质；画荷花，荷叶画得近乎圆形，用肥大的荷花来冲破荷叶的边缘，显得生机勃勃。

画家生平

陈洪绶（1593—1652年），字章侯，浙江诸暨市枫桥镇陈家村人。幼名莲子，一名胥岸，号老莲，别号小净名，晚号老迟、悔迟，又号悔僧、云门僧。

陈洪绶祖上为官宦世家，到了他的父亲的时候，家道中落。陈洪绶从小就喜欢绘画，和蓝瑛学习绘画，年龄稍长一些和刘宗同学习绘画。补生员后，屡试不中，至北京捐为国子监生，召为舍人，奉命临摹历代帝王像，因而得观内府所藏古今名画，技艺益精，名扬京华，和崔子忠齐名，被世人称之为"南陈北崔"。

相传陈洪绶4岁那一年，住在定亲的岳父家，房间刚刚粉刷完，四壁洁白，岳父离家时，对家僮说："小心不要把刚粉刷好的房子给弄脏了。"过了一会儿，陈洪绶走进房间，对家僮说："你怎么还不去吃饭呢？"僮仆走后，他就在粉壁上画了一个九尺高拱手而立的关羽像，家僮回来看到吓得嚎啕大哭。岳父闻声赶来，一眼见了，以为是真的关羽，慌忙下跪，并从此把这间房子作为专门供奉的地方。这虽然是传说，但也十分有趣，可见，陈洪绶从小就有了绘画的才能。

陈洪绶生性怪僻，愤世妒俗，身历忧患之时，所交的朋友多为正义之士。明朝覆

◆ 《水浒叶子》（局部）

◆ 《水浒叶子》（局部）

没后，清兵入浙东，陈洪绶避难绍兴云门寺，削发为僧。为了生计，他在绍兴、杭州卖画糊口，这一时期也是他创作的鼎盛时期。尽管他十分穷困，但却把金钱看得很轻，对豪强权贵"虽千金不为动笔"（周亮工《读画录》），还常常救济穷人。无论是小孩还是歌妓老卒，他都乐于作画相送。有一次，一个老兵请他喝酒，要他作画题诗，他欣然应允。他去世前的秋天，朋友戴茂齐送他一幅文徵明的花鸟画，一个朋友因儿子生病，他就把画抵押一些钱，给朋友儿子做药费；自己画了"博古叶子"，回赠给戴茂齐。

艺术成就

陈洪绶对中国绘画的贡献，首先在版画方面。明代至清初是中国版画的黄金时代，尤以萧云从、陈洪绶两位主持画坛的大家之作为最。萧云从的传世木版画以山水为佳，而陈洪绶则擅长人物画。

陈洪绶所作版画稿本，主要是书籍插图和制作纸牌（叶子）用，著名的有《九歌图》及《屈子行吟图》十二幅，《水浒叶子》四十幅，《张深之正北西厢》六幅，《鸳鸯冢娇红记》四幅等。他所创作的屈原像，至清代两个多世纪，无人能超过，被奉为屈原像的经典之作。

《西厢记》是陈洪绶给书籍作插图最多的一种，流传有张深之的《正北西厢》、李吉辰本《西厢》及李卓吾《评本西厢》三种。张本的六幅插图中，第一幅为莺莺像，其余直接描绘原作内容的有《目成》《解围》《窥简》《惊梦》和《报捷》五幅，出色地表现了陈洪绶深厚的文学修养和高超的艺术水平。

延伸阅读

陈洪绶和《水浒叶子》

在中国美术史上，独立创作一组个性极强的历史人物而达到特殊效果的，《水浒叶子》是显著的里程碑。

《水浒叶子》是陈洪绶28岁时，花费四个月所作的一组版画。在这套画中，陈洪绶栩栩如生地刻画了从宋江至徐宁凡40位水浒英雄人物。陈洪绶大量运用锐利的方笔直拐，线条的转折与变化十分强烈，能恰到好处地顺应衣纹的走向，交代人物的动势。线条均较短促，起笔略重，收笔略轻，清劲有力。这套图一出世，不仅民间争相购买，而且博得了一班文人画友的交口称赞。

明末，陈洪绶的《水浒叶子》遍传天下，以致后世绘写水浒英雄的画工很难脱出他的范畴。

董其昌：晚明画坛宗主

明中叶后，以苏州为中心形成了吴门画派，到了明代晚期，在与苏州相距很近的松江地区也兴起了一个重要画派——松江派。从风格上来看，吴门画派具有鲜明的平民知识分子色彩；松江派的画风则明显趋于贵族趣味，董其昌就是松江派的代表人物。

画家生平

董其昌（1555—1636年），字玄宰，号思白，又号香光居士，汉族，华亭（今上海闵行区马桥镇）人。

董其昌出身贫寒之家，但在仕途上春风得意，青云直上。万历十七年（1589年），34岁的董其昌举进士，先后当过编修、讲官，后来官至南京礼部尚书、太子太保等职。他是一个对政事十分敏感的人，一有风波，他就辞官还乡，几次反复起用。此外，董其昌还是一个具有较强的交际能力和圆通政治能力的人，在官场和艺坛上，他以风雅的书画艺术结交权贵豪门，以一种非政治的方式达到功利性的目的。这使他不但结交了众多的画家，还让他在政界如鱼得水。

艺术修养

董其昌一生创作的书画作品不可胜数，其中很大一部分是摹仿古人的绘画和诗帖。他17岁学习书法时临写颜真卿的《多宝塔碑》，22岁学习绘画时师法黄公望，以后又遍学诸家，这种以古人为师的作法八十而不辍，伴其终生。他在《画禅室随笔》中所说的"读万卷书"，正是指一个人要想成为艺术家，必须学习传统，学习古人。董其昌强调以古人为师，但反对单纯机械地模拟蹈袭。随着阅历的增加、思想的成熟，他在继承前人技法时不倚傍他人庑下"作重台"，

◆《仿李营丘山水》

◆ 《林和靖诗意图》

代名家的基础上，以书法的笔墨修养，融会于绘画的皴、擦、点画之中，因而他所作山川树石、烟云流润，柔中有骨力，转折灵变，墨色层次分明，拙中带秀，清隽雅逸。他的画在当世就已经很有声望，成为"华亭派"的首领。

董其昌的绘画对明末清初的画坛影响很大，并波及到了近代画坛，不少学者把他所生活的17世纪称为"董其昌世纪"。《画史绘要》评价道："董其昌山水树石，烟云流润，神气俱足，而出于儒雅之笔，风流蕴藉，为本朝第一。"

此外，董其昌的书法成就也很高，对后世书法影响很大。一直到清代中期，康熙、乾隆都以董氏的书体为宗法，备加推崇、偏爱。董其昌的书法以行草书造诣最高，他对自己的楷书，特别是小楷也相当自负。董其昌在当时书法上有"邢张米董"之称，即把他与临沂邢侗、晋江张瑞图、须天米钟并列。

而是有选择地取舍，融入自己的创意。凭借自己对古人书画技法得失的深刻体会，他摄取众家之法，按己意运笔挥洒，融合变化，达到了自成家法的化境。

艺术成就及影响

董其昌擅长画山水，追求平淡天真的格调，讲究笔致墨韵，墨色层次分明，拙中带秀，清隽雅逸。他的山水画大体有两种面貌，一种是水墨或兼用浅绛法，这种面貌的作品比较常见；另一种则是青绿设色，出以没骨，比较少见。他的绘画作品，在师承古

延伸阅读

董其昌和《关山雪霁图》

《关山雪霁图》卷，是董其昌的力作，根据卷末自题，此卷乃是董其昌从关仝的《关山雪霁图》原幅改写而成。此画用墨笔画平远山景。山峦起伏层叠，林壑幽深，连绵无际。全幅布局严谨而气势雄健，苍苍莽莽，一气呵成。用笔苍劲老辣，墨气浑厚，兼有生拙秀润的特点。画中自题云："关仝关山雪霁图在余家，一纪余未尝展观。今日案头偶有此小侧理，以图中诸景改为小卷，永日无俗子面目，遂成之。乙亥夏五，玄宰。"正如卷后顾大申跋谓"文敏墨妙，自成一家，适意匠心，不全摹古"者。

八大山人：墨点无多泪点多

八大山人有一首题画诗说："墨点无多泪点多，山河仍是旧山河。横流乱世杈椰树，留得文林细揣摹。"这第一句"墨点无多泪点多"，夫子自道，言简意赅地说出了他的绘画艺术特色和所寄寓的思想情感，只有沿着他所提示的这条线索，我们才能真正地理解和欣赏这位画家的伟大之处。

画家生平

朱耷（约1626至约1705年），号八大山人，江西南昌人，明末清初画家、书法家。朱耷为明宁献王朱权九世孙，朱耷的父祖都擅长书画，因此他从小就受到艺术的熏陶，他8岁的时候能够作诗，11岁能画青绿山水，渐长能悬腕写米家小楷。明亡以后，由于对清王朝不满，便在奉新县耕香庵落发为僧，后隐居进贤县介冈及永丰县睦冈等地。

顺治末年，36岁的朱耷回到南昌青云谱（青云圃）道院，在这里过着"一衲无余"与"吾侣徒耕田凿井"的劳动生活。他想把这儿建成一个世外桃源，从而实现他向来"欲觅一个自在场头"的愿望。但这个"自在场头"毕竟是建立在清王朝统治之下，因而经常会有清朝权贵前来此地打扰，所以他经常浪迹他方。

康熙十七年（1678年），朱耷53岁时，临川县令胡亦堂听闻其名，便延请他到临川官舍，这使他十分愤慨，后来便假装疯癫，撕裂僧服，独自走回南昌。一年多后，

◆《芙蓉游鱼图》

他又回到青云谱，并在这里度过"花甲华诞"。当他62岁时，不愿再做住持，把道院

交给他的弟子涂若愚主持。

之后,朱耷又隐避在南昌附近的北兰寺、开元观等处,常常靠卖画度日。他还自己建了一座陋室,自名为"寤歌草堂"。《过八大山人》诗云:"一室寤歌处,萧萧满席尘,蓬蒿藏户暗,诗画入禅真。遗世逃名老,残山剩水身。青门旧业在,零落种瓜人。"

艺术成就及其影响

朱耷擅长画花鸟、山水,他的花鸟画承袭陈淳、徐渭写意花鸟画的传统,并将其发展为阔笔大写意画法,即通过象征寓意的手法,并对所画的花鸟、鱼虫进行夸张,以其奇特的形象和简练的造型,使画中形象突出,主题鲜明,甚至将鸟、鱼的眼睛画成"白眼向人",以此来表现自己孤傲不群、愤世嫉俗的性格,从而创造了一种前所未有的花鸟造型。朱耷的笔墨简朴豪放、苍劲率意、淋漓酣畅,构图疏简、奇险,风格雄奇朴茂。

朱耷的山水画最初师法董其昌,后来又师法黄公望、倪瓒,多作水墨山水,笔墨质朴雄健,意境荒凉寂寥。山水,多荒寒萧疏,谓之剩山残水,愤懑之情溢于纸素,可谓"墨点无多泪点多,山河仍为旧山河","想见时人解图画,一峰还写宋山河",可见朱耷寄情于画,以书画表达对旧王朝的眷恋。

朱耷的画作在日本备受推崇,并在世界画坛引起了很大的反响,如《孔雀竹石图》《孤禽图》《芙蓉游鱼图》《猫石杂卉图》《荷塘戏禽图卷》《河上花并题图卷》《鱼鸭图卷》《莲花鱼乐图卷》《四帧绢本浅绛山水大屏》等,以及许多条幅,册页中

◆ 《孤禽图》

的花鸟鱼鸭、山水树石等。

朱耷的绘画对后世影响极大,三百年来,凡大笔写意画派都或多或少受了他的影响。清代张庚评他的画达到了"拙规矩于方圆,鄙精研于彩绘"的境界。清初画坛在革新与保守的对峙中,八大山人是革新派"四大画僧"("四僧"——八大山人、石涛、石谿和渐江)中起了突出作用的一人。

延伸阅读

八大山人的款识字号

朱耷的字、号、别名特别多,他曾号八大山人、雪个、个山、个山驴、人屋、良月、道朗等。后来出家做道士,居"青云谱"。入清后隐姓埋名,削发为僧时取法名传綮,字刃庵,用到康熙庚申(1680年)55岁。朱耷为僧名,"耷"乃"驴"字的俗写,至于"八大山人"号,乃是他弃僧还俗后所取,始自59岁,直至80岁去世,"八大"与"山人"紧联起来,即"类哭之、笑之"作为他那隐痛的寄意,他有诗"无聊笑哭漫流传"之句,以表达故国沦亡,哭笑不得的心情。

髡残：奥境奇辟，缅邈幽深

　　髡残善画山水，亦工人物、花卉。山水画主要继承元四家传统，尤其得力于王蒙、黄公望。构图繁复重叠，境界幽深壮阔，笔墨沉酣苍劲，山石的披麻皴、解索皴均能看出前人痕迹；而荒率苍浑的山石结构，清淡沉着的浅绛设色，又类似黄公望。他还远宗五代董源、巨然，近习明代董其昌、文徵明等，兼收并蓄，博采众长。

画家生平

　　髡残（1612—1692年），明末清初画家，清初四僧之一。俗姓刘，武陵（今湖南省常德市）人，居于南京。髡残幼年，他的母亲就去世了，他随后便出家为僧，法名髡残，字石溪，一字介丘，号白秃，一号残道者、电住道人、石道人。他削发后在各地云游，43岁的时候定居南京大报恩寺，后来迁居到牛首山幽栖寺，度过了他的后半生。髡残性情沉默，寡言少语，身染痼疾，潜心于艺术之中，与程正揆（程正揆，号青溪道人）相交好，时称"二溪"，艺术上与石涛并称"二石"。

　　髡残从小就十分喜欢绘画，年轻弃举子业，20岁削发为僧，云游名山。30余岁时明朝灭亡，他参加了南明何腾蛟的反清队伍，抗清失败后避难常德桃花源。战争的烽火迫使他避兵深山，关于他这段在古刹丛林的经历，程正揆《石溪小传》有载："甲申间避兵桃源深处，历数山川奇辟，树木古怪与夫异禽珍兽，魈声鬼影，不可名状；寝处流离，或在溪涧枕石漱水，或在峦猿卧蛇委，或以血代饮，或以溺暖足，或藉草豕栏，或避雨虎穴，受诸苦恼凡三月。"艰险的丛林生活尽管使他吃尽了苦头，但却给了他一次

◆《雨洗山根图》

◆《苍翠凌天图》（南京博物馆珍藏）

感受大自然千奇百怪的好机会，充实了胸中丘壑，为后来的山水画创作积累了丰富的素材。

髡残喜欢游览名山大川，对大自然有着深刻的领会和观察，他曾自谓平生有"三惭愧"："尝惭愧这只脚，不曾阅历天下多山；又尝惭此两眼钝置，不能读万卷书；又惭两耳未尝记受智者教诲。"

艺术成就

髡残擅长画人物、花卉，尤其精于山水。《国朝画征录》中这样评其画："奥境奇辟，缅邈幽深，引人入胜。笔墨高古，设色清湛，诚元人之胜慨也。此种笔法，不见于世久矣。"他的绘画基础出于明代谢时臣，直追元代四大家。他绘画学习名家，同时敢于刻意翻新，并以书法入画，不赞同临摹效颦、仰人鼻息的玩味做法。黄宾虹把他的绘画特点概括为"坠石枯藤，锥沙漏痕，能以书家之妙，通于画法"。正是他这种重视用情感，用心血入画，重视笔墨技巧的独特运筹，一些被先人画惯的名山大川，到了他的画中，却别具一格，另有新貌，有着不同于他人手笔的特色。

髡残的山水画善用雄健的秃笔和渴墨，层层皴擦勾染，笔墨交融，厚重而不板滞，秃笔而不干枯；山石多用解索皴和披麻皴，并以浓墨点苔，显得山川深厚，草木华滋。章法稳妥，繁复严密，郁茂而不迫塞，景色不以新奇取胜，而于平凡中见幽深；笔法浑厚，凝重、苍劲、荒率。

髡残的存世代表作有《报恩寺图》，绘南京聚宝门外报恩寺，通过概括提炼，表现了金陵名胜的磅礴、奇异气象。《云洞流泉图》《层岩叠壑图》和《雨洗山根图》（均藏故宫博物院），以繁密的布局、苍劲的用笔、郁茂的景致、幽深的境界，显现出他鲜明的艺术特色。

延伸阅读

《层岩叠壑图》

髡残作《层岩叠壑图》时51岁，正值壮年，因此这幅作品显得炉火纯青。图上画了一座高耸的山峰，峰峦叠嶂，悬崖壁立，白云缭绕，有泉自幽谷崖间喷涌飞溅，顺流而下，形成了涓涓细流，到了山脚汇成溪池。水边亭榭横竖，坡岸林荫下有茅屋。有小径曲折蜿蜒上山，山上楼舍密集，寺观森严。而深山密林无人径处，却有高士盘坐苦修。画的上方，远远望去，有滔滔江水，无边无际，风帆移动，远岫隐约。"高远"与"深远"兼施，略似"Z"形的构图，布置繁密，却脉理清晰。山中的白云，在画中具分割前后，明晰层次，调节疏密，烘托主题。总之，景物繁复，笔墨苍莽，境界奇倔，气韵浑穆。

石涛：搜尽奇峰打草稿

> 石涛的山水画继承陈淳、徐渭的传统，发展了泼墨写意画法，作品往往借物抒情，以象征、寓意和夸张的手法，塑造奇特的形象，抒发厌恶世俗生活和国亡家破的痛苦内心。他的艺术成就，对扬州八怪和近现代大写意花鸟画影响很大。

画家生平

石涛(1630—1724年)，"清初四僧"之一，清代画家。明宗室靖江王朱赞仪十世孙，原籍广西桂林，广西全州人。本姓朱，名若极，小字阿长，削发为僧后，更名元济、超济、原济、道济，自称苦瓜和尚，游南京时，得长竿一枝，因号枝下叟，他的别号很多，有阿长、钝根、山乘客、济山僧、石道人、一枝阁、大涤子、清湘遗人、清湘陈人、靖江后人、清湘老人。晚号瞎尊者、零丁老人等。

明朝灭亡之后，石涛的父亲朱亨嘉自称监国，唐王朱聿键争正统，将其处死。当时石涛年幼，太监将其带走，从而免于遇难。石涛性喜漫游，曾经屡次游览敬亭山、黄山及南京、扬州等地，晚年居于扬州。他既有国破家亡之痛，又两次跪迎康熙皇帝，并与清王朝上层人物多有往来，内心充满矛盾。

艺术成就及其影响

石涛工诗文，善书画。他擅长画山

◆《平湖放棹图》

他善用墨法，枯湿浓淡兼施并用，尤其喜欢用湿笔，通过水墨的渗化和笔墨的融合，表现出山川的氤氲气象和深厚之态。在技巧上，他运笔灵活，或粗线勾斫，皴点并用；或细笔勾勒，很少皴擦。有时运笔酣畅流利，有时又多方拙之笔，方圆结合，秀拙相生。

石涛作画构图新奇。无论是江南水墨，黄山云烟，还是枯树寒鸦，悬崖峭壁，或平远、深远、高远之景，都力求布局新奇，意境翻新。他尤其善用"截取法"，用特写之景来表现出深邃之境。石涛还讲求气势。他笔情恣肆，淋漓洒脱，不拘小节，作品中有着一种豪放郁勃的气势，以奔放之势见胜。石涛的传世作品有《搜尽奇峰打草稿图》《淮扬洁秋图》《惠泉夜泛图》《山水清音图》《细雨虬松图》《梅竹图》《墨荷图》《竹菊石图》《平湖放棹图》《花卉》立轴等。

◆ 《花卉》立轴

水，兼工兰竹。石涛的山水画别具一格，景色构图大胆新颖，笔墨运用多变，是清代早期最富有创造性的画家。他的作品用墨浓淡干湿，或笔简墨淡，或浓重滋润，酣畅淋漓，极尽变化；笔法流畅凝重，松柔秀拙，尤长于点苔，密密麻麻，劈头盖面，丰富多彩；构图新奇，或全景式场面宏阔，或局部特写，景物突出，变幻无穷。画风新颖奇异、苍劲恣肆、纵横排宕、生意盎然。其花鸟、兰竹，亦不拘成法，自抒胸臆，笔墨爽利峻迈，淋漓清润，极富个性。

石涛的绘画，在当时就产生了重大的影响。由于他饱览名山大川，"搜尽奇峰打草稿"，形成了自己苍郁恣肆的独特风格。

延伸阅读

画僧本是皇族

明朝建国初年，朱元璋分封诸子为王，其中朱守谦和9个皇子都受封，石涛本人是靖江王朱赞仪的10世孙。明朝灭亡，石涛的父亲朱亨嘉在广西自立为监国，并召广西巡抚瞿式耜来，式耜拒而不去，却与两广总制丁魁楚、思恩、参将陈邦傅以及中军官焦琏等串通一气，突然发兵，一举擒获朱亨嘉，并迅将其械送福州，废为庶人，幽死。

幼小的石涛，靠着内官的庇护保全了性命，一般认为这个内官实际上是个和尚，因此小石涛也就一起遁入空门。

恽寿平:"为花传神"

恽寿平,清代著名画家,创常州派,为清"一代之冠"。恽寿平是清初最负盛名的花鸟画家。其画作多写生,人称"写生正派";更以徐崇嗣为宗,兼取各家之长,极大地发展了没骨画。画作清秀、明丽的特点,代替了浓艳富丽的画风,大为清代统治阶层所欣赏,很快成为清代院体花鸟的正宗。

画家生平

恽寿平(1633—1690年),清代著名画家。江苏武进人,初名格,字寿平,以字行,又字正叔,别号南田,一号白云外史、云溪史、东园客、巢枫客、草衣生、横山樵者。

恽寿平小时候就十分聪慧,8岁的时候便作咏莲花之诗。他一生坎坷,饱经困苦。清初遭遇战乱,年仅12岁的恽寿平跟随父亲远走浙、闽、粤几省,风餐露宿,历尽艰险。后来又参加了福建建宁王祈的抗清武装。

顺治五年(1648年),闽浙总督陈锦率6万清军强攻建宁,15岁的恽寿平处于孤城。城陷后,与兄皆被俘至清兵营。陈锦没有孩子,他的妻子看到小寿平聪慧机敏,眉清目秀,便收他为养子。恽寿平虽然在总督府生活优裕,但并未停止他的思亲之情。五年以后,被灵隐寺方丈相救,才得以和家人团聚。从此以后,他刻苦钻研学问,古文、诗词、书画无不精擅。

恽寿平崇尚气节,发誓不参加科举。为了生计,他宁愿以变卖书画为生也不向权贵低头。在卖画生涯中,恽寿平结识了唐宇

◆《月季 镜心》

昭、莫云卿、庄子纯、杨兆鲁、笪重光、毛先舒、诸匡鼎等一时名流，相互切磋，共同唱和，尤其与王翚友情弥笃，二人游历山水，品茗倾谈，切磋画艺，十分投机。

康熙二十九年（1690年），恽寿平结束了劳碌、贫寒、悲凉的一生。他的儿子恽念祖年方5岁，家中十分贫穷，幸亏诸多好友帮助，才得以将恽寿平安葬。

艺术成就及其影响

恽寿平早年向伯父恽向（明末山水画家）学画山水，取法元代王蒙、黄公望、倪瓒，并上溯董源、巨然。中年以后以画花卉禽虫为主，创造了"仿北宋徐崇嗣"的没骨花卉画法。其特点是以潇洒秀逸的用笔直接点蘸颜色敷染成画，讲究形似，但又不以形似为满足，有文人画的情调、韵味。恽寿平的山水画也取得了很高的艺术成就，以神韵、情趣取胜，与"四王"、吴历并称"清初六大家"。

恽寿平所画的花卉，很少勾勒，以水墨着色渲染，用笔含蓄，画法工整，明丽简洁，天趣盎然。他的传世作品极多，主要有《红梅山茶图》《梅竹图》《玉堂富贵图》《桃花图》《三友图》《梧轩图》《蓼汀渔藻图》《林居高士图》《月季 镜心》《牡丹》等，笔墨润秀，神完气足。

恽寿平不但在绘画方面有着卓越的才华，同时还兼工诗书，题句清丽流畅，诗格脱俗超逸，为"昆陵六逸"之冠。恽寿平诗词清新、书法俊秀、画笔生动，时称"三绝"，名盛一时。由于恽寿平一洗前习，独辟蹊径、别开生面，因而四海之内争学南园

◆《牡丹》立轴

画风、诗意和书艺，对后世产生了极大的影响，因有"常州派"之称。

延伸阅读

恽寿平的绘画理论

恽寿平的重要绘画理论在其《南田画跋》和《瓯香馆集》中多有体现，他重视山水画"不著寻山屐，身居云海图"的怡情作用，把"脱尽纵横习""无意为文""淡然天真"的高逸看作绘画美的最高境界。他认为，"高逸"固然和"简"有关："画以简贵，如尚简之微，则洗尽尘滓，独存孤迥，烟鬟翠黛，敛容而退矣。"此外，他强调画家主观情思对绘画对象的熔铸，和传写出绘画对象之神的作用。还强调人品与画品的关系，要求画家"出入风雨，卷舒苍翠"，然后"走向造化于笔端"。

郑板桥：买尽青山当画屏

> 郑板桥是清代著名画家，他是"扬州八怪"之一，其诗、书、画世称"三绝"。擅画兰、竹、石、松、菊等，画兰、竹50余年，成就最为突出。取法于徐渭、石涛、八大山人，而自成家法，体貌疏朗，风格劲峭。

画家生平

郑燮（1693—1765年），清代著名画家、书法家、文学家。字克柔，号板桥，江苏兴化人。康熙时期考中秀才、雍正时期中举人、乾隆时期中进士，为"扬州八怪"之一，其诗、书、画世称"三绝"。

郑板桥3岁时丧母，由乳母费氏抚养长大。少年时在江苏仪征读书，20岁学填词，26岁设塾教学，业余研究诗文书画。他生活十分清苦，以卖画为生。他40岁才中举人，四年后考取进士，先后当了山东范县、潍县知县。12年的官场生涯，使他亲眼目睹了社会的黑暗，他的一些施政措施也遭到了豪强劣绅的排斥，最终辞官。

写诗驱逐小偷

相传，郑板桥辞官后，家中

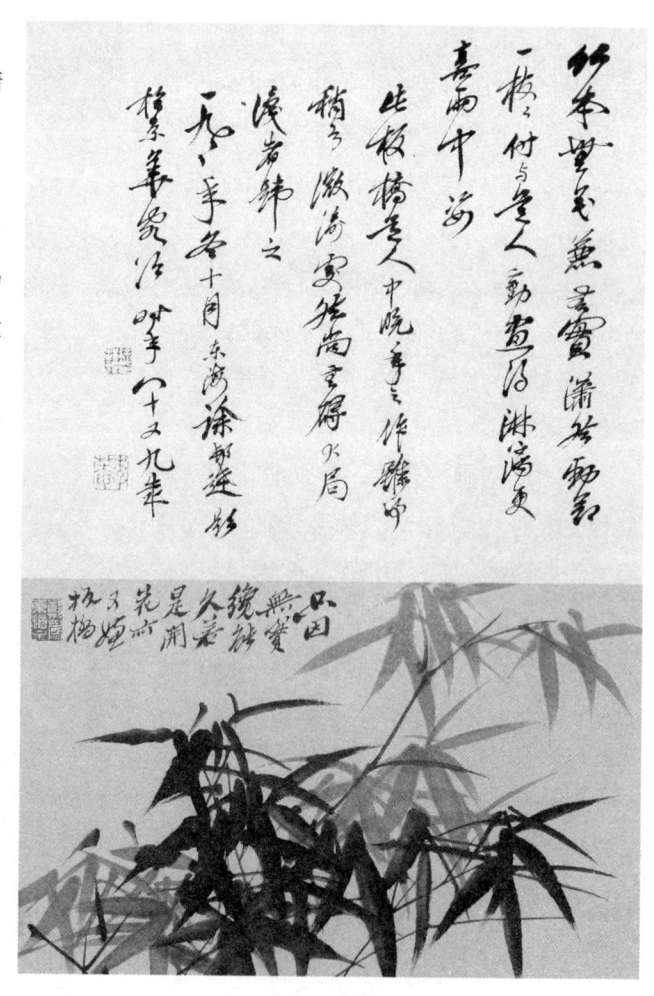

◆《竹图》

非常清贫，一个月黑风高的晚上，有小偷来光顾。他想，如果高声呼喊的话，万一小偷动手，自己无力应对；佯装熟睡，任他拿取，又不甘心。略一思考，便翻身朝里，低声吟道："细雨蒙蒙夜沉沉，梁上君子进我门。"此时，小偷已近床边，闻声心里一惊。继而又听到："腹内诗书存千卷，床头金银无半文。"小偷心想：不偷也罢。转身出门，又听里面说："出门休惊黄尾犬。"小偷想，既有恶犬，何不跳墙而出。刚想要跳墙，又听到："越墙莫损兰花盆。"小偷一看，墙头果有兰花一盆，于是便小心翼翼地避开，脚刚着地，屋里又传出："天寒不及披衣送，趁着月黑赶豪门。"

怪癖

郑板桥辞官后，无官一身轻，到扬州卖字画维生，身价已与前大不相同，求之者多，收入颇有可观。但他最厌恶附庸风雅的暴发户，如扬州一些脑满肠肥的盐商之类，纵出高价，他也不加理会。高兴时马上动笔，不高兴时，不允还要骂人。他这种怪脾气，自难为世俗所理解。有一次为朋友作画时，他特地题字以作坦率之自供："终日作字作画，不得休息，便要骂人。三日不动笔，又想一幅纸来，以舒其沉闷之气，此亦吾曹之贱相也。索我画，偏不画，不索我画，偏要画，极是不可解处。然解人於此，但笑而听之。"

艺术特色

郑板桥善画竹、兰、石、松、菊等，而以体貌疏朗、风格劲健的兰、竹最为著称。他主张绘画不泥古法，师法自然，极工而后能写意。他提出了"眼中之竹""胸中之竹""手中之竹"的绘画三阶段说，把深思熟虑的构思与熟练的笔墨技巧结合起来。板桥画竹以草书之中坚长撇法运之，收到了"多不乱，少不疏，脱尽时习，秀劲绝伦"的艺术效果。板桥所画之竹气韵生动，形神兼备，意在笔先，趣在法外。板桥画兰，多为山野之兰，以重墨草书之笔，尽写兰之烂漫天性。板桥画石，骨法用笔，先勾出石的外貌轮廓，有时配以兰竹，极为协调统一。

郑板桥的画给当时清代书坛带来了一股清新的活力，很多人视为珍宝，不惜重金争购，广为流传。

延伸阅读

郑板桥画扇

相传，郑板桥在潍县当县令时，秋季的一天，他微服赶集，见一卖扇的老太太守着一堆无人问津的扇子发呆。郑板桥赶上去，拿起一把扇子看，只见扇面素白如雪，无字无画，眼下又错过了用扇子的季节，自然也就没有人来买了。郑板桥在询问的过程中得知老太太家境贫困，决定帮助她。于是，郑板桥向一家商铺借来了笔、墨、砚台，挥笔泼墨。只见冉冉青竹、吐香幽兰、傲霜秋菊、落雪寒梅等飞到扇面上，又配上诗行款式，使扇面诗画相映成趣。周围的看客争相购买，不一会儿工夫，一堆扇子便销售一空。

扬州八怪：泼墨写意，抒发性灵

> 扬州八怪，或称"扬州画派"，这个书画群体的形成与以画院为正统的书画流派截然不同。他们的作品突破了当时占正统地位"画院派"的条条框框，无论是取材立意，还是构图用笔，都有鲜明的个性，开创了新画风。

扬州八怪是中国清代中期活动于扬州地区一批风格相近的书画家的总称，或称"扬州画派"。实际上，当时活跃在扬州画坛上的重要画家并不止八人，约有十六七人，"八"并非确数。按最早的记载有：金农、黄慎、郑燮、李鱓、李方膺、汪士慎、高翔和罗聘。之所以称他们"怪"，是因为他们在作画时不守墨矩，离经叛道，再加上大都个性独特，孤傲清高，行为狂放，所以称之为"八怪"。

画家概况

金农(1487—1764年)，字寿门，号冬心，杭州人，人称"八怪之首"。他博学多才，50岁后才开始作画，一生都穷困潦倒。他擅长画花鸟、山水、人物，尤其擅长画墨梅。他的画布局考究，构思别出新意，造型拙朴、奇古，作品有《墨梅图》《月花图》等。他独创一种隶书体，自谓"漆书"，另有意趣。

黄慎(1687—1768年)，字恭懋，号瘿瓢，福建宁化人。他自幼家庭贫困，但是刻苦学习，以学习怀素的书法为傲，因而以草书入画，自创风格，擅长粗笔写意，其人物画所取得的造诣最高。作品多以神仙佛道为题材，也有不少反映社会下层人物生活的作品，作品有《醉眠图》《苏武牧羊图》等。

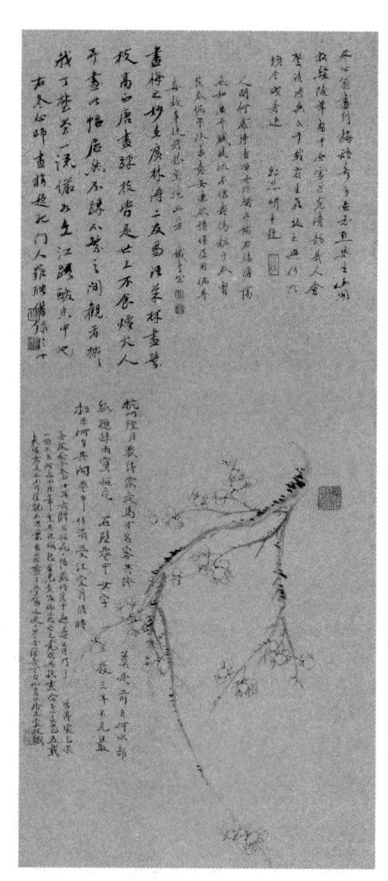

◆ 金农《梅花图》

◆ 黄慎《花鸟草虫图》

李鱓（1686—1762年），字宗扬，号复堂，江苏兴化人。他从小就酷爱绘画，16岁就小有名气。他曾经担任过山东滕州知县。在绘画方面，他受徐渭、石涛影响较大，画风粗放，不拘法度，泼墨淋漓，设色清雅，以"水墨融成奇趣"。作品有《秋葵图》《松柏兰石图》。

李方膺(1695—1755年)，字虬仲，号晴江，江苏南通人。曾经担任县令、知府约20年，和金农、郑板桥关系十分密切，擅长画松、竹、梅、兰，晚年专门画梅自喻。他在一首题画诗中写道："此幅梅花又一般，并无曲笔要人看。画家不解随时俗，豪气横行列笔端。"他的作品有《游鱼图》《潇湘风竹图》等。

高翔(1688—1753年)，字凤翰，号西唐，扬州人。高翔生活清苦，性格孤傲，一生敬佩石涛，善画山水、花鸟，喜画疏枝梅花，作品有《弹指阁图》等。

汪士慎(1685—1759年)，字近人，号巢林，安徽休宁人。小的时候家中贫穷，在扬州居住时以卖画为生，安贫乐道，精研艺术，擅长画梅。他与金农、高翔、罗聘被时人称"四大画梅高手"，作品有《墨梅图》等。

罗聘(1733—1799年)，字遁夫，号两峰，祖籍安徽歙县，迁居扬州。他是金农的弟子，在"八怪"中，年辈最小，但见识很高，落笔不凡。他终生不仕，以卖画为生，一生潦倒。作品有《鬼趣图》《醉钟馗图》等。

郑燮(1693—1765年)，字克柔，号板桥，江苏兴化人。他为康熙秀才、雍正举人、乾隆进士。曾经担任山东范县、潍县知县，因开仓赈济灾民而得罪了上司，于是愤然辞官还家，在扬州卖画为生。他诗书画造诣俱高，擅长画竹、兰、石。他还创造了一种集真、草、隶、篆于一体的六分半书体，人称"乱石铺街"体。他非常崇尚明代画家徐渭，自号"青藤门下走狗"。

艺术成就及影响

"扬州八怪"的艺术大都取材花鸟，以写意为主要表现方式。他们在创作中重视个性，力求创新，不同程度地突破传统美学规范，带有某些反传统的意义，作品具有较强的主观色彩。他们开创了画坛上新的局面，为花鸟画的发展拓宽了道路。

延伸阅读

扬州八怪真的长得很丑吗？

在扬州当地还流传这一种说法："扬州八怪"是指扬州地区的"丑八怪"。由于扬州八怪的艺术风格不被当时所谓的正统画派所接受，而且他们追求的就是自然，就是真实、现实，他们就把一些生活化、平民化的东西都搬到他们的书画作品之中，甚至把社会的阴暗面揭露出来。这种行为使得封建统治者的利益受损，说他们都是画坛上不入流的"丑八怪"，扬州八怪因此而得名。

海上画派：揭开现代中国画序幕

清末民初，继"扬州八怪"之后，出现了中国近代绘画史上最后一个画派——海上画派。海派画家既秉承传统，又接近现实生活，是中国古典绘画向现代绘画过渡的一个重要环节。

19世纪中叶以后，上海逐渐成为近代中国经济、文化的中心，各地画坛名家云集沪上，各施所能，形成"海上画派"。

当时的上海是中国东南沿海最早通商开埠的城市之一，经济发展迅速，繁荣的商业带动了艺术市场的火热，也吸引了江浙一代的很多职业画家集聚于此地。当时寓居上海的名画家有虞谷、任颐（伯年）、高邕之、顾鹤庆、吴昌硕、倪墨畊等人。他们最先接受了新思想，反对墨守成规，吸取明清徐渭、陈洪绶、八大山人、石涛和扬州八怪诸家之长，又受到了清代金石学的影响，因此画风潇洒放纵，且有古朴之气。在画技上，他们善于借鉴民间艺术和西洋绘画艺术，对中国传统绘画进行了大胆的改革和创新，在"正统派"外别树一帜。这些画家大都出身平民，以卖画为业，创作题材丰富，画面清新通俗，深受工商人士和平民阶层的欢迎。"海上画派"一度产生了重大的影响，他们的作品在今天的书画艺术市场上仍具有非常重要的地位。

画家概况

四任： 四任指的是任薰、任熊、任伯年、任预。四人成就都非常高，其中以任伯年成就最大。

任薰，（1835－1893年），字舜琴，又字阜长，其父任椿、兄任熊都是画家。少

◆ 任伯年《桃花大鸡图》

丧父,从兄学画,青年时在宁波卖画为生,1868年与任颐去苏州,后寓居苏州、上海。任颐、任预均从其习画。人物与其兄同师陈洪绶,常用高古游丝、铁线、行云流水、兰叶几种描法。任薰治学严谨,在写生、临摹上均下了苦功夫。任薰兼工人物、花鸟、山水、肖像、仕女,画法博采众长,面貌多样,富有新意。与顾文彬子顾承相友善,曾设计怡园(乃近代名园之一)。54岁时双目失明,后病卒于苏州。与任熊、任颐时称"三任",合任预为"四任",并为海上画派代表画家之一。

◆ 任伯年《喜从天降》(局部)

其山水中加人物、树石,位置衣貌构思巧妙,能于古法中自创新意,别有情趣;花卉根叶奇崛,别有奇趣;画仕女素面淡妆,不事绚染,秀媚自然;所作肖像用笔简洁,惟妙惟肖。胥口张氏尝邀至家,为画长卷,经年始竣。性懒嬉,非极贫至窘不画。兼善篆刻,得赵之谦指授,卒年四十九。

传世画作有《金明斋小像》《山水纨扇》《江城春晓图》《翠鸟白猿图》《人骑图》《钟馗图》《屠婉贞五十九岁小像》藏于全国各大博物馆。

另外,吴昌硕、虚谷、赵之谦、钱慧安、吴友如、胡公寿、蒲华等皆为一时之名家。海派画家群既秉承传统,又接近现实生活,是中国古典绘画向现代绘画过渡的一个重要环节。

艺术特点

其一是花鸟画居多,其次人物,再次山水画,依序再为杂项题材;就传统的意义上,有来自古诗词、文学作为基调,再佐以西方反衬法、结构法、设色法等;在笔法墨法的应用上,简逸而明快,只求意境而略其形式。

其二是颇具象征性的表现,不论是花鸟或人物画,富贵寓于牡丹等花卉,结义于桃园等借古喻今,山川风光于南山之麓等,都具有象征的手法,讲究内涵的充实。

其三是造型与色彩华美,为了实用性与现实性,在造型的流畅上,以及较浓丽的色泽上,颇能迎合商业性的活动,也较受一般人所喜爱,这种风格也受西洋美术的影响。

延伸阅读

任氏家族的"四任"

海上画派"四任"是指任薰、任熊、任伯年、任预,他们生活在一个艺术氛围浓厚的家庭。在同一个家族中诞生四位大师,这在艺术史上非常罕见,任薰、任熊是胞兄关系,他们的父亲任椿在画界颇有名气。兄弟二人受父亲影响,后成大才,任熊之子任预发扬父叔之风,也成为海上画派的重要人物。任伯年父亲任声鹤是民间绘画大师,他是任薰、任熊的族侄,在四任中成就最高。

岭南画派：大处落墨，形神兼备

> 岭南画派是继海上画派之后崛起的又一个影响深远的画派。创始人为高剑父、高奇峰、陈树人，简称"二高一陈"。它是岭南文化极具特色的祖国优秀文化之一，它和粤剧、广东音乐被称为"岭南三秀"，是中国传统绘画中的革命派，是中华民族绘画史上的一个重要流派。

岭南画派是指由广东籍画家组成的一个画派。在西方艺术思潮的冲击下，近代中国的绘画艺术受到很大影响，这一画派逐步形成。岭南画派始于晚清时期，高剑父、高奇峰、陈树人是早期著名人物，他们的弟子多数都成为了名家，成为影响海内外的著名画派。

"岭南画派"融汇中西绘画之长，以革命的精神和强烈的时代责任感改变中国画，且保持了传统中国画的笔墨特色，创制出有时代精神、有地方特色、笔墨劲爽豪纵、色彩鲜艳明亮、气氛酣畅热烈、水分淋漓、晕染柔和匀净的现代绘画新格局。

画家概况

高剑父（1879—1951年），中国近现代国画家、美术教育家、岭南画派创始人之一。名仑，字剑父，后以字行。高剑父擅长画山水、花鸟、走兽，也擅长画人物，同时还擅长书法。高剑父从小就失去了父母，家境贫寒。少年时曾经在族叔的药店中做学徒，他的族叔能医善画，使高剑父从小对绘画产生了浓厚的兴趣。14岁时经人介绍，跟

◆ 高剑父《海鹰》

随居廉学习绘画。由于他聪慧灵敏，进步较快，深受居廉器重。17岁时，转入澳门格致书院（今岭南大学前身），跟随法国传教士麦拉学习素描。不久就回到广州，在述善小学堂担任图画教师，又与日本画家山本梅崖友善，接触到日本绘画。通过与麦拉、山本的交往，高剑父进一步开阔了眼界，接受了外国艺术的滋养，从而初步奠定了他改革传统中国画的志向和决心。以后，他又东渡日本，以求深造，研究东、西方绘画。

1906年，高剑父参加了同盟会，任广东同盟会会长，积极从事民主革命活动，并与陈树人、高奇峰等人先后在广州、上海创办《时事画报》《真相画报》及审美书馆，宣传革命主张，倡导美育，推行中国画的革新运动。于是以高剑父为首的岭南画派，开始以崭新的面目活跃于画坛。

高奇峰（1889—1933年），晚清画家，岭南画派创始人之一。名嵡，字奇峰，以字行，高剑父胞弟，广东番禺（今广州）人。幼年家贫，曾经寄食于他人之家为小役，兄长高剑父振兴家道才重新回家。17岁的时候，跟随哥哥一同赴日本留学，21岁学成归粤，作品初露于社会。民国初年由广东省政府资助，和哥哥高剑父一同到上海创办《真相画报》及审美书馆。1933年被中央政府任命为赴德国柏林中国美术展览会专使，赴南京途中在上海病逝。高奇峰擅长画花鸟走兽，也能画山水、人物，用笔能粗能细，能工能写。其工者用笔细致入微，写者则水墨淋漓，笔力豪放，尤擅画雄狮猛禽。

陈树人（1884—1948年），原名政，名韵，又名哲，别号"葭外渔子"，以字行，别署猛进，晚号安定老人。陈树人早年到日本留学，毕业于西京美术学校和东京立教大学，并追随孙中山从事资产阶级民主革命，历任要职。陈树人画风清新、恬淡、空灵，独树一帜。他一生的创作有《陈树人画集》《陈树人近作》《陈树人中国画选集》诗集有《寒绿吟草》《自然美讴歌集》《战尘集》《专爱集》和《春光堂诗集》等。

艺术成就

岭南画派的美术创作，在题材上以翎毛走兽、花卉、山水为主，其中高奇峰、高剑父兄弟尤其喜欢画鹰、狮和虎，高奇峰的绘画技艺、主张以及人生经历都受到哥哥高剑父的影响，作品以翎毛、走兽、花卉最为擅长，在艺术上写生最为突出，善用色彩和水墨渲染，画风工整而刚劲、真实而诗意昂然。

延伸阅读

岭南

岭南，是指中国南方的五岭之南的地区，相当于现在广东、广西、海南全境，以及湖南、江西等省的部分地区。古代史上，岭南也包括曾属于中国版图的红河三角洲一带。越南独立后，"岭南"之概念逐渐发生变化。由于行政区划的变动，现在提及"岭南"一词时，特指广东、广西和海南三省区，江西和湖南部分位于五岭以南的县市并不包括在内。岭南自然风光婀娜多姿，既有气势磅礴的山峦，也有水网纵横的平原，既有岩溶洞穴，也有川峡险滩的奇景，更有海天一色的港湾风光，是画家们写生和获取艺术源泉的妙处。

任伯年：丰姿多彩，新颖生动

任伯年吸取了西洋水彩、素描的技法，加强了中国画的写实成分。他的主要成就在人物画和花鸟画。徐悲鸿说他是仇十洲之后中国画家第一人。英国《画家》杂志认为："任伯年的艺术造诣与西方梵高相若，在19世纪中为最具有创造性的宗师。"

画家生平

任伯年（1840—1896年），浙江山阴航坞山（今杭州市萧山区）人。任伯年是我国近代杰出画家，在"四任"之中成就最为突出，是海上画派中的佼佼者。他的杰出艺术成就受到世人瞩目。

任颐初名润，字小楼，后字伯年。出生在一个画家家庭，小时候就能够画画。在他十多岁的时候，一次家中有客人来，坐了一会儿就告辞了。父亲问他是谁前来拜访，任伯年答不上名字，就拿起纸笔，把来访者的相貌画了出来。父亲看后，就知道是谁了。可见，任伯年幼年就掌握了写真画技巧。

任伯年青年时期在太平天国的军中"掌大旗"，当时军旗较大，"战时麾之，以为前驱"。直到天京沦陷，任伯年才回到家乡，后来又到上海跟随两个伯父任熊、任薰学画，以后长期在上海以卖画为生。任伯年为人率真，不修边幅，学画时近30岁，画多而名声渐大，但由于他的身心受到鸦片的

◆《人物》

损害，损伤了元气，因此年仅56岁就过早去世了。

艺术成就

任伯年的绘画发轫于民间艺术，他重视继承传统，融汇诸家之长，吸收了西方绘画的速写、设色诸法，形成自己新颖生动、丰姿多采的独特画风。其艺术手法成熟、大胆、具有极强的概括性，尤其是花鸟画，达到了"炉火纯青"的佳境。

任伯年还精于肖像画，是一位杰出的肖像画家。他的人物画早年师法萧云从、陈洪绶、费晓楼、任熊等人。夸张奇伟的人物画法陈洪绶，工细的仕女画近费晓楼。他后来学习铅笔速写，变得较为奔逸，晚年吸收华（岩）笔意，更加简逸灵活。其传神作品如《三友图》《沙馥小像》《仲英小像》等，都神形毕露。

任伯年的花鸟画富有创造力和巧趣，早年以工笔见长，仿北宋人法，纯以焦墨勾骨，赋色肥厚，近老莲派。后来吸取恽寿平的没骨法，陈淳、徐渭、朱耷的写意法，笔墨趋于简逸放纵，设色明净淡雅，形成兼工带写、明快温馨的格调，这种画法，开辟了花鸟画的新天地，对近、现代绘画产生了巨大的影响。

任伯年重视继承传统，融汇诸家之长，结合中国画传统画法、民间画法和西洋画法，确立了独自的画风。他擅长花鸟画，勾勒、点簇、泼墨交施互用，形象生动活泼，赋色鲜活明丽，别具风格。此外，兼工人物画，尤其精于肖像画，浅描淡染，笔墨不多而能得神情。此外，还擅长画山水画，

◆ 《钟馗啖鬼》

能塑像。其画风于清末江南一带甚有影响，为海派之首。

延伸阅读

任伯年画猫

任伯年很擅长画猫。有一次，有位朋友求他画一张《狸猫图》。他画了几幅都不满意，始终不肯拿出来，那位朋友很难堪，他也不愿随便画一幅敷衍了事，为此感到焦躁不安。一天夜里，皓月当空，万籁俱寂，任伯年坐在桌前凝神构思。忽然，他听到邻居房顶上有猫叫声，他连忙站起来，推开窗子想看个究竟，却把猫吓跑了，他不失时机地爬上屋顶，发现猫还在。他全神贯注地看着猫，只见猫躬腰拖尾，瞪着一双警惕的眼睛扭头看人，又惊又怒的样子。任伯年越看越觉得有意思，竟忘了自己还在房顶上，一不小心，跌落在邻居家院子里，幸好未跌伤。时值深夜，惊醒了邻人，起来一看，原来是任伯年。邻居还以为他是越墙偷盗的贼。当任伯年说明情况后，邻居为他这种精神所感动，将他护送到家。

回家以后，任伯年当即挥毫泼墨，画出了姿态惟妙惟肖、跃然纸上的《狸猫图》。

吴昌硕：浑厚苍劲，真趣盎然

> 吴昌硕诗、书、画、印卓然崛起，兼四绝于一身，熔于一炉。他是清晚期海派最有影响力的画家之一，不但是传统中国花鸟写意画的殿军，同时，也是现代中国写意花鸟画的开山人物。

画家生平

吴昌硕（1844—1927年），晚清著名画家、书法家、篆刻家，为"后海派"中的代表。浙江省孝丰县鄣吴村（今湖州市安吉县）人，初名俊，又名俊卿，字昌硕，又署仓石、苍石，多别号，常见者有仓硕、老苍、老缶、苦铁、大聋、石尊者等。他与虚谷、蒲华、任伯年并称为"清末海派四杰"。

吴昌硕生于读书人家，10多岁的时候就喜欢刻印章，在父亲的指点下，初入门径。咸丰十年（1860年），太平军与清军战于浙西，全家在荒山野谷中避乱，他的弟弟妹妹先后因饥饿而死亡。后来，他又和家人失散，替人做短工、打杂度日，先后在湖北、安徽等地流亡数年，21岁时回到家乡务农。

同治四年（1865年），吴昌硕考中秀才，曾担任江苏省安东县（今涟水县）知县，仅一月就辞去官职，自刻"一月安东令"印记之。同治十一年（1872年），吴昌硕结婚，婚后为了谋生，他时常远离乡井经年不归，十余年后才把家眷接到苏州定居，后来又移居上海，来往于江、浙、沪之间，

◆ 《梅花》

阅历代大量金石碑版、玺印、字画，真可谓大开眼界。后来定居于上海，广收博取，诗、书、画、印并进；晚年风格突出，篆刻、书法、绘画三艺精绝，声名大振，公推艺坛泰斗，成为"后海派"艺术的开山代表、近代中国艺坛承前启后的一代巨匠。

艺术成就

吴昌硕不仅善于绘画，而且擅长篆刻。他的篆刻古朴、拙野、宽博、厚重。吴昌硕师法古人，但却不泥于古，他的艺术创作与追求是建立在"古人为宾我为主"的基础之上，他反对食古不化。吴昌硕治印，不求媚俗，制成的印喜碎刀敲凿，或在砖石上打磨一番，以求拙朴的野趣。气势博大、凝重，以小见大，求之象外。每一方小小印章，如同一块块硕大的丰碑，乃是吴昌硕篆刻艺术更重要的艺术特征。

绘画方面，吴昌硕汲取了徐渭、八大山人、石涛、赵之谦诸家之长，兼取篆、隶、狂草笔意入画，色酣墨饱，雄健古拙。而他作画往往由画幅中间落笔，构图也迥异于前人，这些使得他的画作既极具古意又

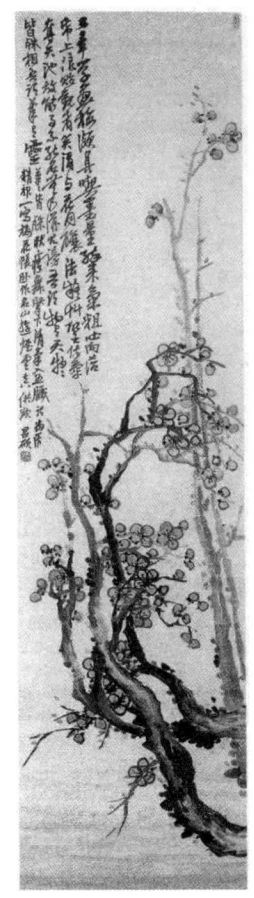

◆ 《梅》

极具现代感。

中年以后，吴昌硕博览众多金石原件及拓本，选择石鼓文为主要临摹对象。数十年间，反复钻研，并不以刻意模仿徒求形似为满足，参以秦权铭款、琅琊台刻石、泰山刻石等文字的体势笔意，故所作石鼓文凝练遒劲，自出新意，风格独特。60岁后所书尤精，圆熟精悍，刚柔并济。

吴昌硕的艺术贵于创造，他以书法入画，艺术上别辟蹊径，齐白石曾诗道："我欲九原为走狗，三家（指徐渭、朱耷和吴昌硕）门下转轮来。"

延伸阅读

平民吴昌硕

吴昌硕胸襟旷达，平易近人。由于他自己也经历过贫困的生活，所以从来不鄙视贫苦亲友，对待家里的雇工也很温和，从不厉声叱责他们，他自奉俭朴。到了晚年，经济虽渐宽裕，但仍不改早年恬淡的生活习惯，常告诫儿孙，要爱惜物力，不可浪费。当时电费很贵，除了作画、读书必须开灯以外，闲坐时他总是点油灯取亮。吴昌硕衣着随便，只求宽畅舒适。平常在家里的时候总是穿着旧衣服，上面染满斑斑驳驳的颜料和墨迹，也一点不以为意。他住的上海北山西路吉庆里十二号寓所，是一幢极普通的老式房屋，题名为"去驻随缘室"，以表随遇而安不拘形迹的胸襟。有友人劝他斥资建造一所花园洋房。他笑着说："我有这样的房子住，已经心满意足了。"

张大千：包众体之长，兼南北二宗之富丽

> 张大千是20世纪中国画坛最具传奇色彩的国画大师，绘画、书法、篆刻、诗词等无所不通。早期专心研习古人书画，特别在山水画方面卓有成就。后旅居海外，画风工写结合，重彩、水墨融为一体，尤其是泼墨与泼彩，开创了新的艺术风格。

画家生平

张大千（1901—1984年），四川内江人。名爰，又名季，季菱，字大千，别号大千居士，或迳署"蜀人张大千"。他出生在一个书香门第家庭，本名张正权，又名张权。传说他的母亲在生他的前一天晚上梦到一个老翁送了一只小猿到宅中，因此，他在21岁的时候改名猨，又名爰、季爰。后因为出家为僧，法号大千，所以世人也称其为"大千居士"。

张大千6岁开始识字，9岁时在母亲和姐姐的教导下学习绘画、书法。良好的家庭文化氛围对他起到很好的启蒙作用，同时也为他打下了坚实的国学基础。他姐姐张琼枝擅长画花卉、小鸟，对幼小的他产生了很大的影响。四兄张文修教私塾，因而大千也随四兄读古籍，在课余时还经常跟随兄长游览山水名胜，培养了对自然的审美意识。

青年时代，张大千赴日本留学，学染织。回国后，一度沉迷于佛学，曾经去宁波天童寺"皈依佛门"，想出家当和尚，据说，他怕在头上烫九个香记，只好还俗。1932年举家移居苏州，潜心作画。1940年后用了两年半的时间，把我国敦煌洞窟逐个整理编号，进行临摹，其绘画技法也得以丰富。1948年迁居香港，后又旅居印度、法国、巴西等国。1978年定居台湾地区，1984年4月病逝台湾，享年84岁。

◆《白衣观音》

◆ 《煮茶图》

艺术成就

张大千是天才型画家，对文人画、作家画、宫廷画和民间艺术都有较高成就。于中国画人物、山水、花鸟、鱼虫、走兽，以及工笔，无所不能，无一不精，世称"包众体之长，兼南北二宗之富丽"。

张大千早期主要以临古仿古居多，涉猎上溯隋唐，下到石涛、朱耷、徐渭、陈淳，以及敦煌莫高窟壁画，逐一进行了研究，从临摹到仿作，进而到伪作，其画风亦由近似石涛、朱耷而变为晋唐宋元风范。

张大千的画风，先后数度改变，晚年时历经探索，57岁时自创泼彩画法，是在继承唐代王洽的泼墨画法的基础上，揉入西欧绘画的色光关系，而发展出来的一种山水画笔墨技法。其过程大略是：先以墨笔略勾大形，然后托裱一层纸（或将画裱在板上），再泼墨泼彩。其可贵之处在于，技法的变化始终能保持中国画的传统特色，创造出一种半抽象墨彩交辉的意境。他还以"超以象外，得其环中"，"神光离合，乍阴乍阳"等古人言论解释这些作品，认为它们是符合传统美学原则的。张大千晚年的这一突变，不仅把他的艺术从古典画风引向了现代画风，也把他推上了中国画革新大家的行列。

延伸阅读

张大千的"胡子"引发的趣事

张大千的胡子很长，为此还引起了一个笑话。有一次他和朋友们一起吃饭，一位朋友以他的长胡子为理由，不断地和他开玩笑。可是，张大千却不烦恼，不慌不忙地说："我也奉献诸位一个有关胡子的故事。刘备在关羽、张飞两弟亡故后，特意兴师伐吴为弟报仇。关羽之子关兴与张飞之子张苞复仇心切，争做先锋。为了公平起见，刘备说：'你们分别讲述父亲的战功，谁讲得多，谁就当先锋。'张苞抢先发话：'先父喝断长板桥，夜战马超，智取瓦口，义释严颜。'关兴口吃，但也不甘落后，说：'先父须长数尺，献帝当面称为美髯公，所以先锋一职理当归我。'这时，关公立于云端，听完不禁大骂：'不肖子，为父当年斩颜良，诛文丑，过五关，斩六将，单刀赴会，这些光荣的战绩都不讲，光讲你老子的一口胡子又有何用？'"

听完张大千讲的这个故事，众人哑口，从此再也不提胡子的事了。

齐白石：为万虫写照，为百鸟张神

齐白石是我国20世纪著名画家，在绘画艺术上受陈师曾影响甚大，他同时吸取吴昌硕之长，形成了独特的大写意国画风格，开红花墨叶一派，尤工虾蟹、蝉、蝶、鱼、鸟，兼及人物、山水，名重一时，和吴昌硕共享"南吴北齐"之誉。此外，他的画、印、书、诗被人们称为"四绝"。

画家生平

齐白石（1864—1957年），生于湘潭县白石铺杏子坞，小名阿芝，名璜，字渭清，号兰亭、濒生，别号白石山人，遂以齐白石名行世；并有齐大、木人、木居士、红豆生、星塘老屋后人、借山翁、寄萍堂主人、龙山社长、三百石印富翁、百树梨花主人、借山吟馆主者等大量笔名与自号。

齐白石出身贫寒，做过农活，学过木匠，雕花木工，从民间画工入手，学习古人真迹。1888年起，他始学画，曾任龙山诗社社长。26岁时转从萧芗陔、文少可学画像，27岁始从胡沁园、陈少蕃习诗文书画。37岁拜硕儒王闿运为师，并先后与王仲言、黎松庵、杨度等结为师友。

40岁起，齐白石离乡出游，遍历陕、豫、京、冀、鄂、赣、沪、苏及两广等地，饱览名山大川，广结当世名人。画风由工转写，书法由何绍基体转学魏碑，篆刻由丁、黄一路改学赵之谦体。80岁之后，画虾技术颇为精湛，令人叹为观止。

艺术风格

齐白石精擅大写意国画，尤工虾蟹、蝉、蝶、鱼、鸟，兼及人物、山水，名重一时，和吴昌硕共享"南吴北齐"之誉。齐白石的画，反对不切实际的空想，他经常注意花、鸟、虫、鱼的特点，揣摩它们的精神。他曾说：为万虫写照，为百鸟张神，要自己画出自己的面目。他的题句诙谐巧妙，他画的两只小鸡争夺一条小虫，题曰："他日相呼"。一幅《棉花图》题曰："花开天下暖，花

◆ 齐白石

◆ 《群虾图》

长。齐白石诗不求工，无意唐宋，师法自然，书写性灵，别具一格。

齐白石一生勤奋，砚耕不辍，自食其力，品行高洁，尤具民族气节，曾被授予"中国人民艺术家"的称号、荣获世界和平理事会1955年度国际和平金奖、1963年诞辰100周年之际被公推为"世界文化名人"。齐白石一生留下画作三万余幅、诗词三千余首、自述及其他文稿并手迹多卷，著有《借山吟馆诗草》《白石诗草》《白石印草》《白石老人自传》等，出版有《齐白石全集》等各种画集近百种。

落天下寒。"《不倒翁图》题"秋扇摇摇两面白，官袍楚楚通身黑"。齐白石的绘画以其纯朴的民间艺术风格与传统的文人画风相融合，达到了中国现代花鸟画最高峰。

艺术成就

齐白石的画、印、书、诗被人们称为"四绝"。他的篆刻最初学丁敬、黄小松，后仿赵撝叔，并取法汉印；见《祀三公山碑》《天发神谶碑》，后来，其篆法一变再变，印风雄奇恣肆，为近现代印风嬗变期代表人物。书法广临碑帖，历宗何绍基、李北海、金冬心、郑板桥诸家，尤以篆、行书见

延伸阅读

齐白石轶事

抗日战争时期，北平伪警司令宣铁吾过生日，强行邀请国画大师齐白石赴宴作画。齐白石来到宴会上，环顾宾客，略为思索，铺纸挥毫。转眼之间，一只水墨螃蟹跃然纸上。众人赞不绝口，宣铁吾喜形于色。不料，齐白石笔锋轻轻一挥，在画上题了一行字："看你横行到几时"，后书"铁吾将军"，然后仰头拂袖而去。

1937年日本侵略军占领北平，齐白石坚持闭门不出，并在门口贴出告示，上书："中外官长要买白石之画者，用代表人可矣，不必亲驾到门，从来官不入民家，官入民家，主人不利，谨此告知，恕不接见。"为了表明自己的心迹，他还画了一幅画，画面十分特殊，一般人画翡翠鸟时，都让它站在石头或荷径上，窥伺着水面上的鱼儿，齐白石却一反常态，不去画水面上的鲜鱼，而画深水中的虾，并在画上题字："从来画翡翠者必画鱼，余独画虾，虾不浮，翡翠奈何？"齐白石闭门谢客，自喻为虾，并把作官的汉奸与日本人比作翡翠，意义深藏，发人深思。

第三讲
音乐艺术

《诗经》：古乐歌词

中国是一个诗的国度，更是一个音乐的国度，我国的第一部诗歌总集《诗经》就是古人的歌词，人们根据乐调的不同将其分为风、雅、颂三类。

《诗经》是一部记录上古时代的诗歌总集，实际上是收集了古人的歌词，先秦时代称为"诗"或"诗三百"。在当时，诗和歌的创作主要来自民间，周朝派人到民间采集民歌民谣，经过整理，配上乐谱，编成了各类歌舞曲。后来，孔子对其加以整理，共收入自西周初年至春秋中叶大约五百多年的诗歌305篇。汉武帝时期，他采纳了董仲舒"罢黜百家，独尊儒术"的建议，尊"诗"为经典，将其定名为《诗经》。

《诗经》中的诗篇，就其原来性质而言，是歌曲的歌词。《墨子·公孟》说："颂诗三百，弦诗三百，歌诗三百，舞诗三百。"意思也就是说，《诗》三百余篇，都可以用来诵咏、用乐器演奏、歌唱、伴舞。《史记·孔子世家》又说："三五百篇，孔子皆弦歌之，以求合韶、武、雅、颂之音。"由此可以看出，《诗经》在古代和音乐以及舞蹈有着密切的联系。

风雅颂

《诗经》共分风（160篇）、雅（105篇）、颂（40篇）三大部分，这是根据音乐性质的不同来划分的。将不同声调的《风》《雅》《颂》作适当配合，足以构成一大套乐。《风》《雅》都以重复，即叠韵、叠章，为其曲式的特色。

"风"是不同地区的地方音乐，包括周南、召南、邶、鄘、卫、王、郑、齐、魏、唐、秦、陈、桧、曹、豳十五国风，大部分为东周时期的作品，小部分作于西周后期，以民歌为主。"国风"的语言朴素、鲜明，富于形象性，多处用双声、叠韵、叠字

◆ 孔子

等，表达准确优美。形式上多是四言成句，隔句用韵，富有节奏感和音乐感。同时多处出现章节的复叠，有一唱三叹的艺术美感，是《诗经》的精华部分。

"雅"是周王朝直辖地区的音乐，即所谓正声雅乐。《雅》诗是宫廷宴享或朝会时的乐歌，按音乐的不同又分为大雅和小雅，《大雅》31篇，《小雅》74篇，共105篇。《雅》诗是周王朝直接统治地——王畿地区的作品，均为周代朝廷乐歌，多歌颂朝廷官吏。

"颂"是宗庙祭祀的舞曲歌辞，全部是贵族文人的作品。《颂》诗又分为《周颂》31篇，《鲁颂》4篇，《商颂》5篇，共40篇。颂诗的内容多是歌颂周王朝祖先的"功德"，常在祭祀宗庙时演出。

《诗经》的基本句式是四言，间或杂有二言直至九言的各种句式。但杂言句式所占比例很低。只有个别诗是以杂言为主的，如《伐檀》。以四言句为主干，可以由此推想当时演唱《诗经》的音乐旋律，是比较平稳和比较简单的。

诗经与乐器

《诗经》本身不但是歌词，更记载了很多古代乐器。先秦时期的乐器，见于文献记载的有近70种，而在《诗经》一书中提及的乐器就有29种。打击乐器有钟、鼓、磬、铃等，吹奏乐器有箫、管、笙等，弹弦乐器有琴、瑟等。后来，由于乐器种类的增加，周朝便根据制作乐器的不同材料，产生了金、石、土、革、丝、木、匏、竹八类乐器，称作"八音"分类法。

◆ 古琴

《诗经》是民谣体，那些遥远的乐响曾经演奏着相思、思乡、悼亡等人生体验和感悟。它们来自最底层百姓的生活，质朴天真，自然剔透。《诗经》中的音乐形式，在今天的音乐创作中仍然被广泛地使用着。

延伸阅读

诗经"六义"

所谓《诗经》中的"六义"，即是指"风、雅、颂"三种诗歌形式与"赋、比、兴"三种表现手法。按朱熹《诗集传》中的说法，"赋者，敷也，敷陈其事而直言之者也"。就是说，赋是直接铺陈叙述。是最基本的表现手法。如"死生契阔，与子成说。执子之手，与子偕老"，即是直接表达自己的感情。

"比者，以彼物比此物也"，即比喻，明喻和暗喻均属此类。如《魏风·硕鼠》《邶风·新台》都是通篇用比的。"兴者，先言他物以引起所咏之词也"，即起兴，用其他东西引出要说的内容。如"关关雎鸠，在河之洲。窈窕淑女，君子好逑。"即是用雎鸠鸟在河中叫起兴。

曾侯乙墓编钟：气势磅礴的大型乐器

> 曾侯乙墓编钟是我国迄今发现数量最多、保存最好、音律最全、气势最宏伟的一套编钟。这套编钟深埋地下两千四百余年，至今仍能演奏乐曲，音律准确，音色优美。

钟是一种打击乐器，用于祭祀或宴饮。最初的钟由商代的铜铙演变而来，按其形制和悬挂方式又有甬钟、钮钟、镈钟等不同称呼。钟的大小和音的高低直接相关。频率不同的钟依大小次序成组悬挂在钟架上，形成合律合奏的音阶，称之为编钟。商代的钟为三枚一套或五枚一套，西周中晚期有八枚一套的，东周时增至九枚一套或十三枚一套。春秋战国时期编钟风靡一时，和其他乐器如琴、笙、鼓、编磬等成为王室显贵的陪葬重器。曾侯乙墓编钟便是其中的上品。

◆ 曾侯乙墓编钟

编钟概况

曾侯乙编钟出自湖北随州擂鼓墩的曾侯乙墓。墓主是战国早期曾国的国君，同一时期出土的还有其他近百件乐器。曾侯乙墓出土的编钟数量巨大，完整无缺。其钟架高大，由长短不同的两堵立面垂直相交，呈曲尺形的七根彩绘木梁两端以蟠龙纹铜套加固，由六个佩剑武士形铜柱和八根圆柱承托，构成上、中、下三层。最上层三组十九件为钮钟，形体较小，有方形钮，有篆体铭文，但文呈圆柱形，枚为柱状字较少，只标注音名。中、下两层五组共四十五件为甬钟，有长柄，钟体遍饰浮雕式蟠虺纹，细密精致，外加楚惠王送的一枚镈钟共六十五枚。

编钟的悬挂有三种方式：下层钟用环挂式，挂钩为爬虎套环和双杆套环两种中层钟用钩挂式，挂钩为框架钩和焊钩两种；上层钟用插挂式，是以插销入挥、串钩钟钮。钟及架、钩上共有铭文3755字，内容为编号、记事、标音及乐律理论。铭文多数错金。全部甬钟的记事铭文均为"曾侯乙作持"五字，标明钟的制作和享用者是曾侯

◆ 战国编钟

乙。镈钟的铭文则记载楚王熊章为曾侯乙铸宗彝一事。标音铭文标示了钟的悬挂位置或敲击部位及其所发音的名称，它们构成了十二半音称谓体系。乐律理论记述了曾国与楚、晋、齐、申、周等国的律名对应关系。钟铭所见律名28个、阶名66个，绝大多数都是前所未知的新材料。这套编钟的铭文，是一部重要的中国古代乐律理论专著。

编钟的工艺

钟及钟架铜构件是铜、锡、铅合金，合金比例因用途而异。用挥铸、分铸、锡焊、铜焊、铸镶、错金、磨砺制作而成，工艺精湛。编钟的装配、布局，从力学、美学、实际操作上，都显得十分合理。钟架为铜木结构，呈曲尺形。横梁木质，绘饰以漆，横梁两端有雕饰龙纹的青铜套。中、下层横梁各有三个佩剑铜人，以头、手托顶梁架，中部还有铜柱加固。铜人着长袍，腰束带，神情肃穆，是青铜人像中难得的佳作。以之作为钟座，使编钟更显华贵。全套钟的装饰，有人、兽、龙、花和几何形纹，采用了圆雕、浮雕、阴刻、彩绘等多种技法，以赤、黑、黄色与青铜本色相映衬，显得庄重肃穆，精美壮观。

这套编钟深埋地下两千四百余年，至今仍能演奏乐曲，音律准确，音色优美。春秋战国编钟气势恢宏，后世多有仿制。宋徽宗崇古尚古，仿照当时出土的六件春秋古钟铸造了一组编钟，称"大晟"编钟。钟为椭圆形，扁体双夔钮，饰多层蟠螭纹，其形制呆板，纹饰模糊，是典型的宋仿铜器。后来由于战事，这套钟散落于民间，至今可知有十余件在国内外流传，故宫博物院、河北省博物馆和辽宁省博物馆都有收藏。

延伸阅读

曾侯乙墓

曾侯乙墓位于湖北随州市擂鼓墩。葬于公元前433年或稍后，1978年发掘。墓坑开凿于红砾岩中，为多边形竖穴墓。南北16.5米，东西21米。内置木椁，椁外填充木炭及青膏泥，其上为夯土。整个墓葬分作东、中、北、西四室。东室置曾侯乙木棺，双重，外棺有青铜框架，内棺外面彩绘门窗及守卫的神兽武士。中室放置随葬的礼乐器。北室放置兵器及车马器等。西室殉葬人木棺13具。墓主45岁左右，殉葬者为13～25岁的女性。墓中共出土随葬品15000多件。其中曾侯乙编钟一套65件，是迄今发现的最完整最大的一套青铜编钟。

第三讲 音乐艺术

李延年：西汉宫廷音乐家

> 李延年是汉武帝时造诣很高的音乐家，他把乐府所搜集的大量民歌加以整理，编配新曲，使之广为流传，对当时民间乐舞的发展起了很大的推动作用。可以说，李延年对汉代音乐风格的形成及我国后来音乐的发展，都作出了卓越的贡献。

音乐家生平

李延年（？—约前90年），中山人（今河北省定州市），出身倡家，父母兄弟妹均通音乐，都是以乐舞为职业的艺人，代表作为《佳人曲》。李延年因犯法而被处宫刑，以"太监"身份供职于宫廷，是著名的阉人歌唱家，颇受武帝器重，汉武帝把他妹妹封为"夫人"，也就是历史上的"李夫人"，李延年因此而更加受宠，负责乐府的管理工作，每年二千石的俸禄，伴随皇帝起居，显赫一时。

李延年不但善歌习舞，且长于音乐创作，他的作曲水平很高，技法新颖高超，且思维活跃，他曾为司马相如等文人所写的诗词配曲，又善于将旧曲翻新，他利用张骞从西域带回《摩诃兜勒》编为28首"鼓吹新声"，用来作为乐府仪仗之乐，是我国历史文献上最早明确标有作者姓名及乐曲曲名、用外来音乐进行加工创作的音乐家。他为汉武帝作《郊祭歌》19首，用于皇家祭祀乐舞。

后来，李夫人早卒，大将军李广利降匈奴，李延年受到株连，被处死。

《佳人曲》的传说

李延年擅歌唱，还善于创作新声变曲，使听者十分感动。有一次，李延年侍

◆ 汉武帝像

◆ 汉代音乐演奏砖刻

奉汉武帝起舞奏歌，充满激情而又从容自若地唱了一首《佳人曲》，唱出了："北方有佳人，绝世而独立，一顾倾人城，再顾倾人国。宁不知倾城与倾国，佳人难再得！"（《汉书·外戚传》）汉武帝听得津津有味，十分陶醉。汉武帝的姐姐平阳公主就在这时介绍了一个美女，也就是李延年的妹妹。于是李延年的妹妹由此进入后宫，汉武帝一看她长得十分美丽，十分喜欢，封为夫人。李延年本来就能歌善舞，并且善于创作新声，再加上其妹李夫人深得汉武帝宠爱，更加如鱼得水，之后便被封为侍中，侍奉在皇帝身边。

艺术成就

元鼎六年(前111年)春，汉武帝准备郊祀，命令李延年等创造相关音乐，李延年邀请了有文学修养的数十人，创作诗赋颂歌。然后，李延年按照音乐律吕的要求，给这些诗赋颂歌配上适当的曲子，谱成新的乐曲。最终制成了《郊祀歌》十九章，以正月，上辛日在甘泉宫圆丘郊祀时使用，男女70人参与演奏，气势非凡。《郊祀歌》十九章曲谱已佚失，而歌词保存在《汉书·礼乐志》中，一直流传至今。

李延年管理乐府时期，主持乐府的音乐创作和民间歌谣的搜集、整理、改编等事务，对民间艺术的保留做出了重大贡献。乐府音乐的采集和整理，不仅对当世产生了较大贡献，而且对后来的诗歌创作有着重大的影响。

> **延伸阅读**
>
> ### 李延年和李龟年
>
> 李延年和李龟年名字相似，身份类似，但是时代不同。李延年是汉代宫廷音乐家，李龟年是唐代宫廷音乐家，都生活在中国古代的盛世。唐玄宗的弟弟岐王李范，风流儒雅，十分喜好音乐，家中常常是诗人、音乐家高朋满座。有一次，李龟年也应邀到岐王府中做客。客人到达之后，家伎们开始演奏音乐，乐声刚起，李龟年立即说："这是秦音的慢板。"隔了一会儿，他又说："现在正演奏楚音的流水板。"懂得音乐的岐王在一旁点头称是。音乐结束后，岐王为了表示对李龟年的敬重，特地赠给他一些珍贵的丝织品。但是，李龟年感兴趣的却不是这些，他把这些东西放在一边，径自掀起隔开宾客与乐人的帷幕，从擅长弹奏秦音的乐人沈妍手中接过了琵琶，尽情地拨弄起来。由此可见他对音乐的热爱。

蔡文姬和《胡笳十八拍》

蔡文姬,是东汉大文学家蔡邕的女儿,中国历史上著名的才女,曾经写下了动人心魄的《胡笳十八拍》和《悲愤诗》。其中,《胡笳十八拍》有很高的艺术价值,明朝人陆时雍在《诗镜总论》中说:"东京风格颓下,蔡文姬才气英英。读《胡笳吟》,可令惊蓬坐振,沙砾自飞,真是激烈人怀抱。"

音乐家生平

蔡文姬(约177-?),名琰,原字昭姬,晋时避司马昭讳,改字文姬,东汉末年陈留(今河南开封杞县)人。蔡文姬的父亲蔡邕是大名鼎鼎的文学家和书法家,也是一个音乐家。她生在这样的家庭,耳濡目染,受到了良好的教育。可惜东汉末年,社会十分动荡,蔡文姬被掳到了南匈奴,嫁给了匈奴左贤王,饱尝了异族异乡异俗生活的痛苦。十二年后,曹操统一北方,不惜用重金把蔡文姬赎了回来。

蔡文姬归汉后,嫁给了董祀,并留下了动人心魄的《胡笳十八拍》和《悲愤诗》。《悲愤诗》是中国诗歌史上第一首自传体的五言长篇叙事诗。

胡笳十八拍

《胡笳十八拍》的"拍"字,指乐段间的休止,可做"段"讲。"十八拍",乐曲即十八乐章,在歌辞也就是十八段辞。第一拍中所谓"笳一会兮琴一拍",是指胡笳吹到一个段落响起合奏声时,正好是琴曲的一个乐章。《胡笳十八拍》第一拍为开头,总说时代动乱以及个人所遭受的屈辱;中腹起自被掳西去的第二拍,止于放还东归的第十七拍,历时十二年,分为思乡与念儿前后两个时期;最后一拍为结尾,和篇首相照应,结出怨情。

这首歌辞,是蔡琰不幸生活的写照,她曾自弹自唱"为天有眼兮何不见我独漂流?为神有灵兮何事处我天南海北头?我不

◆ 蔡文姬(木雕)

◆ 《文姬归汉图》

蔡文姬爱憎鲜明的感情——"云山"句连着故土之思,"疾风"句关乎道路之苦。强烈的主观抒情色彩,更主要地体现在感情抒发的突发性上。蔡文姬的感情,往往是突然而来,忽然而去,跳荡变化,匪夷所思。正所谓"思无定位",甫临沧海,复造瑶池。并且诗中把矛头直指天、神:"天不仁兮降乱离,地不仁兮使我逢此时。""为天有眼兮何不见我独漂流?为神有灵兮何事处我海北天南头?我不负天兮天何配我殊匹?我不负神兮神何殛我越荒州?"把天、神送到被告席,更反映出蔡文姬的"天无涯兮地无边,我心愁兮亦复然""苦我怨气兮浩于长空"的心情。

负天兮天何配我殊匹?我不负神兮神何殛我越荒州?"全歌以自己的坎坷身世,对天发问,指天不公,唱出了内心的悲痛与绝望,弹者闻者均动容锥心。

艺术价值

《胡笳十八拍》既体现了蔡文姬的命薄,也反映出她的才高。《胡笳十八拍》在主人公,即蔡文姬自己的艺术形象创造上,带有强烈的主观抒情色彩,即使在叙事上也是如此,写被掳西去,在胡地生育二子,别儿归国,重入长安,无不是以深情唱叹之。如写被掳西去"云山万重兮归路遐,疾风千里兮扬尘沙。人多暴猛兮如狂蛇,控弦被甲兮为骄奢",处处表露了

延伸阅读

蔡文姬和董祀

文姬归汉后,嫁给了董祀,蔡文姬饱经离乱忧伤,时常神思恍惚,而董祀正值鼎盛年华,生得一表人才,因此夫妻关系并不和谐,迫于曹操的授意,只好接纳了她。然而,就在他们结婚的第二年,董祀犯罪当死,蔡文姬来到曹操的丞相府求情。

此时,曹操正在大宴宾客,蔡文姬走上堂来,跪下来,语态哀婉地讲清来由,在座宾客都交相记叹不已。蔡文姬恳道:"明公厩马万匹,虎士成林,何惜疾足一骑,而不济垂死一命乎?"说罢又是叩头。曹操念及昔日与蔡邕的交情,又想到蔡文姬悲惨的身世,于是宽宥其罪。从此以后,董祀感念妻子之情,看透了世事,隐居洛水附近的山麓。

嵇康：七弦琴上说寂寥

> 嵇康是魏晋时期文学家、思想家和音乐家，玄学的代表人物之一，善于音律，创作有《长清》《短清》《长侧》《短侧》，合称"嵇氏四弄"，与东汉的"蔡氏五弄"合称"九弄"。其《广陵散》成为我国十大古琴曲之一。

音乐家生平

嵇康（223—263年），字叔夜，谯郡铚县（今安徽宿县）人。"竹林七贤"的领袖人物。嵇康从小就励志勤学，曾做过中散大夫的官职。他年轻时家道清贫，但是安贫乐道，经常和向秀在树荫下打铁炼性，贵公子钟会有才善辩，但嵇康十分瞧不起他的为人。一天，钟会前来拜访，嵇康没理睬他，只是低头干活，钟会呆了一会儿，闷闷不乐，想要离开，这时嵇康发话了："何所闻

嵇康代替自己的位置。嵇康因此写下了著名的《与山巨源绝交书》以明自己的心志。嵇康原本和东平吕巽、吕安兄弟为友。吕安的妻子被他的哥哥吕巽所奸污，吕安原本准备休妻并起诉吕巽。吕巽请嵇康从中劝解，并发誓不会恶人先告状，于是嵇康劝说了吕安将这件事平息下来。但是吕巽害怕吕安反悔，于是抢先告吕安不孝。嵇康义不负心，写信与吕巽绝交，并出面为吕安作证，因此也被收押，钟会劝司马昭乘此机会除掉嵇

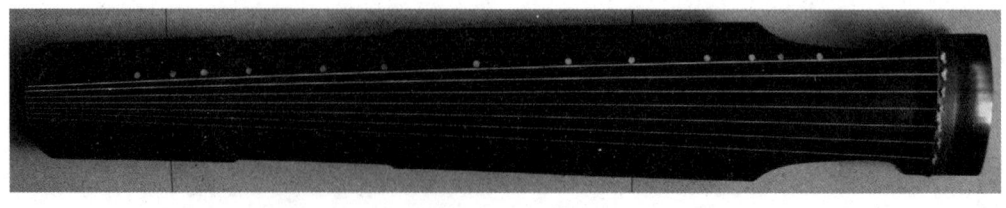

◆ 七弦琴

而来？何所见而去？"钟会没好气地答道："闻所闻而来，见所见而去"，说完就拂袖而去。这件事使得钟会深恨嵇康，故而经常在司马昭面前说他的坏话。

景元二年（261年），同为竹林七贤的山涛由大将军从事中郎迁任吏部侍郎，举荐

康。

嵇康入狱后，立刻激起众人不满，很多豪杰纷纷要求与嵇康一同入狱。经有司劝谕后，众人一时遣散，然而最后嵇康和吕安却被判处了死刑。行刑当日，三千名太学生集体请愿，请求把嵇康给赦免了，并要求让

◆ 竹林七贤图

嵇康来太学做老师。但是，这些要求并没有得到回应。临刑前，嵇康面不改色，神色如同平常一般。他看了看日影，离行刑尚有一段时间，便向兄长要来平时爱用的琴，在刑场上抚了一曲《广陵散》。曲毕，嵇康把琴放下，从容就戮。

艺术成就

嵇康通晓音律，尤其喜爱弹琴，他在《琴赋》序中说："余少好音声，长而习之，以为物有盛衰而此无变。滋味有厌，而此不倦。"据刘籍《琴议》记载：嵇康是从杜夔的儿子杜猛那里学得《广陵散》的。嵇康非常喜爱此曲，经常弹奏它，以致许多人前来求教，但嵇康概不传授。嵇康作有《风入松》，相传《孤馆遇神》亦为嵇康所作。又作《长清》《短清》《长侧》《短侧》四曲，被称为"嵇氏四弄"，与蔡邕创作的"蔡氏五弄"合称"九弄"，是我国古代一组著名琴曲。隋炀帝曾把弹奏"九弄"作为科举取士的条件之一。嵇康还是一位音乐理论家，著有音乐理论著作《琴赋》《声无哀乐论》。他主张声音的本质是"和"，合于天地是音乐的最高境界，认为喜怒哀乐从本质上讲并不是音乐的感情而是人的情感。

嵇康人缘极好，王戎说与他交往二十年，从来没有见过他有不好的脸色。因此留下"意趣疏远，心性放达"之美名；然而嵇康更有"刚肠疾恶，轻肆直言，遇事便发"的一面，他的名篇《与山巨源绝交书》便体现了他愤世嫉俗、桀骜不驯的一面。嵇康还擅长书法，工于草书。又善丹青，唐朝时尚有《巢由洗耳图》《狮子击象图》传世，可惜现在都已失佚。

> **延伸阅读**
>
> ### 竹林七贤
>
> 魏正始年间(240—249年)，嵇康、阮籍、山涛、向秀、刘伶、王戎及阮咸七人常聚在当时的山阳县（今河南修武）竹林之下，肆意酣畅，世谓"竹林七贤"。竹林七贤的作品基本上继承了建安文学的精神，但由于当时的血腥统治，作家不能直抒胸臆，所以不得不采用比兴、象征、神话等手法，隐晦曲折地表达自己的思想感情。
>
> 竹林七贤在政治态度上的分歧比较明显。嵇康、阮籍、刘伶等对司马氏集团持不合作态度。七个人的人生结局也完全不同，嵇康被杀，阮籍、阮咸叔侄借酒避祸，刘伶放诞不经，远离官场，山涛备受司马氏重用，王戎则官至高位。最终，竹林七贤分道扬镳。

梅花三弄：凌霜傲雪之韵

> 《梅花三弄》是中国著名十大古曲之一，又名《梅花引》《玉妃引》，是中国传统艺术中表现梅花的佳作。曲谱最早见于明代《神奇秘谱》，谱中解题称此曲前身为晋代桓伊所奏的笛曲《梅花落》。

《梅花三弄》中的"三弄"是指同一段曲调反复演奏三次。这种反复的处理旨在喻梅花在寒风中次第绽放的英姿、不屈不挠的个性和节节向上的气概。

梅花三弄的典故

《梅花三弄》是中国传统艺术中表现梅花的佳作，曲谱最早见于明代《神奇秘谱》、谱中解题称此曲的前身为晋代桓伊所奏的笛曲《梅花落》，这和狂生王徽之有密切联系。相传王徽之应召赴东晋都城建康，所乘的船停泊在青溪码头。刚好桓伊在岸上经过，王徽之与桓伊并不相识。这时船上一位客人说道，"这是桓野王（桓伊字野王）。"王徽之便命人对桓伊说："闻君善吹笛，试为我一奏。"桓伊此时已是高官贵胄，但他也久闻王徽之的大名，便下车上船，拿出笛子吹三弄梅花之调，高妙绝伦。吹奏完毕，桓伊立即上车走了。宾主双方都没有交谈一句话。由此，也可以看出晋人之旷达不拘礼节。

音乐史上的"梅花三弄"

郭茂倩《乐府诗集》记载了《梅花落》，现存的唐诗中亦多有笛曲《梅花落》的描述，说明南朝至唐间，笛曲《梅花落》

◆ 《梅下横琴图》（明代 杜堇）

◆ 《弹琴图》（任熏）

较为流行。关于《梅花三弄》的乐曲内容，历代琴谱都有所介绍，南朝至唐的笛曲《梅花落》大都表现怨愁离绪的情感。

明清琴曲《梅花三弄》多以梅花凌霜傲寒、高洁不屈的节操与气质为表现内容，"桓伊出笛吹三弄梅花之调，高妙绝伦，后人入于琴""梅为花之最清，琴为声之最清，以最清之声写最清之物，宜其有凌霜音韵也""三弄之意，则取泛音三段，同弦异徽云尔"。（明《伯牙心法》）从这里可看出，它首先是一首笛曲，后来才改编成古琴曲，至于作者的情况，目前尚无定论。值得注意的是，唐以前所称的"笛"其实是现代的箫。《梅花三弄》在清代又被改编为琴箫合奏曲，或可在一定程度上体现晋代笛曲的风格。

现今《梅花三弄》

现代演奏用谱有虞山派《琴谱谐声》（清周显祖编，1820年刻本）的琴箫合谱，其节奏较为规整，宜于合奏；广陵派晚期的《蕉庵琴谱》（清秦淮瀚辑，1868年刊本），节奏自由跌宕，更显梅花刚健挺拔的气质，特别曲终前音乐突然从F调转入a角调，令人耳目一新。

情趣高雅的《梅花三弄》，以它鲜明的音乐形象和特有的艺术魅力，也为今天人们所喜爱。其演奏形式，除古琴独奏、琴箫合奏外，还被改编为钢琴独奏、民乐合奏、琵琶独奏、琴与编钟合奏等广为流传。这些演奏形式，也甚为悦耳动听和具有古情古意。

◆ 古代琴谱

延伸阅读

桓伊

桓伊，东晋前期名将桓宣的族侄，也是一名军事家。最初担任大司马参军，后来授淮南太守，371年与谢玄共破王鉴、张蚝等，以功封宣城县子。后为豫州刺史进督豫州十二郡和扬之江西五郡军事，任建威将军、历阳太守等。又进都督豫州诸军事、任西中郎将、豫州刺史。在前秦苻坚率军队大举南下时，桓伊与谢玄、谢石带领府兵迎战，史称"淝水大战"。桓伊以军功封侯，进号右军将军。太元九年(384年)后，迁都督江州、荆州十郡、豫州4郡军事，任江州刺史，征护护军将军。此人虽身居高位，但是却丝毫没有架子，颇有晋代人的名士之风。

苏祗婆：音乐理论家

> 苏祗婆创立了宫调理论，是我国古代音乐文化的一次巨大进步，它不仅为音乐调定了规范，而且对后来宋词、元曲乃至戏曲的发展产生了深远的影响。

音乐家生平

苏祗婆生于龟兹(今库车)，他的父亲是西域著名的音乐家。苏祗婆从小就跟随父亲学艺，因擅长弹琵琶而闻名于乡里。后来他奉召进入西突厥汗廷，为其演奏音乐。北周天和三年（567年），西突厥公主阿史那氏远嫁北周，苏祗婆随她到了中原地区。

北周灭亡以后，苏祗婆流落到了民间，靠卖艺为生。他辗转各地，在民间招收了很多的徒弟，向他们传授技艺，郑译便是其中的一位。开皇元年（581年），隋文帝建立隋朝后，命令音律学家郑译创制新的音乐。当时，郑译和朝廷的乐工们研究了几个方案，都难以使文帝满意。后来，他向苏祗婆求教，才解决了这个难题。

收徒授艺

隋文帝立国之后，定音律，但是当时宫廷的音乐家们都无法解决这一问题。音乐家郑译授命主持此事，为此苦闷不已。当时都城长安的西市，有很多西域胡人开设的酒店，胡姬压酒，胡乐当筵，风靡一时。酒店中侍酒的胡姬常用她们婉转的歌喉、优美的舞姿招徕客人。一天傍晚，郑译徘徊在街市

◆《树荫吹笙图》（清　沈遂）

◆ 箜篌（现代复原）

演奏的乐器有十八种之多，包括五弦、琵琶、笛、竖箜篌、笙、箫等。它的音乐结构包括唱歌的曲调、伴舞的乐曲和乐队演奏的曲牌三部分；演出时，歌、舞、曲并举，场面欢畅，具有强烈的节奏感。尤其是舞蹈，伴着音乐的旋律和节拍，表演者通常手舞足蹈，摇头扭腰，再加上表演者丰富的表情，往往令观赏者倾倒。

郑译不但是一位音律学家，还是一位乐器制作专家，他曾经向周宣帝献过一套笙：共十二只笙，每只笙十六簧。郑译与苏祗婆结识之后，对"五旦七声"理论十分感兴趣，便和苏祗婆共同研究，以吹笙的高音来与琵琶在转调中的音高一一核对，经过长期的探讨实践，终于使西域龟兹乐律的"五旦七声"理论演变成"旋宫八十四调"，对我国后世音乐的发展产生了不可磨灭的贡献。

上，苦苦思索改革乐制的办法。忽然一阵动人的琴声吸引了他，他走进一家西域酒店，只见一位高鼻深目、相貌堂堂的西域乐师在演奏琵琶。只听琴声和谐，七声音阶掌握得非常纯熟。郑译连忙向旁边的人打听这位乐师的姓名，才知道他就是杰出的龟兹音乐家苏祗婆。他十分高兴，当即向苏祗婆求教，苏祗婆要郑氏拜师才肯教，郑译当即下拜，苏祗婆也倾囊相授，使郑译成为当时的大师。

对中国音乐的影响

苏祗婆带来的西域乐舞对中原音乐的发展产生了重大影响。龟兹乐有七个音阶，

延伸阅读

琴曲的名字

琴曲的名字一般叫做某某畅、或者某某引、某某弄和某某操。古琴曲有五曲九引十二操。五曲：一为鹿鸣、二为伐檀、三为驺虞、四为鹊巢、五为白驹。九引分别是：烈女引、伯妃引、贞女引、思归引、霹雳引、走马引、箜篌引、琴引、楚引。十二操则是：将归操、猗兰操、龟山操、越裳操、拘幽操、岐山操、履霜操、朝飞操、别鹤操、残形操、水仙操和襄陵操。据说猗兰操是孔子在卫国时所作，岐山操是周太王所作，实际上这些曲子的作者仅为托名，况且大多散失，仅剩下美丽的名字令我们遐想。

第三讲 音乐艺术

秦王破阵乐：豪迈苍凉的大曲

> 秦王破阵乐是中国唐朝宫廷乐舞，传说为唐太宗李世民所创，是最著名的歌舞大曲之一。最初用于宴享，后来用于祭祀，属武舞（与文舞相对）类。

燕乐

汉代以后，宫廷或贵族举行重大宴会的时候，都会采用大型歌舞来助兴。这类宴会音乐多称为"宴乐"或"燕乐"。通常，燕乐有广义与狭义之分，广义的燕乐，如宋人沈括在《梦溪笔谈》中所说："先王之乐为雅乐，前世新声为清乐，合胡部为燕乐。"是指汉族俗乐与外来（外国或外族）音乐的总称。狭义的燕乐则专指唐十部乐的第一部，即张文收所作的燕乐。燕乐所使用的主要乐器有琵琶、箜篌、筚篥、笙、笛、羯鼓、方响等。

燕乐中包括多种音乐形式，如声乐、器乐、舞蹈、百戏等。其中歌舞音乐在隋唐燕乐中占有最重要的地位。多段的大型歌舞曲叫做大曲，如隋代称《七部乐》《九部乐》，到唐代发展为《九部乐》《十部乐》。"部"是表演单位，相当于"队"。唐玄宗时，又根据表演形式将燕乐分为《坐部伎》和《立部伎》，其中，《坐部伎》共六部，用于室内演出，《立部伎》共八部，用于室外表演。室内表演的人数较少，最少的时候3人，多的时候12人；室外表演的人数最少也要60人，最多能到180人。从表演顺序看，宴会往往先演奏《坐部伎》和《立部伎》的音乐，然后再进行其他节目的表演。

从音乐种类上看，隋唐燕乐中最主要的部分来自少数民族和外国的音乐，在这种融合中，汉族传统乐器和少数民族的乐器相互配合，少数民族的曲调配上了中原地区的

◆ 乐舞图（唐代壁画）

歌词，不同的乐种相互交流，既带来了音乐总体上的繁荣，又充分保留了各民族各地区的音乐精华。

唐代大曲

唐朝的燕乐中，最突出最辉煌的是大曲，这是在乐府音乐和外来音乐的基础上，经过乐师们的创造而发展起来的，综合了歌唱、器乐和舞蹈的大规模音乐，它完成于唐代的开元、天宝年间（713—755年），集中地代表了燕乐的全部艺术成就。

《秦王破阵乐》是唐时著名的歌舞大曲，最初乃是唐代初年的军歌，唐武德二年（620年），秦王李世民打败了割据势力刘武周，巩固了刚建立的唐政权。于是，他的将士们遂把旧曲填入新词，为李世民唱赞歌："受律辞元首，相将讨叛臣。咸歌《破阵乐》，共赏太平人。""四海皇风被，千年德水清；戎衣更不著，今日告功成。""主圣开昌历，臣忠奉大猷；君看偃革后，便是太平秋。"

李世民十分喜欢这支军歌，贞观七年（633年），他亲自设计了《秦王破阵乐舞图》，据图可知，舞队的左面呈圆形，右面呈方形；前面模仿战车，后面摆着队伍，队形展开像簸箕伸出两翼、作成打仗的态势。唐太宗叫吕才按图教授给128位乐工，经常穿甲持戟练习。此曲就是这场乐舞的主题曲。

发展及影响

《秦王破阵乐》在当时有着很大的名气，甚至传到了外国。玄奘大师到达印度

◆ 汉代墓壁上的战争舞蹈

后，印度国王召见他时就曾经问起此曲。武则天时期日本遣唐使节粟田正人将其带回日本。

安史之乱以后，宫廷音乐衰退，宫廷乐工多散落民间。宋朝统一之后，虽然设立了教坊，沿用唐代旧曲，但宫廷内外演奏的大曲只是唐时盛况的一部分，而且规模大为缩减。宋代的大曲开始向歌舞剧演变，许多乐段逐渐变为曲牌，分散于词曲、戏曲、说唱和器乐中，大曲作为独立的音乐体裁则日渐消亡。南宋以后，音乐发展的主流转到市民艺术（戏曲、说唱、城市歌曲等）中，宫廷的燕乐和雅乐都失去了原有的发展势头。

延伸阅读

燕乐的衰落

安史之乱以后，唐朝的宫廷音乐衰落，宫廷音乐家们多流落民间献艺谋生。五代虽有恢复，但效果不佳。宋朝统一之后，沿用唐时的旧曲，但是逐渐成为祭祀音乐。以前的大曲曲调主要用来表演故事，如宋史浩《鄮峰真隐漫录》卷四十六所载的《剑舞》，是用《剑器》大曲表演楚、汉鸿门宴及杜甫、张旭观公孙大娘舞剑的故事。这表明宋代的大曲逐渐向歌舞剧的方向演变。之后，大曲慢慢消散，被词曲、戏曲、说唱、器乐取代。

霓裳羽衣曲：声韵华贵的大曲

> 唐代的"大曲"演出时歌、舞、器乐并用，场面宏大，色彩缤纷，是一种高度发达的宫廷音乐，它将我国音乐史上的歌舞音乐推向更高的发展水平，最具代表性的唐代大曲就是经唐玄宗改编的《霓裳羽衣曲》。

大曲在结构上具有一定的规律，如都由"散序""中序"和"破"三大部分构成，每一部分都由长短不等的歌舞组成。"散序"是第一部分，节奏比较自由，由没有节拍的器乐演奏；第二部分叫"中序"，一般为慢板，以歌唱为主，器乐伴奏，有的时候会加入舞蹈；第三部分称"破"，可以当作高潮段落理解，以舞蹈为主，器乐伴奏，有时候也加入歌唱。

据记载，唐代有四十六种大曲，节奏复杂，曲调丰富。大曲中有一部分叫做"法

◆《宫乐图》

曲"。"法曲"的出现最初和佛教音乐有关，是佛门弟子所创作的世俗大曲，后来又掺杂了一些道教音乐的成分，形成了一种清幽玄远的艺术风格。《霓裳羽衣曲》即《霓裳羽衣舞》，经由唐玄宗改编而成，是唐朝大曲中的法曲精品，唐歌舞的集大成之作。

《霓裳羽衣曲》传说

相传，李隆基梦见游月宫时，听到天上有仙乐奏曲，身穿霓裳羽衣的仙子翩翩起舞。仙女的歌声玄妙优美，跳舞的仙女舞姿翩翩。李隆基醒来后，还清清楚楚地记得梦中的情景。他很想记录下来梦中的乐曲，让乐工演奏，因此冥思苦想，陷入痴迷，但凡想起一点就立刻记录下来，就连白天上朝的时候，他怀中还揣着一支玉笛，一边听大臣读奏本，一边在下面偷偷按玉笛上的孔笛，寻找曲调，他为了仙曲都入迷了，可是还谱不全这首曲子。

有一次，李隆基来到三乡译，眺望着远处的儿女山，山峦起伏，烟云缭绕，他顿时产生了许多美丽的幻想。他想起了梦中听到的全部仙乐，于是立即在谱子上记录下来，创作了一部适合在宫廷演奏的宫中大曲。

之后，李隆基命令乐工排练《霓裳羽

◆《舞乐图》（唐代壁画）

衣曲》，令爱妃杨玉环设计舞蹈，为了让他们有个好的排练场所，李隆基在宫廷中专门建立梨园。

杨玉环和宫人日夜赶排，终于，练好了《霓裳羽衣曲》，并于一个盛大的节日上演出。细腻优美的《霓裳羽衣曲》仙乐奏起，杨玉环带着宫女载歌载舞，一个个宛如仙女下凡。

艺术成就和传承

《霓裳羽衣曲》是被唐玄宗引为得意的作品，最初只是在宫廷表演，后来玄宗在华清池见杨玉环，曾演奏《霓裳羽衣曲》以导引。当时，大臣张说《华清宫》云："天阙沉沉夜未央，碧云仙曲舞霓裳；一声玉笛向空尽，月满骊山宫漏长。"唐文宗时，几百名宫女组成的大型队伍表演《霓裳羽衣曲》。唐代大诗人白居易有一首《霓裳羽衣歌》，生动、形象地描绘了《霓裳羽衣曲》表演时的盛况和大曲的结构形式，在描写此曲的高潮时，有"繁音急节十二遍，跳珠撼玉何铿铮"的句子，说《霓裳羽衣曲》的高潮段落节奏快捷，曲调繁复，共演奏了十二遍，像珍珠在跳动，像玉石在震颤，声音是何等铿锵。

《霓裳羽衣曲》构思精妙，乐调优美，以后各藩镇也纷纷排演此曲。唐末天下纷乱，大批宫廷乐人流落到民间，《霓裳羽衣曲》便被带到民间。以后，随着唐王朝的衰落崩溃，一代名曲《霓裳》竟然"寂不传矣"。后来，此曲几乎被人淡忘。

五代时，南唐后主李煜得残谱，补缀成曲，并曾一度整理排演，但已非原味了。南宋时期，姜夔旅居长沙，登祝融峰时在乐工的旧书中发现了商调霓裳曲的乐谱十八段，并为其中的一段填了一首新词，即《霓裳中序第一》，后来连同乐谱一起被保存了下来。

《霓裳羽衣曲》，是唐朝大曲中的法曲精品，唐歌舞的集大成之作。直到现在，它仍无愧于音乐舞蹈史上的一颗璀璨明珠。

延伸阅读

《霓裳羽衣曲》

《霓裳羽衣曲》描写唐玄宗向往神仙而去月宫见到仙女的神话，其舞、其乐、其服饰都着力描绘虚无缥缈的仙境和舞姿婆娑的仙女形象，给人以身临其境的艺术感受。《霓裳羽衣曲》表明唐代大曲已有了庞大而多变的曲体，其艺术表现力显示了唐代官廷音乐所取得的巨大成就。通过白居易的《霓裳羽衣歌和微之》可看出，其乐队《霓裳羽衣曲》伴奏采用了磬（唐代指铜钵）、筝、箫、笛、箜篌、筚篥、笙等金石丝竹，乐声"跳珠撼玉"般令人陶醉。

恬淡虚静的佛教音乐

> 佛教音乐源于印度，魏晋间的佛教出现了与印度佛教音乐相异的形式，由中国人创制的佛教音乐，可视为中国佛教音乐的萌芽。到了唐代，中国佛教音乐在创作和演唱、演奏上均达到很高水平，进入了鼎盛时期。

佛教音乐是指在佛教寺庙中，僧人进行佛事弘法时的唱诵，也就是佛教称为"梵呗"的一种仪式音乐。

佛教音乐源于印度。公元前后，天竺的佛教音乐兴盛，后来随着佛教传入中国内地。印度佛教音乐在汉地流传中，因汉、梵语音不同，曲调难以通用和接受，为了便于弘扬佛法，使广大信徒所接受，音乐遂"改梵为秦"，用中国的音调来配唱汉译经文。相传最早改梵为秦的是三国魏曹植。《法苑珠林》中记载：曹植在鱼山游玩的时候，听到空中的梵天之响而"制转赞七声，升降曲折之响，世之讽诵，咸宪章焉"。魏晋间的佛教出现了与印度佛教音乐相异的形式，由中国人创制的佛教音乐，可视为中国佛教音乐的萌芽。

佛教音乐在中国的兴盛

南北朝时，民间吟唱赞偈甚为流行，佛教中涌现了一些有民族文化和艺术修养的僧人，在慧皎的《高僧传》和道宣的《续高僧传》等书中，记载了南北朝至唐初的许多擅长佛教音乐的高僧，如智周、慧明、法称、真观、道照、慧琚、昙宗、道慧等。据传，他们皆"尤善唱导，出语成章""声韵锤铃""唱说之功，独步当世"。此外，梁武帝萧衍积极倡导佛教音乐，也是其流行的重要原因之一。他还开

◆ 《伎乐天》（敦煌壁画）

◆ 金刚铃（佛教乐器之一）

影响

佛教音乐对于中国民间说唱音乐、音韵学以及乐律、音阶和字谱学的发展，都产生了重要的影响。另外，崇奉佛教的音乐家和民间音乐艺人，还创作过不少宣传佛家思想的非宗教仪式所用的声乐作品和器乐作品，如琴曲《普庵咒》，说唱音乐"宣卷""宝卷"的早期作品和现代名僧弘一所作的《三宝歌》等。佛教和佛教音乐传入中国以后，经过僧人们的长期探索和实践，逐渐地和宫廷音乐、民间音乐、宗教音乐相融合，形成了恬淡虚静的风格，成为中华民族音乐的一部分。尤其是自中唐以后禅宗的出现，佛教音乐对传统文人的理想、文艺创作、审美情趣都产生了重大的影响。

创了童声演唱佛曲的"法乐童子伎"，让"童子倚歌梵呗"，又多次举办"无遮大会"，为中国佛教音乐创作、传播，提供了有利的场所和条件。这一时期，各地的佛教音乐创作，因方言、地方音乐和风俗习惯的不同而风格各异。

唐代，西域音乐广泛传入中原地区，唐太宗在宫廷宴请百官时，经常演奏《燕乐》《清乐》《西凉乐》《天竺乐》《安国乐》《疏勒乐》《康国乐》《高丽乐》《龟兹乐》《高昌乐》十部乐。其中《天竺乐》《西凉乐》《龟兹乐》等西域音乐均和佛教音乐有密切的关系，也是当时中原最为流行的音乐。同时，中国佛教音乐在创作和演唱、演奏上都达到了很高的艺术水平，进入了鼎盛时期。

延伸阅读

鱼山梵呗寺

鱼山梵呗寺是中国佛教梵呗（佛教音乐）的发源地，坐落于山东东阿县城南20公里处的黄河北岸，为雄伟泰山西余脉，因形似甲龟静卧，山顶有座鱼蓝观音庙而得名鱼山。坐北朝南，其直入东流的九曲黄河。该寺始建于曹魏时代，扩建为寺于唐，兴于明朝隆庆年间，是当时的佛教圣地，佛教界尊为梵呗祖庭——被誉为"佛乐第一刹"，其一副对联颇为神妙：来鱼山胜境，江河玄武炎黄子孙五千，去梵呗音源，独占鳌头观音赐福八斗。

瓦市勾栏与说唱音乐

宋代城市经济发达,被上层所把持的音乐开始走向民间,形成了宋代遍布市井的勾栏瓦市。瓦市勾栏的出现,对中国戏曲的形成,具有重要意义。这是民间艺人向市民观众长期卖艺的地方,各种技艺之间可以互相交流、吸收。同时,说唱、戏曲等多种民间音乐艺术得到较大的发展,尤其是综合艺术戏曲的产生。

音乐走向民间

市民音乐的勃兴是宋代音乐的一个重要特征。宋代的农业和手工业非常发达,商品流通空前活跃,出现了许多大都市。城市里出现了大量的娱乐场所,汇集了大批专业艺人,推动了音乐在城市的发展。随着城市经济的繁荣,大量人口涌入城市,市民阶层逐渐扩大,并逐渐成为社会的中间力量。以往供达官贵人享乐的音乐,如今成为市民欣赏的对象。这一时期,音乐走出宫廷,繁荣于民间,由贵族化逐渐趋于平民化。

为了适应表演的需求,北宋出现了"瓦市"和"勾栏"。起初只是简单的表演场所和观看场所,类似草台班子,后来逐渐完善。宋代,就已经有了类似在路边场地表演杂技、说唱故事、杂剧等为生的卖艺人,俗称"路歧人"。他们表演不卖票,而是邀人观看,一个节目结束或是演到了关键时刻的时候停住,向观众收费,然后继续表演。

在"勾栏"内表演的艺术品类十分丰富,其中有关音乐的就有诸宫调、杂剧、嘌唱、唱赚、鼓子词等多种。这些都是宋以后新出现的音乐门类。宋朝的大城市内的勾栏,可以供艺人演出杂剧及诸宫调、傀儡戏、影戏、讲史、杂技等,有的可容纳数千人。

◆ 垣曲宋金墓砖雕(此砖雕反映了宋金时期娱乐的发展,以及职业的娱乐人员)

◆ 古代舞台

音乐的平民化

宋代，音乐的形式也产生了相应变化。为了适合市民阶层的品位，唐代的大型歌舞不再流行，取而代之的则是说唱、戏曲等多种民间音乐艺术，尤其是综合艺术戏曲的产生，使中国音乐的主流从此由唐以前的歌舞音乐转为宋以后的戏曲音乐。因此，有人称宋代是中国音乐发展史上的一个转折期。

嘌唱和唱赚都是艺术歌曲。所谓嘌唱，乃是指取现成的令曲小词，经过变奏、变调处理而进行演唱的音乐品种。而唱赚则是指选择一些流行的歌曲组织在同一宫调内，在前边加上引子，后边加上尾声，歌词从头到底都只用一韵，即唱赚所唱，是一宫、一韵、多曲外加头（引子）尾（尾声）的歌曲。唱赚所选用的曲调，有大曲（宋大曲，其歌词是长短句，和唐大曲歌词为五、七言不同；曲调也有了变化，和唐代已经有所不同）、曲破（宋大曲与曲破是分成两类的）、嘌唱、番曲（外族音乐）等，这些曲调也就成了曲牌。唱赚的伴奏乐器有笛（横笛）、鼓、板。唱赚首先将曲牌连缀组合，并由此而创造出一种新的曲式结构。

诸宫调

11世纪时，在北宋首都汴京（今河南开封）瓦市勾栏内卖艺的泽州（今河北平泉附近）人孔三传首创诸宫调，它比鼓子词前进了一大步。孔三传所创的诸宫调的主要特色在于结构，它把同一宫调（调高）的一些曲调（即曲牌）联合成一组；而各组之间的宫调却不相同（所以叫做"诸宫调"）。其曲牌来源于唱赚（包括宋大曲）、词曲及当时的民歌。诸宫调在曲牌组合、宫调转换、体式变化等多方面作出的总体性创造，为中国音乐发展史树起了一块里程碑。

延伸阅读

宋代的剧场——瓦舍

宋代的剧场叫"瓦舍"，也叫"瓦子""瓦市"。瓦舍里设置的演出场所称勾栏，勾栏的原意为曲折的栏杆，在宋元时期专指集市瓦舍里设置的演出棚。瓦舍的规模很大，大的瓦舍有十几座勾栏。

勾栏的建造形制借鉴了当时神庙戏台的一些特点，设立戏台和神楼，又考虑了对观众的安置建造全封闭的形制，四周围起，上面封顶，演出可以不考虑气候和时令的影响。在勾栏的内部，一面建有表演用的高出地面的戏台，戏台上设有乐床。其后是戏房，戏房通往戏台的通道称为"古门道"或"鬼门道"，其他面则是从里往外逐层加高的观众席，叫"腰棚"。其中正对戏台而位置较高的看台又叫"神楼"。观众席里又有最上等的座位叫"青龙头"，位于靠近戏台左侧的下场门附近。勾栏实行商业化的演出方式，对外售票。它的出现标志着中国剧场的正式形成。

曲子词：豪放婉约并秀

> 词是"曲子词"的简称，就是歌词的意思，是一种配合音乐用以歌唱的诗体。"词"作为这种诗体的专称，是比较后起的。在唐代，这种新诗体被称为"曲子词"。后来发展过程中，又有了诗余、乐府长短句等别名。归纳起来，这许多名称主要是分别说明词与音乐的密切关系，及其与传统诗歌不同的形式特征。

曲子词的发展

隋唐时期新兴起的民歌称"曲子"，其中包括汉族和其他民族的民歌，后来乐工也模仿创作曲子。如今，仅敦煌发现的曲子歌词就有五百多首，涉及的调名有七八十种。曲子词的句式为长短不等的句式，即杂言。从曲式结构来看，曲子词有单曲，也有多段的大曲。从演唱方式来看，曲子词已经逐渐脱离原始朴素的民歌形态，加入了唱和等形式。在音乐的表达上，同一曲牌常常可以抒写不同的内容。因此，这种能包容各种内容，又便于记忆和流传的特别格式，后来流布很广，而且一直延续到现代。

曲子虽然有创作的成分，但多数是为较为固定的曲子填写歌词的。为乐曲填写歌词恐怕历史比较久远，到汉乐府以后，这方法已经常被采用了，只是一直带有随机性，并不能成其为一个专门门类。隋唐以后，情形有了变化，随着社会政治的变革，经济的发展，社会结构的变化，音乐开始从王公贵族的豪门深院走向庶民社会，这就使得一般民众取得了较多的享有音乐的权利，而为曲子填词正是适应这一社会需求的很好选择。当时，为曲子填词者五花八门，有工匠、乐

◆《大唐乐伎图》中国美术馆藏

工、歌伎,也有文人僧人和贵族。从歌词来看,其内容包括军役、爱情、婚姻等当时生活的方方面面。

宋代曲子词

宋代的曲子词从艺术风格上,大致分为豪放派与婉约派。豪放派以苏轼、辛弃疾为代表,婉约派则以柳永、李清照、姜夔等为代表。宋人对于这两种风格曾经有过一个十分有趣的描述。据南宋俞文豹《吹剑续录》载:有一次,苏轼问一位擅长歌唱的幕士,自己的词和柳永的词相对比有什么差别,那位幕士答得十分巧妙,他说:"柳郎中词,只合十七八女子,执红牙拍板,唱杨柳岸、晓风残月;学士词须关西大汉,执铁板,唱大江东去。"这则故事,形象贴切地表明了两种不同词风的对比。

柳永作为婉约派的代表,多写慢词与长调。为了适应音乐的重复与变化,慢词长调一般分为上、下两阕。为了使音乐形式和文学内容巧妙地结合起来,柳永多采用上阕烘托背景、下阕抒发感情的结构,使得情感和音乐相交织,产生了极佳的艺术效果。这种曲子词适合慢板低吟,婉转缠绵,曲意不尽,如《雨霖铃》:"寒蝉凄切,对长亭晚,骤雨初歇。都门帐饮无绪,方留恋处,兰舟催发。执手相看泪眼,竟无语凝噎。念去去、千里烟波,暮霭沈沈楚天阔。多情自古伤离别,更那堪、冷落清秋节。今宵酒醒何处?杨柳岸、晓风残月。此去经年,应是良辰好景虚设。便纵有、千种风情,更与何人说?"生动地描绘出了一幅依依惜别的图景。

与婉约词的缠绵悱恻不同,豪放派的词则充满了一派英雄豪情。如苏轼的《念奴娇·赤壁怀古》:"大江东去,浪淘尽,千古风流人物。故垒西边,人道是,三国周郎赤壁。乱石穿空,惊涛拍岸,卷起千堆雪。江山如画,一时多少豪杰。遥想公瑾当年,小乔初嫁了,雄姿英发。羽扇纶巾,谈笑间,樯橹灰飞烟灭。故国神游,多情应笑我,早生华发。人间如梦,一樽还酹江月。"表达了一种环视古今的壮士情怀,充满了豪情与豪气。

从音乐的角度来看,婉约派更注重词曲的配合,因而十分讲究格律曲调,而豪放派则更加注重词本身的抒情写意功能,因此,不太注重曲谱。这也对于后来词逐渐脱离音乐,成为只读不唱的文学形式产生了一定的影响。

> **延伸阅读**
>
> ### 敦煌曲子词
>
> 20世纪初,大量五代写本在甘肃敦煌莫高窟(又称"千佛洞")发现。随之问世的唐五代民间曲词震惊了音乐界。它们是千年词史的椎轮大辂,内容广泛,形式活泼,风格繁富,有鲜明的个性特征和浓郁的生活气息,反映了词兴起于民间时的原始形态。敦煌词的辑本,有王重民的《敦煌曲子词集》,饶宗颐的《敦煌曲》,任二北的《敦煌歌辞总集》等。

潇湘水云：云水苍茫，声入九嶷

> 自宋以来，琴一直在文人中间传承不歇，明代以后，更刊印了大量的乐谱（包括乐器介绍、演奏技法和美学理论），琴乐的流传构成了中国音乐史上奇特的一页。《潇湘水云》便是我国古代琴乐的优秀之作。

宋代以后得到明显发展的一类"平民音乐"是"文人音乐"，主要是琴乐。

琴在汉末以后，产生过《广陵散》《酒狂》《幽兰》等流传至今的名曲。到了唐代，已经由地区或琴家风格的不同而有了吴声、蜀声、祝家声、沈家声等不同称号，出现了音乐流派的雏形。宋代以后，虽然因为宋太宗特别爱好琴和阮，使这两件乐器在宋代宫廷受到特别重视（因此而有"阁谱"），但是，琴本身的平民化并未减缓，几乎成为文人专习的乐器。宋代因演奏艺术的不同而形成了京师（汴京，今河南开封）、江西、两浙等流派。宋末时期，浙派已独占鳌头，该派的杰出代表人物是郭沔。

音乐家生平

郭沔（约1190—1260年），字楚望，浙江永嘉人。他一生主要活动于南宋淳祐年间，是南宋浙派古琴的创始人，追随他的学生有刘志方、徐天民、毛敏仲等。他创作了《泛沧浪》《飞鸣吟》《秋雨》《步月》等很多琴曲。而《潇湘水云》一曲则成为流传至今的著名作品，也是近世最受欢迎的琴曲之一。但是，郭氏原谱今已不存，最早收录此曲的是明朱权编撰的《神奇秘谱》，其解题曰：

是曲者，楚望先生郭沔所制。先生永

◆ 古人在山林间弹琴

◆ 董源《潇湘图》（局部）

嘉人，每欲望九嶷，为潇湘之云所蔽，以寓惓惓之意也。然水云之为曲，有悠扬自得之趣，水光云影之兴，更有满头风雨，一簑江表，扁舟五湖之志。

郭沔原为光禄大夫张岩的清客，整理了当时宫廷所收藏的琴谱以及张岩收集的许多民间琴曲（野谱），这为他日后的音乐创作打下了坚实的基础。张岩在朝廷支持宰相韩侂胄，主张抗金。开禧三年（1207年），韩侂胄发动开禧北伐，以失败告终。南宋政府遂以韩侂胄的头颅与岁贡30万同金人签订和约，张岩亦受累罢官。张岩曾想把韩侂胄的家传古谱和自己收藏的民间古谱，合编为琴谱十五卷。后来，他将这些谱交给了门客郭沔。郭氏后移居湖南，过着隐居的生活。他的代表作《潇湘水云》就是在这期间创作的。

创作源泉

潇水、湘水是古代湖南境内的两条河流，九嶷山位于湖南省宁远县南，相传舜葬于此，是人们心中的圣地。其时，郭氏隐居湖南，常在二水合流处游航，每当远望九嶷山为云水所蔽，见到云水奔腾的景象，便引起他对山河残缺、时势飘零的感慨，于是作《潇湘水云》，以寄眷念之情。

《潇湘水云》一曲，借潇湘合流、云水苍茫的景色，抒山河破碎、身世飘零的感慨，旋律开阔，起伏跌宕，至今依然不失为琴家绝唱，为众多琴家所推崇。几乎文人均有弹奏，多家琴谱相沿刊载。在古琴曲中，不论是思想内容、曲式结构还是技术技巧，它都较为完善、完整。

延伸阅读

姜夔

姜夔，宋代音乐家、词人，别号白石道人，世称姜白石。代表作品有《扬州慢》《凄凉犯》《白石道人歌曲》等。他的词集《白石道人歌曲》中有17首自度曲，并注有旁谱，琴曲《古怨》中并注明指法，是流传至今的唯一完整的宋词和乐谱合集的宝贵资料。正是由于他保存了17首乐谱，因而在音乐史上地位重大。

海青拿天鹅：惊心动魄的琵琶曲

> 宋元时期，琵琶已经出现了很多的"品"，著名的琵琶谱有《六幺》《胡渭州》等。《海青拿天鹅》产生于元代，流传至今已有六七百年的时间，是目前能确定创作时间最古老的琵琶谱。

琵琶是个有趣的乐器名字，很形象也很贴切。琵是向外弹，琶是向里拨，这一"琵"一"琶"，莺语流泉般的声音便悦了耳，赏了心。

琵琶曲

多年来，中国形成不少琵琶流派，著名的有浙江、直隶、无锡、浦东、平湖和崇明等派，同一乐曲，各派在乐谱、指法和演奏风格等方面都各有特点。无锡派的代表人物华秋苹，擅琴兼唱昆曲，好诗词、篆刻、绘画，通医学，曾以行医为业，是一位极具智慧和远见的艺术家。他认为，曲谱一向为各派内师徒间直接授受，乐曲始终没有能够用以广泛传播的、集大成的曲谱，而在传抄过程中，常有"鲁鱼亥豕之讹"，致使琵琶的演奏艺术受到限制，这对琵琶艺术的发展是很不利的。

清朝乾嘉时期，尽管流派众多，但中国琵琶大体分为南、北两系，南以浙江陈牧夫为代表，北则以直隶王君锡为翘首。华秋苹往南趋北，向当时的两位大家陈牧夫和王锡君学习两派的秘谱，学成回到无锡后，他与同人华映山、华子同、朱右泉、薛愚泉等一起合作，在虚心听取裘晋声、陈梅樽、蔡开基等无锡派前辈意见的基础上，采集考订辑成了《南北二派秘本琵琶谱真传》三卷，

◆《鹰击天鹅图》（明　殷偕）

于嘉庆二十三年(1818年)初刻刊印,是我国第一部印行的琵琶曲谱。

琵琶曲又可以分为文曲、武曲、大曲,文曲优雅端庄写意,武曲豪迈奔放写实,大曲则兼而有之。相比来说,不同曲风尤其各自的优点,让人难以取舍。不过,琵琶最让人印象深刻的还是它所表现的惊天动地的搏击场面,比如《海青拿天鹅》。

《海青拿天鹅》

海青也被叫做"海东青",是雕的一种,猎人经常用它来捕猎天鹅等鸟类。《海青拿天鹅》描绘了勇猛的海青在天空与天鹅交锋,经过激烈的搏斗,把天鹅击落的情景,反映了中国古代北方民族的狩猎生活。元代的杨允孚会在《滦惊杂咏》中咏叹听了此曲的心情:"为爱琵琶调有情,月高未放酒杯停。新腔翻得凉州曲,弹出天鹅避海青。"

《海青拿天鹅》是目前能确定创作时间的最古老的琵琶谱。此曲在明代简称《拿鹅》,明代琵琶名手张雄以善弹此曲著名。1818年刊行的华秋苹编《琵琶谱》、1895年刊行的李芳园编《南北派十三套大曲琵琶新谱》均载此曲,称《海青拿鹤》。1860年鞠士林编《闲叙幽音》琵琶谱(抄本)载此曲,称《平沙落雁》。1926年刊行沈浩初编《养正轩琵琶谱》所载曲谱,较为流行。

全曲共有十八段,主题鲜明,结构完整,以合尾的形式贯穿全曲。在演奏上,《海青拿天鹅》属于武套乐曲,但要求运用文套技法较多,左手多用吟挽,右手讲究音量、音色的控制。凡轮子弦带挑缠弦时,将缠弦在品上摆动,表现天鹅鸣唳之声,并多处运用拼弦、扫弦技法,以描绘海青与天鹅搏斗的激烈场面。该曲运用了多种琵琶演奏技巧,具有强烈的艺术表现力,明代李开先在其《词谑》中对这首曲子的演奏有生动记载。

从元代以来,这首曲子除了作为琵琶曲流传外,也被全部或片段地作为器乐合奏曲演奏,如清康熙三十三年(1694年)抄本、北京智化寺音乐曲谱中有《放海青》《拿鹅》两曲;清嘉庆十九年(1814年)蒙古族人荣斋编《弦索备考》中有《海青》一曲。其他民间吹打曲谱中也有《海青》《鹅儿》两曲,可见其流传之广。

延伸阅读

李开先

李开先(1502—1568年)明嘉靖年间著名戏曲家、文学家。从小聪明过人,琴棋书画样样精通,尤其喜欢金元散曲及杂剧。嘉靖七年(1528年)考中举人,次年考中进士,始在户部云南司主事,先后两次奉命运军饷去宁夏边防。嘉靖十三年(1534年)被调往徐州监管广运仓,不久又调往吏部,官至太常寺少卿。嘉靖二十年(1541年)夏天,由于受到权臣的忌恨,被削官罢职,放归故里。

人称李开先有"三好",即好戏曲、好藏书、好交友。他与王慎中、唐顺之、陈束、赵时春、熊过、任瀚、吕高等并称"嘉靖八才子"。作有传奇《宝剑记》及院本《园林午梦》等。所作又有《词谑》,辑录并评选散曲及杂剧曲文,保存不少明代音乐史料。

第三讲 音乐艺术

十面埋伏：雄浑壮武琵琶曲

《十面埋伏》以我国历史上的楚汉相争为题材，描绘刘邦和项羽在垓下决战的情景。乐曲主要歌颂了楚汉战争的胜利者刘邦，尽力刻画"得胜之师"的威武雄姿，全曲气势恢宏，充斥着金戈铁马的肃杀之声。

琵琶在中国的历史可以说是源远流长，魏晋南北朝至隋唐期间，琵琶作为整个乐队的领奏，上至宫廷乐队，下至民间演唱，都是不可缺少的一种乐器。明清时期，琵琶艺术更是得到了较大发展，出现了很多演奏名家，演奏风格上也有了南、北派之分。清代嘉靖年间出版了中国第一部琵琶谱集《华秋苹琵琶谱》，收录了数十首琵琶曲。其中流传最广的便是《十面埋伏》。

垓下之战与《十面埋伏》

《十面埋伏》是一首以历史事件为题材的大型琵琶曲，描绘了楚汉相争中垓下之战的情景：公元前202年，西楚霸王与汉王刘邦在垓下（今安徽灵璧县东南）展开决战，刘邦起用韩信为大将，以30万汉军的绝对优势把10万楚军紧紧包围在垓下楚营内。

夜间时分，刘邦的谋士张良让那些会楚地方言的汉兵用箫吹楚曲，唱楚歌，以此来动摇楚军军心。项羽听到楚歌后以为西楚已失，被困的楚军思乡心切，斗志全失，四处溃逃，项羽身边也只剩下千余人。于是，他决定黎明突围，返回江东。项羽的爱妾虞姬知道难以和他一同突出重围，遂自刎于军中。

项羽骑着乌骓马，带领800余骑兵，终于杀出重围，渡过淮水时，跟随他的骑兵只有百余人。到达阴陵（今安徽定远县南）时又迷了路，陷入沼泽地区，到达东城（今安徽和县北）时身边只有28个骑兵相追随。在他身后，汉军一直在追杀，项羽引兵上了一小山（此山现在安徽和县北70里处，后被称为"四马山""九头山"），与汉军冲战数

◆ 琵琶

◆ 项羽庙雕像

次,最后逃到乌江边,只剩他一人一骑。此时,他自感无颜再见江东父老,自刎而死。

乐曲内容

《十面埋伏》属于琵琶中的武曲,全曲采用章回结构,共分为十三段(汪煜庭传谱):一为列营;二为吹打;三为点将;四为排阵;五为走队;六为埋伏;七为鸡鸣山小战;八为九里山大战;九为项王败阵;十为乌江自刎;十一为众军奏凯;十二为诸将争功;十三为得胜回营。

乐曲从战争的准备阶段开始(从列营到走队),节奏由慢渐快,以琵琶模拟战鼓声、浑厚雄壮;接着是一段吹打乐,全用轮指演奏模拟号角声。然后进行排阵、点将等,这都是古战争中必有的内容。

真正精彩激烈的在作战部分(从埋伏到九里山大战):埋伏表现了伏兵重重,楚军被围得水泄不通的情景,然后是在鸡鸣山进行一段小规模作战,到九里山大战则是全曲的高潮,运用琵琶高超复杂的绞弦技巧真实地再现了战争的惨烈:兵刃相击声、马蹄声、人仰马嘶声、呐喊声等,惊心动魄,让人振奋。

最后的结局:项羽自刎,刘邦得胜回朝,音乐结束。全曲气势恢宏,充斥着金戈铁马的肃杀之声。

延伸阅读

项庄舞剑,意在沛公

秦朝被推翻后,项羽在鸿门(今陕西临潼附近)设宴"招待"功臣刘邦。在宴会上,项羽的谋士——亚父范增几次示意项羽趁机杀掉刘邦以除后患,但项羽因不忍而不予理会。于是,范增便让项庄以舞剑助兴为名,想借机刺杀刘邦。刘邦的谋臣张良看到形势紧迫,就出外召樊哙说:"现在项庄拔剑舞,其意常常在沛公。"于是樊哙持剑闯入宴会厅,当面呵斥项羽不守信义,项羽被樊哙的壮士气势所折服,因而与其对饮。刘邦借故脱离险境。

散曲：元代俗谣俚曲

元曲是同唐诗、宋词相并列的艺术形式，它包括散曲和杂剧。散曲，元人称为"乐府"或"今乐府"。散曲之名最早见于明初朱有燉的《诚斋乐府》，不过该书所说的散曲专指小令，尚不包括套数。散曲的产生与词产生的情形十分相似，摇篮是民间的俗谣俚曲。

散曲的形成

散曲是一种同音乐结合的长短句歌词，经过长期酝酿，到宋金时期又吸收了一些民间流行的曲词，尤其是少数民族乐曲的传入与中原音乐的融合，导致传统的词和词曲无法适应新的音乐形式，于是逐步形成了一种新的诗歌形式。

散曲的"散"是与元杂剧的整套剧曲相对而言的。如果纯以曲体抒情，与科白情节无关的话，就是"散"。散曲是一种可以独立存在的文体，它有三个特点：一是散曲在语言方面，既需要注意一定的格律，又吸收了口语自由灵活的特点，因此往往会出现口语化以及曲体某一部分音节散漫化的情况。二是在艺术表现方面，散曲比近体诗和词更多地采用"赋"的方式，加以铺陈叙述。三是散曲的押韵比较灵活，可以平仄通押，句中还可以衬字。北曲衬字可多可少，

◆ 马致远故居陈列馆

南曲有"衬不过三"的说法。衬字，明显的具有口语化、俚语化，并使曲意明朗活泼的作用。

散曲类型

散曲或称为"清曲""今乐府"。它有三种基本类型：小令与套数，以及介于两者之间的带过曲。

所谓小令又叫"叶儿"，其名称源自唐代的酒令。其基本特征是单片只曲，调短字少。但还有一种联章体又称"重头小令"，则是由数支小令联合而成，此等小令应该是同题同调，内容相联，首尾句法相同，每首小令可以单独成韵，最多可以达百支。

"套数"，又被称为"套曲""散套"或"大令"，是从唐宋大曲、宋金诸宫调发展而来的。其定制一般有三个特征：一是全套必须押韵相同；二是有尾声；三是同宫调的两个以上的只曲连缀而成。套曲以其较长的篇幅表达相对复杂之内容，或抒情，或叙事，或抒情叙事兼而有之。

小令和套数是散曲的两种主要形式，前者短小精悍，后者富丽雍容，但除此之外，还有一种带过曲。所谓带过曲，乃是由同一宫调的不同曲牌组成的曲子，如《雁儿落带得胜令》《骂玉郎带感皇恩采茶歌》等，曲牌最多不超过三首。带过曲属于小型曲组，和套数相比，容量小得多，而且还没有"尾声"。它只是小令与套数之间的特殊形式。

创作概况

元代散曲以元成宗大德年间为界，可以分为前、后两个时期。前期作家主要集中在北方的大都，有关汉卿、马致远、白朴等人。代表性作品有马致远的《夜行船·秋思》、关汉卿的南吕《一枝花·不伏老》、张养浩的中吕《山坡羊·潼关怀古》等。他们的作品比较质朴，较多地保持了民间歌曲质朴自然的特色。元代后期，散曲的创作中心转移到南方，代表作家有张可久、乔吉等。和前期作品相比，后期作品更为清雅典丽，更为追求形式美。张可久的散曲则清楚地显示了散曲雅化的趋势，元后期曲风的转变，张可久是一个转折人物。乔吉与张可久齐名，有"曲中李杜"之誉。

延伸阅读

关汉卿的《一枝花·不伏老》

关汉卿是著名的散曲作家。他的散曲现存套数12，小令35，其中南吕《一枝花·不伏老》是其代表作。关汉卿以生动活泼的比喻，写书会才人的品行才华，具有民间曲词那种辛辣恣肆和诙谐滑稽的风格。"我是个蒸不烂、煮不熟、捶不扁、炒不爆响当当一粒铜豌豆，恁子弟每谁教你钻入他锄不断、斫不下、解不开、顿不脱慢腾腾千层锦套头。我玩的是梁园月，饮的是东京酒，赏的是洛阳花，攀的是章台柳。我也会围棋、会蹴鞠、会打围、会插科、会歌舞、会吹弹、会咽作、会吟诗、会双陆。你便是落了我牙、歪了我嘴、瘸了我腿、折了我手，天赐予我这几般儿歹症候，尚兀自不肯休。则除是阎王亲自唤，神鬼自来勾，三魂归地府，七魄丧冥幽，天啦，那其间才不向烟花路儿上走！"这正是关汉卿坚韧、顽强性格的自画像。正是这样的性格，使他能够终身不渝地从事杂剧创作，写出一篇篇惊天地、泣鬼神的伟大作品。

明代民歌和小曲

明代的民歌形式多样，数量众多，呈现出一片蓬勃发展的景象。其社会影响力令人刮目相看，一些比较开明的文人对此做出了高度的评价。明代的卓柯月更将当时的民歌小曲同唐诗、宋词、元曲相提并论，称其"为我明一绝耳"（陈宏诸《寒夜录》）。

明代民歌的整理

现存最早的明代民歌集子，为成化年间金台鲁氏刊行的《新编四季五更驻云飞》《新编题西厢记咏十二月赛驻云飞》《新编太平时赛赛驻云飞》《新编寡妇烈女诗曲》四种。

嘉靖以来，出现了一些收有民歌作品的文学选本，如张禄选辑的《词林摘艳》、郭勋选辑的《雍熙乐府》、陈所闻选辑的《南宫词纪》、龚正我选辑的《摘锦奇音》，以及熊稔寰选辑的《徽池雅调》等，都或多或少地载录了一部分民歌。这一方面说明当时民歌创作趋于繁盛，另一方面也意味着选辑者对那些民间俗曲时调的重视。

晚明时期，对民歌收集整理表现出极大热情的是冯梦龙。冯梦龙在《序山歌》中说："山歌虽俚甚矣，独非郑、卫之遗欤？且今虽季世，而但有假诗文，无假山歌，则以山歌不与诗文争名，故不屑假。苟其不屑假，而吾藉以存真，不亦可乎？"这不仅道出了冯梦龙对民间俗曲的肯定态度，也可以说是从去伪存真的角度对他所编辑的民歌的创作特征作了总体概括。冯梦龙投入了大量的精力编辑了两部明代民歌专集《童痴一弄·挂枝儿》和《童痴二弄·山歌》。《童痴一弄·挂枝儿》收录的是明万历前后流行起来的民间时调"挂枝儿"，其中只有极少数为冯梦龙和他朋友的拟作。《童痴二弄·山

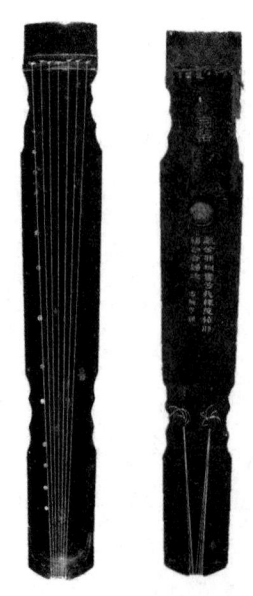

◆ 流传于世的明代古琴

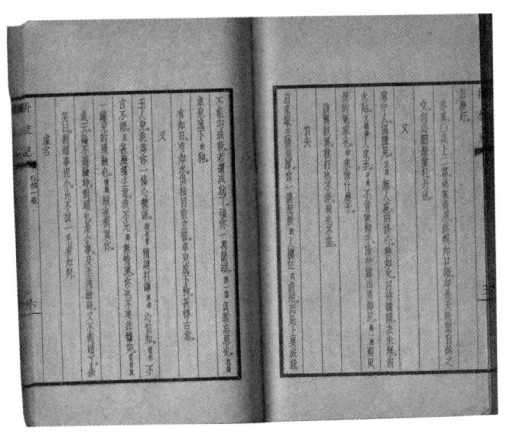

◆ 冯梦龙《童痴一弄·挂枝儿》

歌》多用吴语，是现存明代民歌中保存吴中地区山歌数量最多的一部专集。这两部民歌集从一个侧面反映了明代尤其是晚明时期下层民众的生活风貌。

民歌的特点

明代民歌在世俗文学发展史上具有重要地位，其内容与艺术形式大致有以下几个特点：

一是真实地描绘出了社会平民阶层的各种世情俗态，具有浓烈的民俗味道。《挂枝儿》的《谑部》、《杂部》以及《山歌》的《杂咏长歌》中不少篇目就属于此类作品。

二是热烈歌咏青年男女自由的爱情生活。《挂枝儿》和《山歌》中很大一部分是情歌，它们往往用大胆率真的口吻来表露男女主人公对爱情的强烈渴望和执着追求。

三是形象刻画、语言运用等艺术手法丰富新颖，表明明代的民歌创作技巧进一步趋于成熟。

明代的民歌小曲流行广泛，特别是明代中叶以后的城市小曲，像《闹五更》、《罗江怨》《哭皇天》《银绞丝》《打枣竿》《寄生草》《挂枝儿》等曲调，"不问南北，不问男女，不问老幼良贱，人人习之，亦人人喜听之，以致刊布成帙，举世传颂，沁人心腑"（沈德符《万历野获编》）。

明代民歌繁盛的原因

民歌的繁荣，和当时文学审美趣味的变化有着紧密的联系。从明朝中期起，城市工商经济不断发展，市民阶层逐渐壮大，像民歌这样直接反映民众生活而又具有鲜活艺术生命力的俗文学，受到广大民众尤其是市民阶层的喜爱。一些文人士大夫经过耳濡目染，也对昔日不登大雅之堂的民间俗曲另眼相看，如李开先称其"语意则直出肺肝，不加雕刻"，"情尤足感人"（《市井艳词序》），冯梦龙则将它们看作是"借男女之真情，发名教之伪药"（《序山歌》）。

延伸阅读

冯梦龙和"三言"有什么关系？

冯梦龙（1574—1646年），明代戏曲家、通俗文学家。字犹龙，别署龙子犹，又号墨憨斋主人。他年少时就很有才气，和哥哥冯梦桂、弟弟冯梦熊并称为"吴下三冯"。冯梦龙一生在科举上不得意，57岁才补了一名贡生，61岁被选往福建寿宁知县。因此，他发愤著书，将主要精力贡献给搜集、整理通俗文学的事业。在小说方面，他完成了《喻世明言》《警世通言》《醒世恒言》的编选工作，还增补了长篇小说《平妖传》，改作了《新列国志》，编辑过《古今谭概》《情史》等笔记故事。他所编选的"三言"代表了明代拟话本的成就，是中国古代白话短篇小说的宝库。

第四讲

舞蹈艺术

神秘的原始乐舞

> 原始时期，乐舞并不成其为社会分工对象，原始社会不存在专职的乐工，乐舞一般是部落社会的全体社会活动。严格地说，到大约公元前21世纪夏代建立以后，乐舞才真正作为一种社会分工，从社会劳动中独立出来。

原始时期的音乐和舞蹈密不可分，这大概是世界各民族历史上共有的现象，中国也不例外。最迟从公元前11世纪开始的周代起，中国已称这种音乐、舞蹈混合的艺术形式为"乐"，甚至在音乐、舞蹈各自成为独立的艺术后，"乐"仍既可以指舞蹈，也可以指音乐，一直保持着它的模糊词义。今天"乐"专指音乐，所以学者通称原始时期的"乐"为"乐舞"。现存的原始岩画非常生动地描述了原始乐舞的场面，那是一种群体的歌舞活动。据后来文献保留下的片段"记忆"可知，原始乐舞的举行跟祈求丰收等祭祀是"一而二，二而一"的，因此其中必然包含有生产活动的再现成分。

一般认为中国乐舞从社会劳动中分化出来始于夏朝，传说夏代初期的国君启和最后的国君桀，都曾用大规模乐舞供自己享乐，说明有夏一代，社会已造就出一大批专职的乐舞人员，这正是乐舞作为艺术而独立于社会的标志。

由于原始乐舞和原始巫术、祭祀等活动结合无间的缘故，人们对乐舞乃至一些乐器所抱有的神秘思想可能产生很早。国家产生以后，统治者便会利用音乐加

◆ 舞蹈纹盆

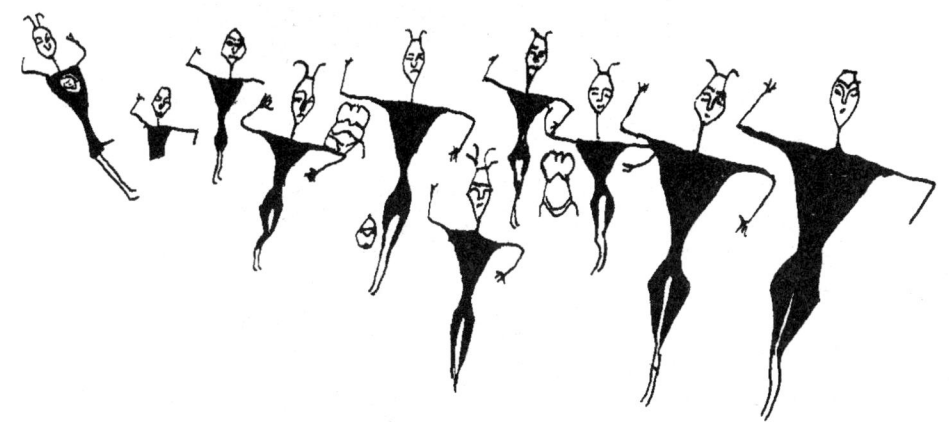

◆ 原始时代岩画（新疆呼图壁康家石门子沟）

强神秘性，以便加强其统治。保存下来的一些音乐神话故事便是这种社会背景下的产物。传说分为章节的大型乐舞《九辩》《九歌》都是夏代天子"启"从天上得来的。从出土的战国初年（公元前5世纪）的乐器上，还能看到启的图像，似乎他那时已具有司音乐之神的地位了。

传说黄帝得到一种长得像牛，名字叫夔的动物，使用它的皮蒙鼓，用雷兽的骨头做鼓槌，敲打起来，"声闻五百里"。黄帝曾用这面鼓扬威天下。夔和雷兽都是想象中的神奇动物。那时的鼓，实际上和后世一样，多蒙牛皮，但也不乏用鼍（今称扬子鳄）皮的，因此鼍也成了神话材料。后来，夔转化为主管音乐的"人"（神）。蒙鼓的夔成为主管音乐的神，应该看作是支配节奏的鼓这件乐器在乐舞中具有主宰作用的曲折反映。

延伸阅读

原始舞蹈的起源

原始舞蹈是随着人的意识的觉醒，社会结构的变化与阶级的形成演变而来的。中国经夏商到周代，祭祀仪式逐渐与巫术分离。在官廷形成了体现国家政治礼法和祭祀的乐舞；在民间，对祖先、神祇的祭祀仪式也渐渐与巫术分离，形成节庆中的群众性歌舞活动。保留在官廷乐舞与民间歌舞中的一部分原始舞蹈发生了变化，如单纯的模拟渐由象征性动作取代，形成动作节奏统一的集体歌舞；反映战争的一部分演变成角抵戏，一部分演化为军械舞蹈如弓矢舞、盾牌舞和有队列变化的舞蹈，表现性爱的舞蹈日渐文明，形成官廷中的女乐舞蹈或民间的婚礼舞蹈，图腾装饰的原始舞蹈也渐渐演化为后世的面具舞蹈和龙舞等道具舞蹈。

对原始舞蹈的起源，中外学者有各种认识，如起源于游戏、巫术、性爱、劳动等。中国舞蹈史学研究中的多数意见是：劳动创造了人的形体，还特别创造了人的思想，使舞蹈成为文化而区别于动物的本能动作，具有反映客观世界的功能。

华丽的"百戏"歌舞

> 百戏是古代乐舞、杂技表演的总称。秦汉时期称"百戏",隋唐时叫"散乐",唐宋以后为了区别于其他歌舞、杂剧才改称为"杂技"。百戏源于夏商,始于春秋战国,秦代形成,两汉时期广泛发展。西汉之前主要在宫廷表演,东汉在民间广为流传。百戏包括各种杂技、幻术、装扮人物的乐舞。

先秦"百戏"中舞蹈的发展

先秦时期舞蹈仍然没有完全独立成一种艺术,大多和其他表演形式相结合,我国古代典籍记载,先秦的娱乐性表演已经非常丰富,如《列子·说符》中就记载了许多表演形式。战国时,各国的统治阶级让倡优(伴奏、歌舞和说唱表演人才)演出助兴,已经成为了一种时尚。秦始皇统一六国后,不但把各国诸侯的钟鼓搬到咸阳宫中,还把六国诸侯宫廷中善于歌舞的艺人当作战利品集中于咸阳,演出"角抵俳优之戏"。百戏乐舞中有一种装扮人物乐舞,由数十甚至上百人装扮成巨鱼和巨龙及各种巨兽,表演大型舞蹈,有的带有简单的故事情节,例如文献中记载的"东海黄公"故事。

汉代"百戏"中的舞蹈发展

到了汉代,演艺已相当丰富,除了角力相斗的"角抵戏"和说、唱、表、舞的"优人戏"外,舞蹈基本上成了"百戏"中独立的部分。汉代的科学家兼文学家张衡在《西京赋》中就记载了各种杂戏节目,包括大型歌舞《总会仙唱》的演出,他对《总会仙唱》的演出场景作了动人的描写:"华岳峨峨,冈峦参差;神木灵草,朱实离离。总会仙唱,戏豹舞熊,白虎鼓瑟,苍龙吹篪。女娥坐而长歌,声清畅而蜲蛇;洪涯立而笔麾,被毛羽之。度曲未终,云起雪飞;初若飘飘,后遂霏霏。"

从汉墓壁画《百戏图》中可以看到,汉代"百戏"演出的场景是十分宏伟的:左上角一人是在表演"跳丸跳剑舞",即一边跳舞一边耍弄四把剑、五个球,这是舞蹈和

◆ 舞蹈玉人

◆ 《宴饮百戏图》（汉墓壁画）

杂技相结合的一种表演艺术。第二人则在表演"戴竿"，即用一根十字形的长竿顶在额上，长竿上的一根横木两头，有两个小孩，全身倒悬，正在表演翻转。竿的顶端有一个圆盘，一个小孩用腹部在圆盘上旋转。画面右侧，有乐队演奏；还有表演爬竿、走索，表演龙舞、鱼舞、凤舞的人；另有三匹马拉着一辆"戏车"，车上有击鼓、吹箫等奏乐的人，车上竖起的一根高竿上，竿顶端的盘上有一个小孩子正在表演倒立……真是洋洋大观，目不暇接。

《对舞图》和《歌舞图》

汉墓砖刻《对舞图》和《歌舞图》最能体现汉代的舞蹈和歌剧，表演细致入微，引人入胜。《对舞图》中，一个人耍弄花瓶，随着音乐节奏舞蹈，另外一个人则徒手跳舞；下面一组是两个对着跳舞的人，右边的一个是女的，穿得好像是仙女模样，上身细腰、宽袖，下身倒大裤脚管，手持彩练飞舞奔逃，左边一个伴舞者是彪形大汉，粗眉大眼，张牙舞爪，打扮成魔鬼状，在追赶前面的仙女，情节富于神话色彩。《歌舞图》中，两个歌剧演员以"歌"代"说"，边歌边舞，彼此展开一场矛盾冲突，难分难离的"对话"，神情面貌优美、生动、自然，着实扣人心弦。两幅砖刻画中，对侧座、后座音乐伴奏者的刻绘，亦各有神情风度，平添光彩。

延伸阅读

百戏与杂技

百戏与杂技的关系是最为密切的。百戏中的许多动作，如倒立、柔术、钻圈等，都可以在现在的杂技中看到影子。汉代的倒立，也叫倒植，有据地倒立，也有在樽、鼓、高竿、戏车、马背、叠案上倒立的，其中在叠案上倒立又称"安息五案"。也许这种倒立的杂技是受到西域表演艺术的影响。柔术是指腰腿反弓的柔软功夫，现在的杂技节目中也有很多这种表演，如高台叼花等。

百戏中还有一类以手技为主的耍弄技术，如跳丸、掷剑、耍坛、旋盘、舞轮等。现代杂技中这类杂耍也很普遍，如转碟，同时耍弄许多刀剑、火炬、小球、碗盏等。

千姿百态的魏晋舞风

魏、蜀、吴三国鼎立的局面结束于西晋王朝后，接着又陷入东晋与十六国、南朝与北朝的对峙局面。这一时期，舞蹈的发展主要贯穿在《清商乐》发展脉络和"女乐"舞蹈活动线索之中。这两方面的发展情况，无不体现着这一特定时期乐舞文化的交流融合。

宫廷舞蹈《清商乐》

《清商乐》是魏、晋、南北朝俗乐舞的总称。《清商乐》最早是曹魏时期统治阶层喜爱的女乐歌舞，属于专业性质的表演性乐舞。当时设置女乐机构"清商署"，专门负责管理编排这类乐舞。曹氏三祖（曹操、曹丕、曹睿）都曾经写过清商曲辞。《清商乐》包括乐曲、歌曲和舞曲。西晋灭吴，统一三国后，仍保留了清商署女乐机构。西晋武帝十分喜欢《清商乐》，因此，《清商乐》在宫廷中一直发展着。东晋政权南迁，《清商乐》随之传到了江南地区。江南长江流域地区的民间歌舞"江南吴歌"和"荆楚西曲"与《清商乐》相互融合，使《清商乐》和江南地方民间歌舞都得到进一步的发展。江南民间歌舞丰富了《清商乐》内容，《清商乐》既包括原来的中原旧曲及汉魏杂舞，又新添了"江南新声"等。

北魏统一北方十六国后，南进到淮汉地区，得到中原旧曲和江南"吴歌""西曲"等，于是，北朝也有了《清商乐》。

《清商乐》是统治阶级贵族阶层专门享乐的女乐歌舞，被统治阶级所维持蓄养。伴随曹魏时期经晋代，直至南北朝，在这一分裂割据和相对统一的历史进程中，《清商乐》代代流传。直至唐代，还仍然是保留节目。

《清商乐》的特色

《清商乐》的表演，布景和服饰方面都十分奢华。舞人穿轻罗雾縠般的舞衣，长宽舞袖，身佩玉缨瑶珰，脚踏珠靴，腰系翠带，舞尽艳姿，容似娥婉。舞袖技巧和轻盈步态以及眉目神情的运用，成为其特征。

◆ "三曹"塑像

这一时期具有代表性的舞蹈还有《前溪舞》；表现"鸿门宴"内容的舞蹈《公莫舞》；表现"昭君出塞"内容的《明君舞》；以鸟羽为道具的舞蹈《翳乐》；执道具的舞蹈《拂舞》；另外《清商乐》还包含了一些前代留下来的舞蹈，如《巾舞》《鞞舞》《铎舞》《巴渝舞》《白鸠舞》《神弦歌》《白　舞》等，《白纻舞》最为出名，曾获得当时很多文人的诗文赞颂。

魏晋时期女乐盛况

魏晋以来，统治阶级依仗权势，纵情享乐之风炽盛不衰。统治阶级享乐之风的产物——"女乐"歌舞，由此大盛。在这一阶段，曹魏时期的"铜雀伎"歌舞，就是典型例子。曹操生前十分喜爱歌舞，筑铜雀台，集歌舞艺人于铜雀台上表演。曹操死前立遗嘱，要求在他死后，每月十五在陵墓前为他表演"铜雀伎"歌舞。晋武帝时，荆州刺史石崇，家中养女数千人。石崇令其家伎佩金戴玉，互相挽着衣袖绕堂上楹柱而舞，昼夜不断，连绵相接，称为《恒舞》。石崇家有舞伎绿珠，是当时著名舞人，擅长表演《明君舞》。另外贵族高阳王元雍也热爱舞蹈，"出则鸣驺御道，文物成行，铙吹响发，笳声哀转；入则歌姬舞女击筑吹笙，丝管迭奏，连宵尽日"。高阳王元雍家有美姬，能歌善舞，一个擅长《渌水歌》，一个善舞《火凤凰》。

汉魏时期，由于长期分裂割据，迁徙流动，各族人民大量涌入中原地区，民族间的乐舞文化交流频繁。汉代张骞出使西域以来，"胡乐""胡舞"不断传入中原。曹魏

◆ 晋代墓壁舞蹈（局部）

时，"胡舞"已经渗透在汉族生活中，大才子曹植就会跳胡舞。北周武帝娶突厥人阿史那为皇后，《康国乐》随之传入中原地区，还带来了后世风靡一时的"胡旋舞"。

延伸阅读

绿珠

绿珠（？—300年），今广西博白县双凤镇绿罗村人。为中国晋代十大美女之一。她美丽端庄，能歌善舞会诗，以跳"昭君舞"最为出色。

西晋太康年间，石崇为交趾采访使，途经博白地，看到绿珠的美貌，内心十分羡慕，便用三斛明珠聘她为妾，并在皇都洛阳建造金谷园，内筑"百丈高楼"，可"极目南天"，以慰她思乡之愁。赵王司马伦专权，党羽孙秀垂涎绿珠姿色，便派人向石崇索取，遭到了石崇拒绝。后来孙秀在赵王司马伦面前陷害石崇，并领兵围金谷园，准备强夺绿珠，她遂坠楼自尽。

像风一样的胡旋舞

> 胡旋舞是唐代最盛行的舞蹈之一。此舞的传入,史书中多有记载,主要来自西域的康国、史国和米国等。胡旋舞奔腾欢快,多旋转蹬踏,故名胡旋。伴奏音乐以打击乐为主,与它快速的节奏、刚劲的风格相适应。《胡旋舞》是通过丝绸之路传入的舞种。

《胡旋舞》是西北少数民族舞蹈。唐代舞蹈主要分健舞、软舞两种,健舞主要表现矫健之美;软舞主要表现柔和之美。《胡旋舞》属于健舞。胡旋舞的特点是动作轻盈、急速旋转、节奏鲜明。

唐代曾在西域康国(今乌兹别克共和国撒马尔罕一带)设置康居都督府。《新唐书·西域传》也记载了当时西域康国、史国、米国等,都曾向宫里送胡旋女的事。长安城里,一时胡旋舞风靡,成为当时最为流行、最为时髦的胡舞。

唐玄宗和胡旋舞

唐玄宗李隆基对胡旋舞十分偏爱,他的宠妃杨玉环和宠臣安禄山,为了取悦于玄宗,也常常在宫廷上眉飞色舞地跳胡旋舞。杨贵妃胡旋舞跳得极为出色,所谓"天宝季年时欲变,臣妾人人学圆转,中有太真外禄山,二人最道能胡旋"(白居易《胡旋女》)。作为女子,能为胡旋,不足为奇。安禄山作为男子"作胡旋舞,疾如风焉",则比较稀罕。这是因为安禄山是胡人,从小

◆ 杨贵妃(清 康涛)

学习,自然娴熟。据说唐玄宗还因为安禄山

◆ 热爱胡旋舞的唐玄宗和杨贵妃

会跳胡旋舞，而对他大加宠信。

史载，安禄山体重三百余斤，腹垂过膝，走路时需要侍从"以肩膊左右抬挽其身，方能移步"。又一次他拜见唐玄宗，唐玄宗听说他会跳胡旋舞，当即命令他跳一曲，安禄山领命进入"舞池"，以脚点地，随着音乐旋转起来。刚开始，他转得较慢，但过了一会儿，他就变成了一只高速旋转的陀螺，以致玄宗等人已经看不清他的脸，所见到的只有一个超大的肚皮转个不停，简直像风一样。定住身子后，唐玄宗不住叫好，指着他的豪华肚皮好奇地问："你腹中装的是什么？"安禄山不失时机地拍马屁说："没有其他东西，只有一颗忠于陛下的心。"玄宗大喜，居然叫他"禄儿"，安禄山便借此认比他小20多岁的杨贵妃为干娘，由此"安史

之乱"的乱源也就产生了。

白居易诗中的胡旋舞

诗人白居易和元稹都有描述胡旋舞的诗歌，从诗中可以看出，胡旋舞的舞者多为女子，有独舞，也有三四人舞，后来也有男子跳的。白居易写长诗《胡旋舞》，将胡旋女的姿态神情跃然纸上：胡旋女，胡旋女心应弦，手应鼓。弦鼓一声双袖举，回雪飘摇转蓬舞。左旋右转不知疲，千匝万周无已时。人间物类无可比，奔车轮缓旋风迟。曲终再拜谢天子，天子为之微启齿。胡旋女，出康居，徒劳东来万里余……诗中说，胡旋女在鼓乐声中急速起舞，像雪花空中飘摇，像蓬草迎风飞舞，连飞奔的车轮都觉得比她缓慢，连急速的旋风也逊色了，左旋右旋不知疲倦，千圈万周转个不停。转得那么快，观众几乎不能看出她的脸和背，可谓道出了胡旋舞的特点。

延伸阅读

杨玉环和胡旋舞

杨玉环，号太真，陕西华阴人，她生得丰满艳丽，是盛唐典型的美人。天宝四年（公元745年），唐玄宗封她为贵妃。杨玉环不仅姿容绝代，还擅长吹笛、击磬、弹琵琶，会跳各式舞蹈，她跳起舞来快速多变，尤其是胡旋舞最为精彩，令唐玄宗为之倾倒。有一次，杨贵妃领着一群胡旋女在玄宗面前跳起胡旋舞，她们穿着彩虹一样美丽的衣裳，戴着饰有变幻无穷的翡翠花冠，姣美的身姿旋转起来像柳絮那样轻盈，玉臂轻舒，裙衣斜曳，飘飞的舞袖传送出无限的情意，唐玄宗看到高兴之处，接过鼓锤，忘乎所以地为贵妃击鼓，竟把羯鼓都击破了。

矫健豪放的胡腾舞

> 胡腾舞是从西域传入中原的一种男子独舞,流行于北朝至唐代,当时深得中原贵族赏识,风靡一时。其特点是既雄健迅急、刚毅奔放,又柔软潇洒、诙谐有趣。主要舞蹈动作包括勾手搅袖,摆首扭胯,提膝腾跳,以腿脚功夫见长。

胡腾舞的传人

"胡腾舞"是流传于西北地区的一种民间舞蹈。唐代宗时,河西、陇右一带20余州被吐蕃占领,原来杂居在该地区的许多胡人流落异乡,有的以民族歌舞谋生,有的以做边贸生意为生。每当交易谈成时,双方便饮酒作乐,胡人遂趁兴起舞,于是,"胡腾舞"在河西走廊一带流传开来。"胡腾舞"集中体现了东西文化的融合,是西域各族文化与中原文化在河西走廊共同孕育的结晶。经过不断的加工提炼,"胡腾舞"受到河西各族人民的喜爱,并很快风靡唐都长安,同时还被引入宫廷,成为宫廷乐舞。

胡腾舞的特点

唐代诗人刘言史在《王中丞宅夜观舞胡腾》中描述了胡腾舞的特点,从"石国胡儿人见少,蹲舞尊前急如鸟""跳身转毂宝带鸣,弄脚缤纷锦靴软"等诗句可知,胡腾舞以迅急敏捷、腾踏跳跃见长,故名"胡腾"。唐代诗人李端在《胡腾儿》一诗中说:"胡腾身是凉州儿,肌肤如玉鼻如锥。"他们所描绘的人物形象及衣饰装束告诉我们,胡腾舞主要由胡人表演,表演者头戴缀珠的尖顶帽子,身着窄袖"胡衫",腰束葡萄花纹的长带,足蹬软靴,舞时卷起衣襟。胡腾舞以致礼的方式作先导,"帐前跪作本音语",就是这种舞蹈前的仪式。而这种仪

◆ 胡腾舞(雕塑)

◆ 胡腾舞（墓壁石刻）

式至今在维吾尔族舞蹈中还可见到。李端《胡腾儿》诗："醉却东倾又西倒，双靴柔弱满灯前。环行急蹴皆应节，反手叉腰如却月。"故而又有人称胡腾舞中另有一种表演形式为"醉胡腾"。

胡腾舞的节奏较快，伴奏音乐自始至终都以欢快跳跃的旋律作为基调。舞者以急促多变、纷繁复杂的舞步及高难度的腾跃、空转、大幅度的弯腰等技巧动作为其特征，舞姿矫捷豪放、刚中有柔、刚柔相济。其雄健的舞风令观者"四座无言皆瞠目"。

胡腾舞的风靡

唐代胡腾舞曾风靡中原朝野，故而在各地的文物古迹中留有许多生动的形象。如河南安阳县北齐范粹墓出土的黄釉瓷扁壶上，有一幅反映胡腾舞的舞蹈图像：图中五个男性，鼻高目深，三人是伴奏者，各拿乐器演奏，另外一人鼓掌（也可能是打节拍），还有一个人站在中间正挥动两臂踏步而舞。再如，甘肃山丹县境内出土的一只"胡腾舞铜人"，高10.5厘米，连座高13.4厘米，舞者深目高鼻，头戴胡帽，身穿窄袖长袍，着皮靴，身背盛水葫芦，右臂提举，左臂垂前，右腿上提，作舞蹈状。另如故宫博物院所藏的北朝绿釉印花人物扁瓶上，有一幅表现胡腾舞的舞蹈图像，那急促跳跃的瞬间动态，真实地再现了胡腾舞的历史风姿。

宋代宫廷舞蹈中也有胡腾舞的英姿，其队舞小儿队中的醉胡腾队舞，是在继承唐代胡腾基础上编制的队舞，至今中亚及新疆一带传统民间舞蹈中，仍保存了与之风格特点相近的男子舞蹈。

延伸阅读

胡腾舞黄釉扁壶

胡腾舞黄釉扁壶，1970年出土于河南省安阳县的一座北齐墓葬中，扁体、圆口，细颈，肩有双系钮，通体施黄釉，模制。其形状显然是仿製了西域皮囊壶。在壶腹两面，模印着同样的"胡腾舞"图，画面的中央是一舞蹈者，头戴尖顶帽，身穿窄袖翻领长衫，腰系宽带，衣襟披在腰间，足套长统靴，正回首、摇臂、扭胯、提膝，做扭动踢踏舞蹈状。其右侧立二人，一人执钹，一人弹琵琶。左侧一人吹横笛，一人击掌伴唱。五人均深目高鼻，著胡服，显系西域胡人。据专家考证，该图表现的是西域"胡腾舞"。

唐代的健舞与软舞

健舞是中国唐代广泛流行于宫廷贵族、士大夫家宴及民间堂会上的表演性舞蹈。节奏明快，矫捷雄健，动作力度大。软舞是广泛流行于宫廷、贵族士大夫家宴及民间的小型表演性舞蹈。舞姿优美柔婉，节奏舒缓，正好和健舞相反。

健舞

古籍《教坊记》和《乐府杂录》记录了许多健舞名目：《柘枝》《胡腾》《剑器》《胡旋》等。《柘枝》是从西域传入中原的，为女子独舞，伴奏以鼓为主。舞女时而舞袖低垂，时而舞袖飞扬，配以刚健明快的舞步，身上的金铃发出有节奏的响声。《剑器》即剑舞。《胡旋》和《胡腾》都是西北及中亚一带的舞蹈，从北周至隋唐，经丝绸之路传入中原，前者以急速如风的旋转为特征，后者以急促多变的腾跃为特征。

《剑器》舞姿健美、气势磅礴。唐代诗人杜甫的《观公孙大娘弟子舞剑器行》诗描写此舞蹈："如羿射九日落，矫如群帝骖龙翔。来如雷霆收震怒，罢如江海凝青光。"

《胡腾》从石国(今塔什干一带)传来，舞蹈以跳跃和急促多变的腾踏舞步为主。西安东郊出土的唐代苏思墓内的乐舞壁画，史家认为即是《胡腾》。男舞者的形象及腾跳落地，单腿独立的姿态，与唐诗中的描写很相似。（在《矫健豪放的胡腾舞》篇目中有详细内容）

◆ 公孙大娘舞剑器（雕塑）

《柘枝》是从西域传入中原的舞蹈，唐代卢肇的湖南观双柘枝舞赋中有"古也郅支之伎，今也柘枝之名"之句，郅支为西汉古城。《新唐书》作逻斯城（今中亚江布尔一带）《柘枝》原为女子独舞，舞时身着民族服装，足穿锦靴。伴奏以鼓为主，舞者在鼓声中出场。舞姿变化丰富。有时刚健明快，有时婀娜柔美；舞袖时而低垂，时而扬起，快速复杂的舞步，使舞者佩戴的金铃发出清脆的响声。舞蹈即将结束时有深深的下腰动作。

软舞

软舞是唐代广泛流行于宫廷、贵族士大夫家宴及民间的小型表演性舞蹈。舞姿优美柔婉，节奏舒缓，也有些快节奏的舞段。《教坊记》和《乐府杂录》中记载了许多软舞名：《垂手罗》《凉州》《绿腰》《屈柘枝》《回波乐》《兰陵王》《春莺啭》《借席》《乌夜啼》《甘州》等。其中《绿腰》《春莺啭》《凉州》《屈柘枝》流传广、影响大、技艺水平较高。

《绿腰》，又名《录要》或《六幺》等。著名软舞，亦属唐宋歌舞大曲之一。《绿腰》是女子独舞，以舞袖为主，节奏先慢后快，舞姿轻盈飘逸。五代画家顾闳中所绘《韩熙载夜宴图》，画有表演《六幺》的场面：舞者穿天蓝色长袖舞衣，表情含蓄、舞姿优美。

宋代教坊四十大曲中仍有《绿腰》名目。南宋官本杂剧中，有多种《绿腰》（《六幺》）调令，如《莺莺六幺》等。由此可见，《绿腰》音乐舞蹈均传至宋，亦被戏曲吸收。

《凉州》，又名《梁州》。唐代的凉州即今甘肃武威。软舞《凉州》是具有当地特点的乐舞。《凉州》是软舞曲，也是歌舞大曲之一。

《屈柘枝》，又名《屈枝》。《乐苑》载："羽调有柘枝曲，商调有《屈柘枝》。此舞因曲为名，用二女童，帽施金铃。转有声，其来也，于二莲花中藏，花坼而后见。对舞相占，实舞中雅妙者也。"属于软舞的《屈柘枝》与健舞《柘枝》在服饰和表演形式上已很不相同，大约是《柘枝》在流传中形成的新的表演形式。

延伸阅读

汉代后妃与长袖舞

长袖舞又称翘袖折腰舞，始于战国而盛于两汉，是汉代最流行的一种舞蹈。因为君王喜爱，后妃倡导，使得长袖舞在西汉风靡一时。史载，汉朝开国皇帝高祖刘邦的宠姬戚夫人善为长袖之舞，歌出塞、入塞、望归之曲。汉武帝刘彻的爱妃李夫人（李妍）出身于赵国的"故倡"之家，也擅长长袖之舞。汉成帝刘骜的皇后赵宜生，妖冶冷艳，也擅长长袖之舞，因其舞技高超轻盈如燕，后世以飞燕相誉。汉宣帝刘询的母祖翁颜也是一位长袖舞的高手。汉代几代后妃国戚，均以善舞著称。张衡在《舞赋》里形象地描述了这种舞姿："罗衣从风，长袖交横。绰约闲靡，机迅体轻。"

映日浴风的踏歌

踏歌，从民间传入宫廷，再从宫廷回到民间的舞蹈，其舞蹈形式一直是踏地为节，边歌边舞，这也是自娱舞蹈的一个主要特征。舞蹈《踏歌》除了以各种踏足为主流步伐之外，还发展了一部分流动性极强的步伐。于整体的"顿"中呈现一瞬间的"流"，通过流与顿的对比，形成视觉上的反差。

踏歌的源流

踏歌，这一古老的舞蹈形式源自民间，远在两千多年前的汉代就已兴起，到了唐代更是风靡盛行。所谓"丰年人乐业，陇上踏歌行"，它的母题是民间的"达欢"意识，而古典舞《踏歌》虽准确无误地承袭了"民间"的风情，但其仍偏守"古典"之气韵，一群"口动樱桃破，鬓低翡翠垂"的女子又如何于"陇上乐业"呢？《踏歌》旨在表现一种美人携手游春的踏青图。

踏歌的特点

踏歌以踏地为节，边歌边舞，在各种

◆ 《踏歌图》（局部）

踏足为主流步伐之外，还发展了一部分流动性极强的步伐，于整体的"顿"中呈现一瞬间的"流"，通过流与顿的对比，形成视觉上的反差。例如，有一组起承转合较为复杂的动作小节，分别出现在第二遍唱词后的间律和第四遍唱词中，舞者拧腰向左，抛袖投足，笔直的袖锋呈"离弦箭"之势，就在"欲左"的当口，突发转体右行，待到袖子经上弧线往右坠时，身体又忽而至左，袖子横拉及左侧，"欲右"之势已不可挡，躯干连同双袖向右抛撒出去。就这样左右往返，若行云流水，似天马行空，而所有的动作又在唱词中一气呵成，让观众于踏足的清新、俏丽中又品味出些许的温存、婉约，仿若"我"便是那舞者。

踏歌的体态

敛肩、含颏、掩臂、摆背、松膝、拧腰、倾胯是《踏歌》所要求的基本体态。舞者在动作的流动中，通过左右摆和拧腰、松胯形成二维或三维空间上的"三道弯"体态，尽显少女之婀娜。松膝、倾胯的体态必

◆ 《踏歌图》局部（宋 马远）

然会使重心下降，加之顺拐蹉步的特定步伐，使得整个躯干呈现出"亲地"的势态来。这是剖析后的结论，但舞蹈《踏歌》从视觉感上讲并未曾见丝毫的"坠"感，此中缘由在于那非长非短、恰到好处的水袖。《踏歌》中的水袖对整体动作起到了"抑扬兼用、缓急相容"的作用，将汉代的"翘袖"，唐代的"抛袖"，宋代的"打袖"兼融并用，体现了古拙、典雅的特点。

踏歌的美学观念

踏歌倡导诗、乐、舞三位一体的美学观念，处处充盈于作品的举手投足间。汉魏之风浓郁的《踏歌》，从舞台构图上尽显"诗化"的一面。如12位女子举袖搭肩斜排踏舞的场面，正是"舞婆娑，歌婉转，仿佛莺娇燕姹"。更为诗意的还在于处处渗透、蔓延出的情思，词曰："君若天上云，侬似云中鸟，相随相依，映日浴风。君若湖中水，侬似水心花，相亲相怜，浴月弄影。人间缘何聚散，人间何有悲欢，但愿与君长相守，莫作昙花一现。"（《踏歌》词）

《踏歌》所呈现给我们的史学和美学价值远远超乎作品本身的艺术成就，它将会在中国古典舞坛上占有一席重要的位置。

延伸阅读

踏歌图

"踏歌"是古代民间的一种娱乐活动，人们口唱欢歌、两足蹬踏，动作自由、活泼。《武进旧事·元夕》中有李笃房吟踏歌的诗句"人影渐稀花露冷，踏歌声度晓云边"。南宋画家马远的《踏歌图》即表现了村民的踏歌活动。

《踏歌图》是一幅山水人物画。画家表现雨后天晴的京城郊外景色，同时也反映出丰收之年，农民在田埂上踏歌而行的欢乐情景。图上段，画奇峰对峙，和松林掩映中隐约的殿阁飞檐、曲折长廊。中段空白，云烟迷漫，似乎表示山谷中还有蒙蒙细雨。下段近景，画巨石、溪流、石桥、疏柳、翠竹和低洼的稻田，还有踏歌而行的农人。

宋代的"队舞"和"舞队"

宋代舞蹈艺术上承隋唐，下启明清，是中国古代舞蹈发展史上的重要一环。按照服务对象的不同，大致可划分为宫廷舞蹈与民间舞蹈两大分支。"队舞"及"舞队"分别是两者颇具代表意义的舞种。

宫廷舞蹈——队舞

队舞是一种把大曲、诗歌、朗诵和舞蹈综合一体的舞蹈样式。"队舞"的名称在宋代以前就有，宋代很多队舞舞曲都脱胎于唐代舞蹈，如《柘枝》《剑器》《浑脱》《菩萨蛮》《解红》等，但是成为宋代"队舞"之后，即易名为《柘枝队舞》《剑器队舞》《玉兔浑脱队舞》《菩萨蛮队舞》《小儿解红队舞》。

队舞由官方负责供养、排演，主要为皇室家族及官僚士绅服务。大型队舞多于皇帝登基或喜庆节日，在宴会上和百戏、杂剧同台演出。

队舞的表演方式

队舞继承了唐代大曲特色而又有所创新。开场由竹竿子（又称参军色，是队舞的指挥者）引舞念致语，说明节目内容，曰"勾队"；中场，竹竿子和花心（担任独舞的主要演员）互相问答，曰"遣队"或"放队"；收场，又以竹竿子念致语，歌舞队（队舞的主体演员）和唱，后行（担任伴奏的乐队）吹奏作结。

整场舞蹈分若干场次，结构紧凑，安排巧妙，有群舞、独舞，有独唱、和唱，有吹奏，有对白。在道具服饰方面也更加美化，例如宫廷队舞《佳人剪牡丹》，则置牡丹于中央，诸从舞艺人"衣红色砌衣，戴金冠，剪牡丹花"（《宋史》卷142《乐志》）。衣服与牡丹的颜色还可以随舞蹈的不同改换。从舞蹈表现的内容来看，宋舞比

◆ 宋金时期表演用的舞台（山西）

◆ 宋朝都城东京（根据遗迹制作的沙盘）

唐舞更接近人间世界，队舞在刻画人物形象、表现故事情节方面有了较大的发展，很多队舞节目都取材于唐人小说，反映了男女之爱等人间情趣。

民间舞蹈——舞队

舞队是宋代民间舞蹈的一种，活跃于瓦舍、街巷、茶肆之间。宋代民间文艺丰富多采。北宋的汴梁、南宋的临安是政治、经济、军事、文化的中心，人口的集中、商业贸易的发展为市民文化的昌盛创造了条件。

像其他民间艺人一样，舞队演员的社会地位极低。平时在市井瓦市、勾栏演出，宫廷有事也常被召唤进宫。北宋曾一度把他们编入军制，称为"左右军"，领取微薄的钱粮糊口。女性在舞队演员中占有重要地位。与队舞演员相比，社会动乱对他们的影响较小，宫廷或官方艺人，一旦改朝换代往往星散，而这些民间舞队艺人，师徒相传，诸班社以宗族、家室为班底，具有较强的生存力。这对传统舞蹈节目的保留、舞蹈技艺的提高有很大益处。

舞队的特点

宋代舞队节目生动活泼、生活气息浓厚，或赞颂紧张、活泼的劳动生活；或揭露官场的黑暗、腐败；或再现传统的节庆风俗；或描绘兄弟民族的风土人情，取材广泛，娱乐性极强，为广大劳动大众所喜闻乐见。舞队艺人的水平高超，有的艺人能在高数十丈的竿子、横木上装鬼神、吐烟火。一场精彩表演，观者如云。

舞队和队舞比较

综观宋代以队舞、舞队为代表的舞蹈艺术，队舞属雅文化范畴，为适应宫廷和士大夫的旨趣，偏重形式和程序，雍容华贵、绮丽纤巧有余，而生动活泼、朴素健康不足；舞队则属俗文化范畴，朝气蓬勃，轻松愉快，根植于民间，题材广泛，为广大民众喜闻乐见。以队舞为代表的宫廷舞蹈程式化、固定化与以舞队为代表的民间舞蹈的商业化、大众化，从不同侧面为元明杂剧的繁荣奠定了基础。

延伸阅读

《东京梦华录》

《东京梦华录》是追述北宋都城东京开封府城市风貌的著作，由宋代孟元老所撰。孟元老于崇宁二年(1103年)随其父到东京，至建炎元年(1127年)北宋覆亡后南逃，在东京共生活了23年。晚年追忆昔日旧京的生活，写成《东京梦华录》十卷。

在《东京梦华录》中，孟元老用大量的笔墨，记录了当时东京民间和宫廷的"百艺"，并辟《京瓦伎艺》一目，详述了勾栏诸棚的盛况，及各艺人的专长。该书对宫廷教坊、军籍、男女乐工、骑手、球队也作了描绘，特别是春日宫廷女子马球队在宝津楼下的献艺，还有火药应用于"神鬼"、"哑杂剧"中增加效果等，给中国"百艺"史上留下了可贵的记录。

第五讲
戏剧艺术

盛况空前的百戏

> 汉朝社会经济繁荣、国力强盛，表演艺术发生重大变化，百戏的盛况，体现了蓬勃向上的社会风貌。"百戏"是中国对古代乐舞、杂技、曲艺等表演艺术的总称，她源于夏，上承夏商的祭祀乐舞、周代的"散乐"与"讲武"，下启汉魏至明清各代表演艺术。

百戏属于戏剧发展的雏形阶段，是汉朝对表演艺术的统称，包括音乐、舞蹈、杂技、魔术、角抵戏等。汉朝宫廷的各种庆典，以及民间节日庆典，都常常以百戏表演助庆。数百人乃至数千人同台演出，载歌载舞，形式热烈，场面壮观。随着西域胡风的渗入，赋予百戏更加活跃的生命力。

百戏起源于民间，由古老的社火、傩仪、巫舞等原始宗教仪典发展而来，秦朝开始传入宫廷，后来汉武帝大力倡导，在汉朝盛极一时。

元封三年（公元前108年），汉武帝在皇家园林上林苑举办了一场规模庞大的百戏集演，周围300里内的百姓都赶赴观看，一时万人空巷，成为当时京城的一大盛事。在汉武帝的倡导下，由宫廷乐府主持的百戏集演，每年举办一次，相沿成习，直至东汉仍然持续不断。后来，百戏又成为朝廷接待外国宾客的重要表演项目。

宫廷百戏集演的形式，很快影响到贵族阶层，庄园内举办宴乐聚会，百戏是必不可少的重头戏。

汉朝来自民间的杂技艺术，受舞蹈的影响很大，演出的动作从单纯显示惊险奇特的技巧，到讲究节奏感和优美感，并用音乐和舞蹈陪衬，渲染了艺术气氛。

◆ 百戏表演（和林格尔汉墓壁画）

汉朝杂技经常在宫廷表

◆ 百戏（山东沂南北寨村汉墓）

演，形式不断创新，技巧也不断提高。

来自罗马等地的魔术，在百戏表演中大放异彩，吐火、跳丸等节目，以新奇惊险的技巧，使中原人大开眼界，成为百戏中不可缺少的节目。

汉朝民间流行一种以逗笑为主的说唱表演，一般是由两人相对说唱逗乐，形式与现代滑稽戏或相声相似，但配合击鼓演唱，语言和动作滑稽而夸张。

说唱的表演者称"俳优"，身份低于歌舞乐伎。表演场地并不讲究，常在贵族庄园的楼门口就地表演。此外，这种表演没有融合在百戏中，具有独立的表演形式。虽然在宫廷中偶然也有演出，但尚未流行，属于不登大雅之堂的供街巷平民百姓观赏的表演艺术。

汉朝有一种化妆表演，以象征和写实结合的手法，利用竞技搏斗的动作，表演故事情节，称"角抵戏"。内容以历史故事为主，例如《二桃杀三士》《东王公与西王母》等。这种表演形式已具备了戏剧的基本要素。

延伸阅读

"百戏"的演出是什么样的?

东汉李尤担任过兰台令史，有一篇《平乐观赋》，对当时"百戏"的演出情景有生动的描述：在鼖鼓敲打的乐声中，百马驾车，齐奔而出。戏车上的幼童，在高挂的悬木上表演惊险的技巧动作。他们有时"连翩九仞，离合上下"，有时则在骏马疾驰中，倒挂翻越。大力士表演举重时，千钧重的铜鼎大刀，在他手上好像羽毛那样轻飘，钻圈表演者的身体像燕子那样灵活，在高空表演的走索者，像飞仙那样窈窕。其他还有"飞丸""掷剑""吞刀""吐火""仙人驾雀"等幻术和胡旋舞等乐舞、"侏儒巨人"的滑稽表演和骑马驰射的射箭表演等。最后，以精彩的大型歌舞"鱼龙曼延"结束。

第五讲 戏剧艺术

充满搏斗气息的角抵戏

角抵是古代一种较力游戏，主要通过力量的较量，用非常简单的人体相搏的方式来决出胜负。汉代角抵戏《东海黄公》已经具备了戏剧的一些重要特征，是戏剧发展的重要一步。

角抵的起源我们一直可以追溯到上古时代。到了秦汉时期，角抵活动非常盛行，但是当时的角抵已经不再是一种争斗相搏的手段，而是变成为一种带有一定表演成分的游戏活动。由于秦始皇怕民众造反，于是便罢武礼、息兵事，把角抵变成了一种寻欢作乐的游戏节目。

秦代角抵戏

秦始皇统一六国后，搜集各国民间乐舞，以观民风民俗和宴享娱乐，八方乐舞齐聚秦都咸阳，"后宫列女万余人，气冲于天"，遂创设乐府，并首倡"角抵"之戏。秦王朝虽然短暂，但却声势赫赫。始皇陵出土的乐府钟，为错金银钮，钟钮一侧刻篆书"乐府"二字，它是秦代乐府使用的乐器。"角抵"原出古代冀州（今河南、山西等地）一带，是祭祀蚩尤的"蚩尤戏"。传说，"蚩尤耳鬓如剑，头有角，与轩辕斗，以角抵人，人不能向，今冀州有乐曰'蚩尤戏'，其民两两三三，头戴牛角以相抵，汉造角抵戏盖其遗制也。"（任昉《述异记》）可见角抵的起源为原始社会的格斗——武舞，它反映了黄河流域黄帝领导的氏族与蚩尤领导的氏族间的一场激烈战争。

秦朝提倡徒手搏斗的角抵，在文艺史上开后世角抵百戏的先河，绵延至今并饮誉世界，功不可没。后来角抵戏发展为包括各

◆ 秦始皇像

◆ 《述异记》书影

种技艺的综合性表演，即秦二世在甘泉宫"方为角抵俳优之观"。

汉代角抵戏

到了汉代时期，角抵活动十分普及，尤其是在冀州一带民间，经常有这种游戏活动："其民三三两两，头戴兽角相抵，名唤'蚩尤戏'。"从这一记载将角抵称为"蚩尤戏"，以及角抵时要化妆的情况看，很明显角抵在当时已经成为一种富有娱乐性的游戏活动。《汉书·武帝本纪》中也有关于角抵戏的记载，据载当时的角抵戏规模宏大，轰动京城，老百姓们甚至宁愿跑几百里的路去观看助威，可见当时人们对于角抵游戏的喜爱。

《东海黄公》

《东海黄公》是西汉角抵戏中的一个节目，取材于民间故事。传说东海人黄公，年轻时练过法术，能够抵御和制伏蛇、虎。他经常佩戴赤金刀，用红绸束发，作起法来，能兴云雾，本领很大。到了老年，气力衰疲，加上饮酒过度，法术失灵。秦朝末年，东海出现白虎，黄公仍想拿赤金刀去镇服它，可是法术不起作用，反被白虎咬死。关中一带的民众根据这个故事编成节目来表演；后来汉朝皇帝把它采入宫廷，作为角抵戏的一个重要节目。东汉张衡的《西京赋》描写它演出时的情形是："东海黄公，赤刀粤祝，冀厌白虎，卒不能救，挟邪作蛊，于是不售。"

《东海黄公》表现人虎搏斗，但它不像一般的角抵戏那样，由两个演员上场竞技，以强弱决定输赢，而是根据特定的人物故事演出的一段情节。戏里人物的造型、冲突的情境、胜负的结局都是预先规定好的，其间还有举刀祝祷、人虎相搏等舞蹈化的动作。它第一个突破古代倡优即兴随意的逗乐与讽刺，把戏曲表演的几种因素初步融合起来，为戏曲的形成奠定了初步基础。

延伸阅读

涿鹿大战

上古时期，中国黄河、长江流域一带住着许多部落。其中黄帝是黄河流域最有名的一个部落首领，另外一个部族首领叫炎帝，他们共同维护黄河流域各族的安全。长江流域有一个九黎族，他们的首领名叫蚩尤，十分强悍，常欺凌其他各族。

有一次，蚩尤侵占了炎帝的地方，炎帝起兵抵抗，但被蚩尤杀得一败涂地，只好逃到黄帝所在的地方涿鹿请求帮助。黄帝于是联合各部落首领，在涿鹿的田野上和蚩尤展开一场大决战，这就是著名的"涿鹿大战"。

"滑稽"参军戏

> 唐代除了歌舞戏的铺衍，还有参军戏的兴起，它是在俳优表演的优戏基础上发展起来的，内容以滑稽调笑为主。参军戏的演法是：一个戴着幞头、穿着绿衣服，叫做"参军"；另外一个梳着"苍鹘"。参军戏对宋金杂剧的形成有着直接影响。

参军戏是中国古代戏曲形式，由优伶演变而成。开始是二人表演，至晚唐，参军戏发展为多人演出，戏剧情节也比较复杂，除男角色外，还有女角色出场。参军戏对宋金杂剧的形成有着直接影响。

《史记》中的滑稽记载

参军戏由"滑稽"表演发展而成，"滑稽"最早见之于文字的是两千多年前的《史记》，司马迁在《史记》中已经辟出《滑稽列传》专章，为滑稽艺人立传了。

◆ 司马迁

《史记》中记载的滑稽艺人称为"俳优"，是统治者的玩物，他们的表演以逗笑君王、为他们排遣无聊为目的。

在太史公笔下，优人的言辞行止才有了生动的描述。有一些俳优还善歌能舞，但俳优无不以他们独特的语言滑稽技巧为能事。俳优尽管有着高超的滑稽天赋，甚至有着某种言辞上的"豁免权"，但他们绝大部分时间和精力主要是根据帝王的个性，不断地设计谋笑的程式，但也体现了独立人格的成分，如优孟之谏马，优旃之谏大苑囿，谏漆长城等。在笑声中实现讽谏，可以说这是表演者人格独立的闪现。

《史记》记载的另一个"滑稽"故事是"河伯娶妇"。西门豹到邺担任地方官，当地三老勾结巫师敛财，借口河伯娶妇，令乡民每年交钱，还要挑选女童扔进河里，否则要遭水灾。西门豹上任后亲抵河上，对巫妪说，你选的女孩不好，烦向河伯通报，宽限我们几日，以便选更好的，然后把巫妪扔进河里，过了会说，怎么这么久没动

◆ 参军戏男立俑

静,再把其女弟子扔进河里,总共扔进河里三人。过不久又说:女弟子办事不力,请三老亲去,吓得三老跪地求饶。这段记载,与滑稽戏中的"以牙还牙"如出一辙。

唐代参军戏

唐代的"参军戏"是在俳优语言艺术的基础上发展起来的。唐人高彦休所著《唐阙史》中有一则利用同音字引起笑场的参军戏,题为《三教论衡》,大意如下:咸通中,优人李可及者……乃儒服险巾,褒衣博带,摄斋以升座,自称三教论衡。其隔坐者问曰:"既言博通三教,释迦如来是何人?"对曰:"是妇人。"问者惊曰:"何也?"对曰:"《金刚经》云:'敷坐而坐',或非妇人,何烦夫坐,然后儿坐也?"上为之启齿。又问曰:"太上老君何人也?"对曰:"亦妇人。"问者益所不喻,乃曰:"《道德经》云:'吾有大患,是吾有身。及吾无身,吾复何患!'尚非妇人,何患乎有身乎?"上大惊。又问:"文宣王何人也?"对曰:"妇人也。"问者曰:"何以知之?"对曰:"《论语》云:'沽之哉!沽之哉!吾待贾者也!'向非妇人,待嫁奚为?"上意极欢,宠赐甚厚。翌日,授环卫之员外职。

"参军戏"名称由来

五胡十六国后赵石勒时,一个参军官员贪污,就令优人穿上官服,扮作参军,让别的优伶从旁戏弄,参军戏由此得名。在实际演出中,"参军"一词已失去了官职的含义,而衍化为角色名称,并形成一种固定的格式:两个演员相互问答,以滑稽讽刺为主,在科白、动作之外还加进了歌唱及管弦伴奏。其中一个叫参军,即那被讽刺的对象,比较愚笨迟钝;戏弄参军的叫苍鹘,比较伶俐机敏。参军、苍鹘都是扮演戏中人物的角色名称,实际上已构成"行当"。

延伸阅读

优孟衣冠

《史记·滑稽列传》记载了有名的"优孟衣冠"的故事:楚国宰相孙叔敖为楚国争夺霸权地位,立下过汗马功劳。不想死后家境萧条,儿子的生活都很困难。"优孟"便穿上孙叔敖的衣服,扮作他的模样去讽谏楚庄王。楚王听后很受感动,反省自己对故旧照顾不周的错误,马上改正,给孙叔敖的儿子封赠田地、奴隶。优孟把一个已死的人扮演得惟妙惟肖,去打动劝说君王,他是在以演戏的方式劝谏。古代把艺术表演者称为"优伶",优孟未必是一个真实的名字,可能是一个名叫"孟"的优伶,总之,留下了"优孟衣冠"的成语。

第五讲 戏剧艺术

唐代歌舞戏

唐代歌舞戏极其兴盛,《乐府杂录》中记载的《大面》《拨头》《苏中郎》《踏谣娘》等节目,以及见于其他记载的《秦王破阵乐》《樊哙排君难》《苏莫遮》《还京乐》等表演,都具备了初步的情节结构和戏剧的特征,为戏剧的形成奠定了基础。

歌舞戏,是中国南北朝、隋、唐以来,在前代歌舞、百戏艺术基础上发展而成的有故事情节、有少数角色扮演,载歌载舞,或同时兼有伴唱和管弦乐器伴奏的一种雏形戏曲。

歌舞戏的名称最早见于唐杜佑《通典》,属于"散乐"。唐代歌舞戏,又作"踏谣娘",取材于民间故事。比较重要的剧目有《大面》《踏谣娘》《拨头》等,其中《踏谣娘》影响最大。但均无剧词和曲谱传世。这类歌舞戏约始于南北朝末,其渊源则可追溯到汉代。

兰陵王入阵曲

唐代比较盛行的歌舞戏是《大面》,又称《兰陵王入阵曲》,是记述北齐皇族兰陵王的故事。《北齐书》记载:突厥入晋阳……长恭率五百骑……被围甚急,城上人弗识,长恭免胄示之面,乃下弩手救之,于是大捷。武士共歌谣之,为兰陵王入阵曲是也。

据说兰陵王长恭胆识过人,擅长作战,但是面容秀美,仿佛妇人,因此嫌自己的相貌不能震撼敌人,就用木头刻了一个狰狞面具,每次上战场他就戴上面具。因此《兰陵王入阵曲》又名《大面》。此戏产生于河清三年(564年)。北齐重镇洛阳被北周十万大军围困,齐武成帝急诏各路大军去解洛阳之围,高长恭亲率五百名精骑冲入周军重围,直抵金墉城下。守城齐兵不认识兰陵王,高长恭去掉面甲,露出真面目,士兵们

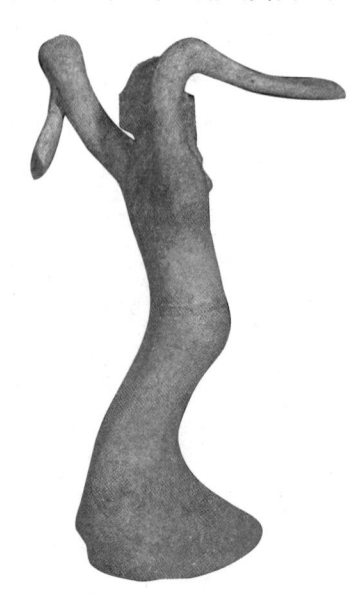

◆ 唐代舞俑

放箭射敌，一起打败敌人。为歌颂兰陵王，将士们集体创作了《兰陵王入阵曲》。此曲悲壮浑厚，古朴悠扬，在民间流传很快，隋代时期，被正式列入宫廷舞曲，唐朝达到兴盛。

随着中日文化交流和佛教东传，此曲传入日本。公元749年，奈良王朝女皇高野姬天皇诏令舞蹈名家尾张滨主在宫中表演后，此后在日本民间流传甚广。

踏谣娘

据《教坊记》载："北齐有人姓苏，口鼻，实不仕，而自号为郎中，嗜饮酗酒，每醉辄。殴其妻。妻衔悲，诉于邻里，时人弄之。丈夫著妇人衣，徐步入场。行歌，每一叠，旁人齐声和之云：'踏谣和来，踏谣娘苦和来！'以其且步且歌，故谓之踏谣；以其称冤，故言苦。及其夫至，则作殴斗之状，以为笑乐。今则妇人为之。"这是《踏谣娘》的出处。《通典》卷一百四十六与《旧唐书·音乐志二》所载则有同有异。

歌舞戏的特点

歌舞戏继承了汉代以来百戏中情节性歌舞和角抵的传统，于南北朝末期开始出现。《大面》《踏谣娘》《拨头》三者均有歌有舞，有的还有帮腔、管弦伴奏；《踏谣娘》中角色甚为明显。从北齐到唐代，女角色或由男扮，或由女扮，已有衍变，并非一格。化装已相当完备；历史悠久的面具已在戏中应用；后世戏曲脸谱或已萌芽，如《踏谣娘》中的丈夫，《拨头》中的遭丧者。角色或一人，或二人，或三人，已见后世"二小戏""三小戏"之雏

◆ 唐代舞俑

形。唐代歌舞戏情节均具有矛盾性，或庄，或喜，或悲，已见后世戏曲各种类型之端绪。

从唐代歌舞戏中我们可以看到，"戏"的概念开始确立，已由戏耍或技艺表演之泛指，过渡到近于后世戏曲之专称。对后世来说，歌舞戏是宋杂剧、金院本和宋南戏的先声，是中国戏曲艺术走向成熟的基石，在戏曲史和音乐史上均占有重要地位。

延伸阅读

何谓"踏谣娘"

唐代歌舞戏，又作"踏谣娘"。"踏谣娘"一词的来源，据《旧唐书·音乐志》记称，是由于女主人公诉苦时不断地摇动身体；另《教坊记》则说是"且步且歌"，故谓之"踏谣娘"。后语音转化，改称"谈容娘"，又作"谈娘"。踏谣娘的表演，最初是男扮女装，且行且唱，每唱完一段，配有帮腔"踏谣和来，踏谣娘苦和来！"及至丈夫出场，两人就作斗殴之状。以后妻子改由女演员扮演，丈夫由"郎中"改称"阿叔子"，并添出滑稽角色"典库"，形成滑稽表演与舞蹈、角抵相结合的舞台艺术。

宋代杂剧

> 宋杂剧是中国戏曲渐趋成熟的标志,它继承了唐参军戏、歌舞戏的传统,又广泛地吸收了民间说唱、杂耍、武艺和唐宋大曲而形成一种新的歌舞与故事表演初步结合的艺术。因为当时还常与杂技、乐舞同时演出,故以"杂剧"称之。

宋代杂剧的出现

中国的戏曲是从古代的舞乐百戏中发展分化而来的,它以故事表演为主线,综合歌舞、杂技以及说唱文学多种艺术形式为一体逐渐形成。隋代以前,是戏曲的萌芽时期,到了北宋,由于经济的发展,北方一些重要都市的游乐区勾栏、瓦市和创作机构"书会"应运而生,诗词、散文呈现出多彩的局面,特别是民间文学"话本"的出现,深刻反映了现实生活,细致刻画了不同阶层的人物,抨击了社会上的不合理现象,为戏剧文学的产生和发展奠定了基础。

最初的杂剧没有剧本,后来为了方便交流和传授,一些潦倒落魄的文人开始参与记录,同时又和伎艺人合作创作了一些剧本,成为最早的专业剧作家。此时,戏曲艺术也渐臻于成熟,出现了新的综合表演艺术形式——杂剧。

宋杂剧的特征

宋杂剧基本具备了戏曲的各种要素:话本儿(剧本)、角色的行当之分、程式化表演模式、伴奏乐队(乐作)、相对固定的演出场所等。一般由四五人参加,角色有五种:末泥色(主持或主演)、引戏色(事前准备或交代者)、装孤色(即装作官员或嘲讽对象)、副净色(扮演某个人物者)、副末色(多扮演反面人物)。其表演分为三部分,即艳段、正杂剧、杂扮三个程式。艳段是开头部分,一般

◆ 砖雕上的杂剧

◆ 砖雕上的杂剧角色（金代）

量出现，使戏曲演出有了相对固定的场所。北宋皇帝喜欢戏曲，对戏曲的发展起到了推波助澜的作用，宫中专设"云韶部"，专司戏曲和歌舞演出。每逢重大节日，如元宵节、清明节、端阳节、中秋节、重阳节、春节等，皇帝亲率文武百官观看"百戏"演出，尤以元宵节为最盛：世人齐集御街"两廊下奇术异能，歌舞百戏，鳞鳞相切，乐声嘈杂十余里……"（《东京梦华录·卷六》）

由引戏出场，表演一段大家熟知的内容；正杂剧是杂剧的主要部分，一般有两个演员分别装扮角色，共同表演一段故事；杂扮为结尾部分，演出者多扮成农村老头形象，表演以滑稽幽默插科打诨逗乐为主。

北宋孟元老的《东京梦华录·卷七·驾登宝津楼诸军呈百戏》生动记述了一出杂剧的演出过程："驾登宝津楼，诸军呈百戏于楼下……有一装田舍儿者入场，念诵言语讫，有一装村妇人者入场，与村夫相值，各持棒杖，互相击触，如相殴态。其村夫者以杖背村妇出场毕，后部乐作，诸军缴队，杂剧一段。"

宋杂剧兴起以后，将唐及五代各种优戏的表演传统熔为一炉，发展成一种更符合时代要求的戏剧形式，其剧场的演进、剧本的繁多、角色的增加构成了宋杂剧的特色。

宋代的杂剧文化

宋代杂剧已经形成了一些文化团体，有知名的表演艺术家，例如"小唱李师师、徐婆惜、封宜奴、孙三四等……嘌唱弟子张七七、王京奴、左小四、安娘、毛团"等（《东京梦华录·卷五》）。

宋代不但形成系统的杂剧表演，还有了专门的表演场所，汴梁城内勾栏瓦市的大

延伸阅读

李师师

李师师是北宋名妓，慷慨有侠名，号为"飞将军"。她原是汴京城内染坊主王寅的女儿，3岁时寄佛寺，老僧为她摩顶时突然大哭，僧人认为她很像佛门弟子，因此名叫"师"，以后被称作李师师。父亲因罪死在狱中，她流露街头，后来流落青楼，以琴棋书画、歌舞侍人。

由于李师师色艺双全，不但文人雅士钦慕，连宋朝皇帝也想一亲芳泽，常乘小轿子前往李师师家约会。传说后来宋徽宗把她召入内官，册封为瀛国夫人。宋朝灭亡后被金军所得，她以金簪刺颈，溅血而死。

元曲四大家

元曲四大家指关汉卿、白朴、马致远、郑光祖四位元代杂剧作家。四人代表了元代不同时期不同流派杂剧创作的最高成就，因此被戏剧史称为"元曲四大家"。

王国维在《宋元戏曲史》中说："元代曲家，自明以来，称关、马、郑、白，然以其年代及造旨论之，宁称关、白、马、郑为妥也。关汉卿一空倚傍，字筹伟词，而其言曲尽人情，字字本色，故当为元人第一。"可见其对"四大家"的评价之高。

戏剧家概略

关汉卿是元代著名杂剧家，编有杂剧67部，现存18部。其中《窦娥冤》《救风尘》《望江亭》《拜月亭》《鲁斋郎》《单刀会》《调风月》等是其代表作。（见《关汉卿与窦娥冤》篇目）

郑光祖，字德辉，平阳襄陵（今山西襄汾县）人，生卒年不详。早年曾当过官，"为人方直"，不善与官场人物相交往，后辞官居杭州，开始杂剧创作。代表作为《倩女离魂》。

马致远（1250—1321年），元代著名杂剧家，大都（今北京）人。存世的剧种有《江州司马青衫泪》《破幽梦孤雁汉宫秋》《吕洞宾三醉岳阳楼》《半夜雷轰荐福碑》《马丹阳三度任风子》《开坛阐教黄粱梦》《西华山陈抟高卧》7种。

白朴（1226年—？年），原名恒，字仁甫，后改名朴，字太素，号兰谷。他是元代著名的文学家、杂剧家，其代表作为《墙头马上》。

戏剧家白朴

白朴生于1226年，是金代望族。他的父亲白华为金宣宗三年（1215年）进士，官至枢密院判；二叔白贲为金章宗泰和间进士，曾做过县令，很有诗名。白家与元好问父子为世交，过从甚密。两家子弟，常以诗文相往来。白朴出身于这样的家庭，本应优游闲适，读书问学，以便将来博取功名。然而，他的幼年时期正是蒙古灭金的时期，他只得同家人在惊恐中苦熬光阴。他出生后不久，金朝的南京汴梁已在蒙古军的包围之下，位居中枢的白华，整日为金朝的存亡而奔忙，无暇顾及妻儿。

金哀宗天兴元年（1232年），蒙古军炮轰城墙，哀宗决计弃城北走归德，白华只得随哀宗渡河而上。次年三月，汴京城破，蒙古军纵兵大掠，白朴母子相失，多亏诗人元好问收留了他们姐弟。四月底，元好问携带白朴姐弟渡河北上，流寓聊城，后寄居于

◆ 画像砖上的元杂剧人物

冠氏（今山东冠县）县令赵天锡幕府。元好问虽也是亡国之臣，但他视白朴姊弟犹如亲生，关怀备至。白朴聪明颖悟，从小喜好读书，元好问悉心培养，使他幼年时就受到了良好的教育。

元世祖至元十四年（1277年），白朴游至九江，再入巴陵。他不无伤感地叹息道："纂罢不知人换世，兵余独见川流血，叹昔时歌舞岳阳楼，繁华歇。"其感物伤情款款道出。他的《天籁集》，可以说处处倾诉着对苍凉人生的感慨。他写了大量杂剧，为元代杂剧的繁荣贡献了自己的才华。

历史评价

元代钟嗣成的《录魂簿》把关汉卿列为杂剧作家之首，贾仲明称关汉卿是："驱梨圆领袖，总编修师首，捻杂剧班头。"但明初朱权的《太和正音谱》却首推马致远，以为"宜列群英之上"，而以关汉卿为"可上可下之才"。

明代前期以后，又有盛赞郑光祖而贬低其余三家的，如何良俊《四友斋丛说》说："马之辞老健而乏滋媚，关之辞激励而少蕴籍，白颇简淡，所欠者俊语，当以郑为第一。"清人王激烈《曲谈》中则认为"关、白、马、郑诸家……"。

近代王国维的《宋元戏曲史》中说："元代曲家，自明以来，称关、马、郑、白，然以其年代及造诣论之，宁称关、白、马、郑为妥也。关汉卿一空倚傍，字筹伟词，而其言曲尽人情，字字本色，故当为元人第一。"

延伸阅读

马致远与"逢马不杀"的传说

马致远仕途坎坷，闲暇时创作杂剧自娱，想不到他的杂剧还使自己的家乡躲过了一场劫难。明初，燕王朱棣发动"靖难之役"，河北、河南、山东等地百姓惨遭杀掠，但是河北东光县却幸免于难。原来燕王曾学过马致远的杂剧和散曲，对马致远非常崇敬。军队到马致远家乡东光，便下令说："逢马不杀！"其他不姓马的也纷纷说自己姓马，因此得以保全。

关汉卿与《窦娥冤》

关汉卿是中国古代戏曲创作的代表人物,他与马致远、郑光祖、白朴并称为"元曲四大家",关氏位居"元曲四大家"之首。其代表作有《窦娥冤》《救风尘》《望江亭》《拜月亭》《鲁斋郎》《单刀会》《调风月》等。

戏剧家生平

关汉卿(约1220—1300年)元代杂剧作家,号已斋(一作"一斋")、已斋叟。南宋灭亡(1279年)之后,关汉卿曾到过当时南方戏曲演出的中心杭州,写有《南吕一枝花》套曲,他是元代前期杂剧界的领袖人物,玉京书会里最著名的书会才人。他和杂剧作家杨显之、梁进之、费君祥,散曲作家王和卿以及著名女演员朱帘秀等均有交往,和杨显之、王和卿更见亲密。

关汉卿是一位熟悉勾栏伎艺的戏曲家,他不满黑暗社会的压抑与摧残,长期混迹于勾栏妓院。在戏剧天地纵横驰骋,发挥着自己的心智和才能。

艺术成就

《析津志》记载关汉卿"生而倜傥,博学能文,滑稽多智,蕴藉风流,为一时之冠"。明代臧晋叔《元曲选·序》说他"躬践排场,面敷粉墨。以为我家生活,偶倡优而不辞"。关汉卿自称是"蒸不烂、煮不熟、捶不扁、炒不爆、响当当一粒铜豌豆"。他一生共著杂剧67部,今存18部,其中"旦本"戏占12个。其中《窦娥冤》《救风尘》《望江亭》《拜月亭》《鲁斋郎》《单刀会》《调风月》等,是他的代表作。他那贴切现实、充满血肉之感的笔触,诉说着社会民众的困苦与无奈;又将一腔悲悯的情怀,倾洒在被污辱

◆ 关汉卿像

刑之时指天为誓，死后将血溅白绫、六月降雪、大旱三年，以明己冤，后来果然都应验。三年后，窦天章任廉访使至楚州，见窦娥鬼魂出现，于是重审此案，为窦娥申冤。

《窦娥冤》是中国十大悲剧之一，是一出具有较高文化价值、广泛群众基础的名剧。这出戏剧具有强烈的现实性和昂扬的反抗精神，深刻地再现了社会现实，充满着时代气息，对黑暗的官场予以无情揭露，又热情讴歌了人们的反抗精神。

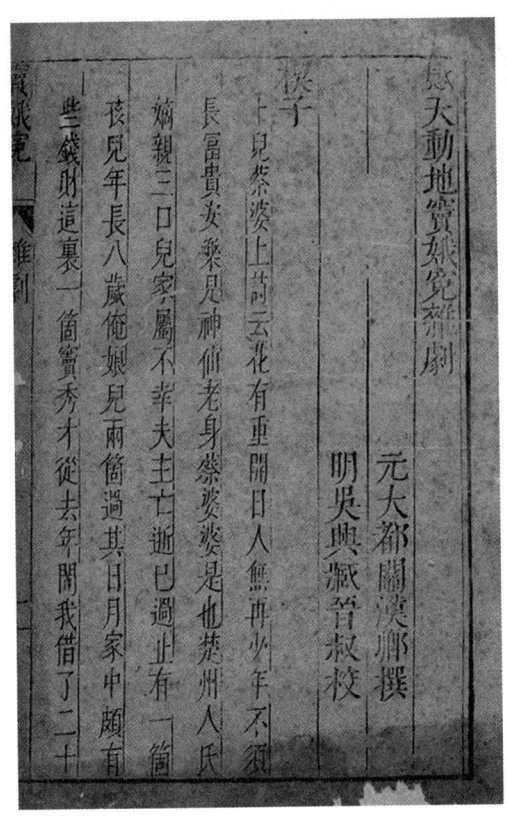

◆ 《窦娥冤》书影

的女性身上。最脍炙人口的作品是《窦娥冤》。

《窦娥冤》

《窦娥冤》全称《感天动地窦娥冤》，剧情取材自"东海孝妇"的民间故事。全剧四折一楔子。剧情是：楚州贫儒窦天章因无钱进京赶考，无奈之下将幼女窦娥卖给蔡婆家为童养媳。窦娥婚后丈夫去世，婆媳相依为命。蔡婆外出讨债时遇到流氓张驴儿父子，被其胁迫。张驴儿企图霸占窦娥，见她不从，便想毒死蔡婆以要挟窦娥，不料误毙其父。张驴儿诬告窦娥杀人，官府严刑逼讯婆媳二人，窦娥为救蔡婆自认杀人，被判斩刑。窦娥在临

> **延伸阅读**
>
> **《窦娥冤》与"东海孝妇"的关系**
>
> 《窦娥冤》取材于汉代民间故事"东海孝妇"。故事说汉代时，东海有孝妇，年轻守寡，没有孩子，赡养婆婆非常尽心，婆婆想让她改嫁，她始终不肯。婆婆对邻居说："这个孝妇待我非常好，她自己过得非常清苦，我觉得她无子守寡非常可怜。我老了，不可以长期连累她，耗费她的年华，该怎么办呢？"后来婆婆自缢而死，姑姑的女儿状告她于官府："这个妇人杀了我母亲。"狱吏逮捕了孝妇，孝妇不承认自己杀了婆婆。狱吏严刑逼供，孝妇只好招认。所有案卷呈报上去后，有个叫于公的人认为这个孝妇赡养婆婆十余年，以孝名闻远近，一定不会杀了她。但太守并不这么认为，于公为之辩护，但没有什么结果，太守最终将孝妇处死。结果郡中枯旱三年。新太守到任后，占卜其中的缘故，于公说："孝妇不应死，但前任太守强行断案，应该是大旱的根源吧？"于是太守杀牛亲自祭祀孝妇冢，并借此表彰其墓，大雨骤降，解除了旱灾。关汉卿的《窦娥冤》就是取材于这个故事。

第五讲 戏剧艺术

王实甫与《西厢记》

王实甫，元代杂剧作家。周德清在《中原音韵》中认为他是继关汉卿、郑光祖、白朴、马致远之后的大师，对《西厢记》的曲文给予极高评价。

戏剧家生平

王实甫（1260—1336年），元代杂剧作家，字德信。《录鬼簿》把他列入"前辈已死名公才人"，他与关汉卿同时而略晚，生活在元成宗时期。他常常混迹在青楼戏院，以及普通老百姓中间，熟悉市民大众的生活，和普通老百姓十分接近。

西厢记

王实甫一生共创作了14部杂剧，以《西厢记》成就最大，为其代表作。《西厢记》可谓家喻户晓，在元代就被誉为："新杂剧，旧传奇，《西厢记》天下夺魁。"《中原音韵》曾把《西厢记》第一本第三折的曲文作为"定格"的范例标举，其时已被称为"杂剧之冠"。

《西厢记》全名《崔莺莺待月西厢记》，故事说：书生张君瑞在普救寺里偶遇已故崔相国之女莺莺，对她一见倾心，苦于无法接近。此时恰有孙飞虎听说莺莺美貌，率兵围住普救寺，要强娶莺莺为妻。崔老夫人情急之下听从莺莺主意，允诺如有人能够退兵，便将莺莺嫁他。张生喜出望外，修书请得故人白马将军杜确前来解围，但事后崔老夫人绝口不提婚事，只让二人以兄妹相称。张生失望之极，幸有莺莺的丫环红娘从中帮忙，扶莺莺月夜

◆ 西厢记（剪纸）

◆ 民国粉彩瓷器上的《西厢记》图案

便趁张生还未返回之时谎报张生已被卫尚书招赘为婿，老夫人一气之下要将莺莺嫁给郑恒，幸好张生及时归来，有情人终成眷属。

《西厢记》在戏剧结构、矛盾冲突、人物塑造等方面，都取得了很高的艺术成就，无论是思想性还是艺术性，都达到了元杂剧的一个高峰，成为最具舞台生命力的一部佳作。《西厢记》突破了元杂剧一本四折的格式，长达五本21折，不因篇幅限制而造成剧情简单化和模式化的缺点。这一形式上的大胆革新，对后来的戏剧创作起到了引领作用。

烧香，听张生弹琴诉说衷肠。

后来莺莺听说张生病倒，让红娘去书房探望。张生相思难解，央求红娘替他从中传递消息。莺莺怜惜张生，终于鼓起勇气，也写诗回赠，后在红娘帮助下，二人瞒过崔老夫人，私下幽会并订了终身。老夫人知情后怒责红娘，但已无可挽回，便催张生进京应考。张生与莺莺依依而别，半年后得中状元。崔老夫人的侄儿郑恒本与莺莺有婚约，

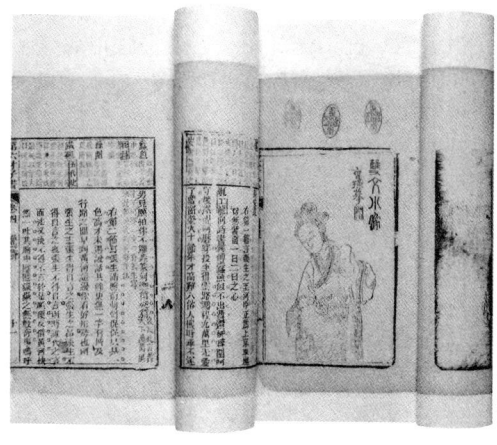

◆ 西厢记（清代刻本）

延伸阅读

《莺莺传》与《西厢记》

唐贞元二十年（804年），诗人元稹（779—831年）创作了传奇爱情小说《莺莺传》，此小说在我国文学史上影响极大，也给他带来了很高的声誉。《莺莺传》原题《传奇》，《太平广记》收录时改为《莺莺传》，沿用至今。又因其中有赋《会真诗》，亦称《会真记》。其内容主要写张生与崔莺莺相恋并私订终身，后又将她遗弃的悲剧故事。

元稹年轻时期曾有过类似张生的经历，故后人多认为张生的原型为元稹本人。《莺莺传》写的是"才子佳人"的恋爱，深受文人喜爱，故事流传极广。宋以后有许多作品由它演变而来，较有名的有：宋代赵令畤的鼓子词《商调蝶恋花》，金代董解元的《西厢记诸宫调》；元代王实甫的杂剧《西厢记》；明代李日华、陆采各作的《南西厢记》等。现今，《西厢记》已成为中国许多传统剧种的传统剧目，家喻户晓。

汤显祖与《牡丹亭》

汤显祖在中国和世界文学史上有着重要的地位。他的《牡丹亭》《紫钗记》《邯郸记》《南柯记》被称为"临川四梦"或"玉茗堂四梦"。尤其是《牡丹亭》影响最大,作品问世后,盛行一时,许多人为之倾倒。

戏剧家生平

汤显祖(1550—1616年),明代末期戏曲作家、文学家。字义仍,号海若、清远道人,晚年号若士、茧翁,江西临川人。

汤显祖从小聪明好学,"童子诸生中,俊气万人一",汤显祖21岁中举人。按他的才华,本可在仕途上一帆风顺。但是,明代社会科举制度已经腐败,考试成了上层统治集团营私舞弊的幕后交易,成为确定贵族子弟世袭地位的骗局,而不以才学论人。万历年间汤显祖参加科举考试,当朝首辅张居正准备安排他的儿子取中进士,但为了掩人耳目,又想找几个有真才实学的人作陪衬,他听说海内才子无过于汤显祖等人,就派亲信去笼络。声言只要肯同他合作,就允许汤显祖等中在头几名。以张居正之威势,加以许多诱惑,很多人出卖了自己,果然高中。但汤显祖却洁身自好,不受笼络,结果名落孙山。由于得罪张居正,因此在张氏当权的岁月里,他一直不被录用。后来张居正病死,张四维、申时行相继担任首辅,曾许他以翰林的地位,但都被他拒绝了。

34岁,汤显祖才中进士,先在礼部观政(见习),次年到南京任太常寺博士,担任这个没有实权的小官长达7年时间。当时南京却是文人荟萃之地,戏曲家有徐霖、陈大声、何良俊、金在衡、臧懋循诸名家。汤显祖在此,一面以诗文、词曲同一些人切磋唱和,一面研究学问,作书中蠹鱼。虽至夜

◆ 汤显祖雕像

半，书声琅琅不绝于口。别人问他："老博士何为嗜书？"答曰："吾读书不问博士非博士。"

牡丹亭

汤显祖始作《紫箫记》，因被时人议为影射"秉国首揆"而辍笔。但他志向未泯，十年后又改为《紫钗记》，由此一发而不可止，后来他弃官返乡后作《牡丹亭》，接着完成《南柯记》和《邯郸记》，在这四出戏剧中，以《牡丹亭》对后世影响最大。

《牡丹亭》共五十五出，写杜丽娘和柳梦梅的爱情故事。汤显祖在本剧《题词》中写道："如丽娘者，乃可谓之有情人耳。情不知所起，一往而深，生者可以死，死可以生。生而不可与死，死而不可复生者，皆非情之至也。"

故事说，贫寒书生柳梦梅梦见在一座花园的梅树下立着一位佳人，说同他有姻缘之分，从此经常思念她。南安太守杜宝之女名丽娘，才貌端妍，从师陈最良读书。她由《诗经·关雎》章而伤春寻春，从花园回来后在昏昏睡梦中见一书生持半枝垂柳前来求爱，两人在牡丹亭畔幽会。杜丽娘从此愁闷消瘦，一病不起。她在弥留之际要求母亲把她葬在花园的梅树下，嘱咐丫环春香将其自画像藏在太湖石底。其父升任淮阳安抚使，委托陈最良葬女并修建"梅花庵观"。三年后，柳梦梅赴京应试，借宿梅花观中，在太湖石下拾得杜丽娘画像，发现就是梦中见到的佳人。杜丽娘魂游后园，和柳梦梅再度幽会。柳梦梅掘墓开棺，杜丽娘起死回生，两人结为夫妻。

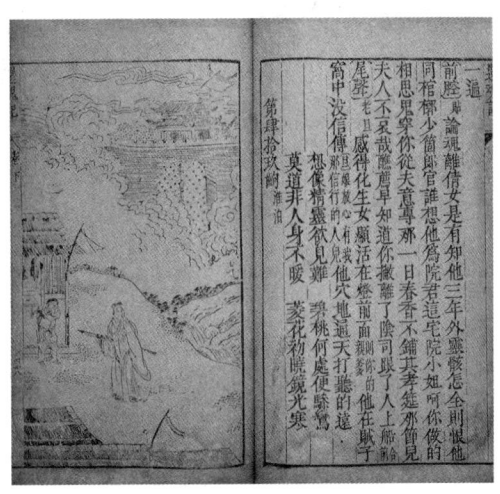

◆ 《牡丹亭》（插图本）

《牡丹亭》问世后，盛行一时，使许多人为之倾倒。汤显祖的《滕王阁看王有信演〈牡丹亭〉》诗中写道："愁来一座更衣起，江树沉沉天汉斜。"汤显祖还从朋友处得知娄江女读者俞二娘看了《牡丹亭》断肠而死，他写了《哭娄江女子》诗，其中写道："如何伤此曲，偏只在娄江！"相传《牡丹亭》还使女伶人商小伶伤心而亡，这些都说明《牡丹亭》有着极为感人的艺术力量。

延伸阅读

俞二娘

娄江有个女子叫俞二娘，秀慧而且擅长诗文，但是没有合适的人所嫁。喜欢读《牡丹亭》，每次读书都用蝇头细字，批注其侧。常常废寝忘食，伤心不已。深感自己不如意的命运也像杜丽娘一样，终日郁郁寡欢，最后"断肠而死"。临终前从纤手中滑落的，正是《牡丹亭》的初版戏本。

李玉与苏州派戏曲

明末清初,苏州成为戏剧创作和演出的中心城市,出现了一群平民专业剧作家,较为著名的有李玉、朱佐朝(代表作《渔家乐》)、朱素臣(代表作《十五贯》)、叶稚斐(代表作《琥珀匙》)等人。他们交往密切,有时合作创作剧本,有时共同切磋曲律,在市民生活的土壤和文化氛围中,形成了独特的风格,后人称之为"苏州派"。

李玉与苏州派的崛起,是清初戏剧发展和繁荣的标志,亦是戏曲创作走向职业化的标志,这是中国戏曲史上的"新生事物"。其活动范围在苏州,戏剧的职业化,与戏剧的发展有着重要的关系,同时又与苏州经济文化发展有极大的关联。

戏剧家生平

李玉,字玄玉、元玉,号苏门啸侣,又号一笠庵主人,吴县(今苏州)人,约生于明万历末年,卒于康熙十年(1671年)以后。出身低微,曾为明万历间大学士申时行的"家人",因而受到压抑,不能应科举,至明末始得中副贡,入清后无意仕进,毕生致力于戏曲创作和研究。

李玉是苏州派的领袖,也是明清传奇作家中写作剧本及存留剧本最多的作家,现存有18种。李玉的剧作以明朝灭亡为界。前期作品以描写人情世态为主要内容,最负盛名的是崇祯年间刊刻的《一笠庵四种曲》,亦即《一捧雪》《人兽关》《永团圆》《占花魁》,合称"一人永占"。后期作品较多的是描写历史上的政治斗争或直接从明末苏州的现实生活中取材,代表作有《千锺禄》《万里缘》等,其中《清忠谱》成就最高。

他的声名极大,作品大

◆ 清代戏剧演出

◆ 清代苏州城外堂会戏画

受时人及得梨园子弟欢迎和传颂。钱谦益《眉山秀题词》中说:"元玉言词满天下,每一纸落,鸡林好事者争被管弦。"大诗人吴伟业也盛称其《清忠谱》传奇并为其作序。

"苏州派"戏剧

明中、后期起,苏州就一直是昆曲发展的中心。同时由于商品经济的兴起,苏州又一直是我国东南地区新型工商业发展的重要地区。因此,城市经济的繁荣,市民工商阶层的扩大,奠定了广泛的群众基础,也为戏曲繁荣奠定了相应的物质基础。而且,清初阶级斗争、民族矛盾的激烈,江浙等地尤为突出。

清初反清斗争集中于江南一带,前后持续明亡后的数十年。江南人民对满清的抵抗最烈,斗争最激烈与残酷,像"嘉定三屠""扬州十日"都是在江南发生的血案。

现实斗争激发了作家的创作激情与群众的欣赏热情,为戏曲提供了丰富的表现素材,从而促进了戏剧的发展和繁荣。以李玉为首的苏州派剧作家正是在这样的背景下出现于苏州剧坛的。

苏州派戏曲在题材上跳出了写儿女私情的狭隘圈子,贴近世俗人生,关注时事政治;在思想上揭露黑暗现实较为有力,具有鲜明的伦理教化指向;在人物塑造上,富于平民色彩,许多下层人物以正面形象活跃在舞台上。

苏州派戏剧家在艺术上能紧密结合舞台实际,戏剧冲突紧张、集中,结构周密、紧凑,熟谙音律,曲辞通俗,演出效果好。苏州派以其成功的创作实践推动了戏曲艺术向深度和广度发展。

延伸阅读

《清忠谱》

《清忠谱》是中国明末清初传奇作品,由李玉所著。剧本成功地刻画了明朝官员周顺昌清正刚直、坚强不屈的性格,更为难得的是,还塑造了颜佩韦等5位平民义士的英雄形象,他们行侠仗义,嫉恶如仇,爱憎分明,敢做敢当,作品充分肯定了这些市井细民举足轻重的历史地位。

《清忠谱》是一部描写明末东林党人及苏州市民同魏忠贤阉党斗争的时事剧,是反映当时重大政治事件的名剧之一,它大胆地把苏州市民的暴动搬上舞台,真实地再现出轰轰烈烈的群众斗争场面,充分显示出民众的力量,这在中国戏曲史上是前所未有的。

洪昇与《长生殿》

> 洪昇是清代著名戏曲作家,他和孔尚任并称为"南洪北孔",传奇《长生殿》是他的代表作,描写的是唐玄宗李隆基和杨贵妃之间的爱情悲剧故事。

戏剧家生平

洪昇(1645—1704年),字昉思,号稗畦,又号稗村、南屏樵者。钱塘(今浙江杭州市)人。洪昇的著作现存6种:《诗骚韵注》(残缺),诗集《稗畦集》《稗畦续集》《啸月楼集》,杂剧《四婵娟》,传奇《长生殿》。其他戏剧作品,如《沉香亭》《舞霓裳》《回文锦》《回龙记》《闹高唐》《锦绣图》《长虹桥》《天涯泪》《节孝坊》等均已失传。

洪昇出生在杭州一个富裕的士大夫家庭,家里藏书很多,有"学海"之称。他的父亲很爱读书,也很健谈,母亲是大学者黄机的女儿。洪昇小的时候常和自己的表妹、黄机的孙女黄蕙一同游戏,两人青梅竹马,彼此非常融洽。洪昇20岁时,两人结成夫妻。三年后,洪昇赴北京国子监。因未得官职,失望而归。与父母关系恶化,只好离开家庭,生活非常落魄,有时候甚至断炊。

康熙十二年(1673年)冬,洪昇再度前往北京谋生。两年以后,他的诗集《啸月楼集》编成,受到李天馥诸名流的赏识和培养,诗名大起。开始卖文维生,而傲岸如故,"交游宴集,每白眼踞坐,指古摘今"(徐麟《长生殿序》)。康熙十八年冬,其父被诬陷流放,他奔走呼号,向王公大人求情,并且昼夜兼行,赶回杭州。奉侍父母北行,后来遇赦得免。为此他形容枯槁,心力交瘁。

康熙二十七年(1688年),他把旧作《舞

◆《杨贵妃上马图》(局部)(元 钱选)

霓裳》传奇戏曲改写为《长生殿》,传唱甚盛。次年八月间,招伶人演《长生殿》,一时名流纷纷买票来看。时值皇后佟氏病逝不久,犹未除服,给事中黄六鸿弹劾他

大不敬之罪。洪昇下刑部狱,被国子监除名。与会者如侍读学士朱典、赞善赵执信、台湾知府翁世庸等人,都被革职。时人有"可怜一夜《长生殿》,断送功名到白头"之句。

康熙三十六年（1697年）,江苏巡抚宋荦命人安排演出《长生殿》,观者如蚁,极一时之盛。洪昇在宴席上"狂态复发,解衣箕踞,纵饮如故"（尤侗《长生殿序》）。自此之后,吴山、松江等地相继演出。康熙四十三年（1704年）江宁织造曹寅集南北名流为盛会,独让洪昇居上座,演出全部《长生殿》,历三昼夜才完成。

然而,就在洪昇从南京乘船回家,经过乌镇时却不幸因酒醉失足掉入水中,与世长辞。

长生殿

《长生殿》成功地写出了李隆基倦于政事,耽于安乐,把国家陷于苦难的深渊。他因宠爱杨玉环,而使杨家一门贵显,杨国忠专断朝政,炙手可热。为了博得妃子的欢心,不顾万里之遥,命令臣下进贡新鲜荔枝。贡使的马匹沿途毁坏了庄稼,伤害了人命,全不在意。

作者认为帝王的爱情并不专一,虽然李、杨之间缠绵缱绻,但不可避免地出现波折和污点。七夕密誓之后,两人的爱情有所发展和巩固,然而渔阳鼙鼓已动地而来,他们终于自食苦果。为了平息御林军的愤怒,皇帝不得已在马嵬坡下牺牲妃子,以挽救他自己的政治生命。从此他感到内疚不已,晚

◆ 《长生殿》书影

年沉浸于痛苦之中。

《长生殿》的演出多次受到清政府的干涉,康熙三十四年,《长生殿》付刻,洪昇的老友毛奇龄作序,序中说:"予敢序哉?虽然,在圣明固宥之矣。"明确指出康熙帝已不再追究这部剧本。

延伸阅读

杨贵妃与含羞草

有一种小巧玲珑的花卉,植株上缀小花,状若杨梅。人们用手一碰,它那羽状小叶便很快闭合,因此人们叫它"含羞草"。传说杨玉环初入宫时,见不到君王而愁眉不展。有一次,她和宫女们一起到官苑赏花,无意中碰了含羞草,草的叶子立即卷了起来。宫女们都说这是杨玉环的美貌,使得花草自惭形秽。唐玄宗听说后立即召见,封为贵妃。从此以后,"羞花"也就成了杨贵妃的雅称。

第五讲 戏剧艺术

孔尚任与《桃花扇》

孔尚任是清初戏曲家，时人将他与洪昇并论，称"南洪北孔"。其作品中最负盛名的是《桃花扇》传奇。《桃花扇》内容庞杂，人物众多，场景斑驳。经十余年苦心写作，三易其稿而完成，剧本写成后王公显贵争相传抄，演于京中舞台，一时轰动。

戏剧家生平

孔尚任（1648—1718年），字聘之，又字季重，号东塘，别号岸堂，自称云亭山人。山东曲阜人，孔子六十四代孙，清初诗人、戏曲作家。

37岁前，孔尚任在家过着养亲、读书的生活。他接触了一些南明遗民，了解到许多南明王朝兴亡的第一手史料和李香君的轶事。对写一部反映南明兴亡的历史剧萌发浓厚兴趣，开始了《桃花扇》的构思和试笔，

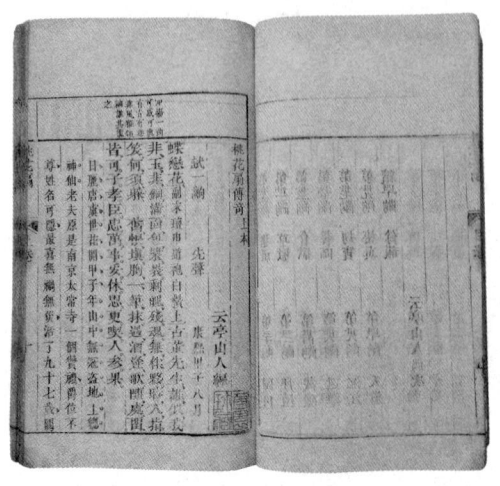

◆ 《桃花扇》（清代刻本）

但"仅画其轮廓，实未饰其藻采也"（《桃花扇本末》）。

康熙二十三年（1684年），康熙帝南巡北归，特至曲阜祭孔，37岁的孔尚任在御前讲经，颇得康熙的赏识，破格授为国子博士，赴京就任。39岁，奉命赴江南治水，历时四载。这个时期，他的足迹几乎踏遍南明故地，又与一大批有民族气节的明代遗民结为知交，受到他们爱国思想的影响，加深了对南明兴亡历史的认识。他积极收集素材，丰富创作《桃花扇》的构思。

康熙二十九年（1690年），孔尚任奉调回京，历任国子监博士、户部主事、广东司外郎。经过毕生努力，三易其稿，康熙三十八年（1699年），52岁的孔尚任，终于写成了《桃花扇》。一时洛阳纸贵，不仅在北京频繁演出，而且流传到偏远的地方。次年三月，孔尚任被免职，虽然没有直接的证据证明他被罢官和《桃花扇》的演出有关，但他这次罢官很可能是因创作《桃花扇》得祸。

◆ 孔尚任

罢官后，孔尚任在京赋闲两年多，接着回乡隐居。康熙五十七年（1718年），一代戏曲家在曲阜石门家中与世长辞，年70岁。他的作品，以及与顾采合著的《小忽雷》传奇及诗文集《湖海集》《岸堂文集》《长留集》等均传世。

《桃花扇》

《桃花扇》共四十出，舞台上常演的有《访翠》《寄扇》《沉江》等几折。通过男女主人公侯方域（朝宗）和李香君的爱情故事。反映明末南明灭亡的历史戏剧。所谓"借离合之情，写兴亡之感，实事实人，有凭有据"。清初是考据学极盛时期，影响了作者忠于历史的态度，剧本中绝大部分人物是真人真事，剧本所写的一年中重大历史事件甚至考证精确到某月某日。

《桃花扇》在忠实于历史的情况下，加入了故事情节，成功地刻画人物感情，从深度和广度反映现实，有很高的艺术表现力，是一部对后来影响深远的历史剧。大学者王国维极口称赞元剧，但认为都不及《桃花扇》，可见他对《桃花扇》的推崇。他在《文学小言》中说："元人杂剧，辞则美矣，然不知描写人物为何事。至国朝之《桃花扇》，则矣！"王氏指出，在刻画人物性格方面，《桃花扇》是中国戏曲史上无与伦比的杰作。

◆ 孔尚任故居

延伸阅读

孔尚任巧解康熙难

山东曲阜孔子墓前石碑篆刻"大成至圣文宣王墓"，为明代正统八年（1443年）黄养正所书。令人奇怪的是，墓碑前却建了一道不伦不类的矮墙，将墓碑遮去三分之一，只露出"大成至圣文宣干"，"王"字的底下一横看不见了。为什么要建这样一道墙？

清康熙二十三年（1684年）康熙帝到孔林凭吊孔子，各种清供都摆上后，康熙帝上前准备跪拜，发现墓碑上的字后不由皱了皱眉，众人全都愣住了。孔子第六十四代孙孔尚任立刻明白了其中道理。原来，皇帝是只拜师不拜王的。于是他便马上叫人拿来一匹黄绸，把碑文中的"文宣王"盖住，并添上"先师"两字，成为"大成至圣先师"。康熙帝一看，马上开始祭拜。后来便在那里建了一堵矮墙，把下面的"王"遮住了。

京剧：中华国粹

> 京剧，也称"皮黄"，由"西皮"和"二黄"两种基本腔调组成它的音乐，也兼唱一些地方小曲调和昆曲曲牌。它形成于1840年前后，盛行于20世纪，时有"国剧"之称。现在它仍是影响全国的大剧种。其行当全面、表演成熟、气势宏美，是近代中国戏曲的代表。

京剧的形成

乾隆五十五年(1790年)，四大徽班（三庆、四喜、和春、春台）落脚京城，开始在大栅栏地区落脚演出。当时兼演徽戏和昆曲，虽然徽戏很受欢迎，但是昆曲仍然没有被替代。由于演出阵容齐整，上演的剧目丰富，颇受京城观众欢迎。

道光年初(1821年)，汉剧老生李六、王洪贵等人搭台徽班，将声腔曲调、表演技能、演出剧目溶于徽戏之中，使徽戏的唱腔板式日趋丰富完善，唱法、念白更具北京地区语音特点，而易于京人接受。道光二十五年(1845年)后，徽、汉合流促成了湖北的西皮调与安徽的二簧调再次交流。徽、秦、汉的合流，为京剧的诞生奠定了基础。道光二十年至咸丰十年这段时间，徽戏、秦腔、汉调合流，并借鉴吸收昆曲、京腔之长而形成了京剧。

1883年至1918年是京剧的成熟期，谭鑫培、汪桂芬、孙菊仙等三位名家在实践中广征博采，从昆曲、梆子、大鼓及京剧青衣、花脸、老旦各行中借鉴，融于演唱之中，创造出精彩纷呈的局面。戏剧界将他们三人称之为"老生后三杰"。

1917年以来，京剧优秀演员大量涌现，呈现出流派纷呈的繁盛局面，由成熟期发展到鼎盛期，这一时期的代表人物为杨小楼、梅兰芳、余叔岩，京剧达到了它的全盛时期。1927年，北京《顺天时报》举办京剧旦角名伶评选，梅兰芳、尚小云、程砚秋、荀慧生入选，四位宗师之名遂为世人所公认。此后，各流派呈现出一片繁荣局面，京剧成

◆ 京剧《棋盘山》中窦一虎脸谱

为国粹。

行当划分

京剧的角色，根据男女老少、俊丑正邪分成生、旦、净、丑四个大的行当，又各有细腻的分工。一般的男子称"生"，中年以上的男子称"老生"，青年男子称"小生"，勇武男子称"武生"。一般妇女被称"旦"，家闺秀称"正旦"，也叫"青衣"，小家碧玉称"花旦"，老年妇女称"老旦"，勇武妇女被称"武旦"，诙谐或邪恶妇女称"彩旦"。品貌或性格特异的男子称"净"，也叫"花脸"，擅武艺者被称"武净"。诙谐或邪恶的男子称"丑"，也叫"小花脸"，擅武艺者称"武丑"。

表演特点

京剧表演有其固定的程式。主角上场先念引子，两句、四句不等；再吟咏定场诗四句，概括全剧的主题，渲染气氛。然后，自报姓名、籍贯、身世，或是介绍与其他角色的关系等。之后，其他角色继而上场。角色说白后，将最后一字声音拉长，有时一抖袖，或一笑，谓之"叫板"。于是伴奏者即拉出"过门"，角色开始演唱。

京剧的唱段，或为叙景而唱、或为情急而唱、或为叹息而唱、或因悲痛而唱、或因感慨而唱、或因想念而唱、或因愤恨而唱、或因恐惧而唱等。为了不使观众厌烦，说与唱一般不重复。京剧唱腔的使用是根据剧情的需要，以及角色的喜乐哀怒而决定的。例如，"二簧"宜于庄重及稍悲戚；"反调"用于悲痛；"西皮"用于潇洒快乐；"四平调"用于玩耍。至于板眼，大致分

◆ 京剧《鱼肠剑》中吴王僚脸谱

为：一般的用原板；深思长叹的用慢板；急剧气怒的用快板；得意卖弄的用二六板等。唱时，嗓音亦有区别，如花脸须用宽嗓，表现人物雄壮粗鲁；生角须用本嗓，表现文人规矩文雅；旦角须用小嗓，表现女子细微、柔媚的感情。

目前，京剧仍然是国内演出地域最广、流行人群最多的剧目，其中很多内容能够体现中国人的审美情趣，具有中国文化的符号性特征，堪称中华国粹。

延伸阅读

梅兰芳留胡子

1941年12月下旬，日军侵占香港，梅兰芳担心日本人找他粉饰太平，因此留蓄了胡子。他对友人说："别瞧我这一撮胡子，将来可有用处。"1942年1月，香港的日本驻军司令酒井发现梅兰芳蓄胡子，说："梅先生，你怎么留起胡子来了？像你这样的大艺术家，怎能退出舞台？"梅兰芳回答说："我是个唱旦角的，如今年岁大了，扮相也不好看，不能再演戏了。"酒井听后，十分不悦，但也无奈，便打消了请梅兰芳给日本人演戏的念头。

第五讲 戏剧艺术

豫剧：大众化的戏剧

> 豫剧又叫"河南梆子"，俗称"河南讴""讴戏""土梆戏"，是一个具有深厚群众基础的大剧种，是河南省的主要地方剧种。流行于河南及邻近各省的部分地区。由山西梆子、蒲州梆子和河南民间音乐相结合而成。

豫剧产生于明末清初，多以清唱为主，富有激情奔放的阳刚之气，善于表演大气磅礴的大场面，具有强大的情感力度；地方特色浓郁，质朴通俗、本色自然，紧贴老百姓的生活；节奏鲜明强烈，矛盾冲突尖锐，故事情节有头有尾，人物性格大棱大角。

豫剧的特点

豫剧音乐中有四大板类，数十个唱腔板式，数十种调门唱法，其唱腔不仅有多种地方唱调，如豫东调、祥符调、豫西调、沙河调、高调等，还容纳了词格为十字句、七字句、五字句及曲词为长短句的多种曲牌，在表演和演唱方面形成了众多艺术流派。豫剧伴奏有文、武场之分，文场乐器主要包括板胡、二胡、三弦、月琴、皮嗡、笛子等，武场乐器则包括板鼓、梆子、大锣、小锣等。伴奏乐器主要有板胡、二胡、小三弦、笛子和打击乐器等，以梆子击拍，节奏明快、欢畅。现在的乐队中又加进了许多民族乐器和西洋乐器，增强了音乐的表现力。

豫剧的行当有"四生""四旦""四花脸"，构成豫剧的角色行当体制，"四生"为老生、大红脸、二红脸、小生；"四旦"为青衣、花旦、老旦、彩旦；"四花脸"为黑脸、大花脸、二花脸、三花脸。近现代以来，豫剧在发展过程中涌现出常香玉、王润枝、马双枝、陈素真、崔兰田、马金凤、阎立品等一批名家，以多样化的艺术风格将豫剧推向更高的境地。

戏剧名家

崔兰田

崔兰田（1926—2004年），山东曹县人。5岁随父母逃荒至郑州，11岁入太乙班学艺，师从周海水、贾锁学须生，3个月后即能登台演出。开始是和师姐毛兰花同台合

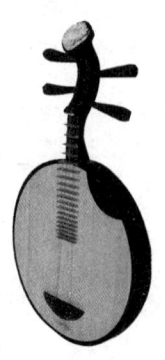

◆ 豫剧伴奏乐器之一——月琴

◆ 香玉剧社号飞机

演。不久便主演《东吴大报仇》《胡迪骂阎》等须生戏。

1942年出科后开始在各地演出，并在豫西拜名旦张庆官为师改学旦角，进一步深造。1944年赴西安，先后在高成玉和沈子安班领衔主演，活动于西安、宝鸡、灵宝、陕州等地。

1949年崔兰田组建兰光剧社，在全国巡演。后被安阳市政府盛情挽留，从此落脚于此，任安阳市人民豫剧团团长。1963年兼任安阳市戏校校长，教授了大量弟子，因其风格独特，故而被称为"崔派"。其唱腔以下五音为体，兼用上五音，同时融会秦腔、曲剧、河北梆子、京昆等姊妹剧种的音调，唱腔旋律丰富多彩，发音长于鼻腔共鸣，音域宽广。多演端庄贤淑善良坚贞而又命运悲惨的妇女形象，为豫西流派的杰出代表，豫剧"六大名旦"之一。

马金凤

马金凤，1922年出生在山东曹县一个艺人家里。原姓崔，小名金妮。其父崔合利是当时颇负盛名的艺人，她艺名"花蛾子"，绰号"盖九州"，6岁随父学艺唱河北梆子。因她刻苦好学，聪慧过人，与父同台演出了《三义记》《刘二姐赶会》崭露头角，被誉为"七岁红"。1939年到密县太乙新班演戏，曾向燕长庚、翟彦身学唱豫西调。

建国后，马金凤与剧作家宋词合作，对梆子戏的传统剧本《老征东》进行整理，易名为《穆桂英挂帅》，获得很大成功。1956年进京演出《穆桂英挂帅》轰动了首都剧坛，被誉为"真国色"的"洛阳牡丹"。她的嗓音明亮纯净，清脆圆润，音质坚实、柔韧，唱法上以假声为主，真假声结合运用；唱工以大段叙述性"豫东调""二八板"为其擅长，吸收山东梆子的音调加以融化；唱腔结构严谨，旋律简练、朴实，节奏明快、舒展，技巧娴熟，造诣深厚。其特点刚健豪爽，深入浅出，蕴藉醇化。是豫剧"六大名旦"之一。

延伸阅读

常香玉

常香玉是一代豫剧大师，1923年9月15日出生在河南省巩县，原名妙玲，生于一个戏剧表演者家庭。9岁随父张福仙学戏，后随义父姓改名为常香玉。其义父姓常，为人爽性豪放，最喜欢项羽这个人物，因此给她改名常项羽，又觉此名不宜于女，故更之为香玉。常香玉13岁主演《西厢》，名满开封。

1948年在西安创办香玉剧社，致力于培养青年演员。1951年为支援抗美援朝，率剧社巡回西北、中南、华南各地演出，以演出收入捐献"香玉剧社号"战斗机一架，有"爱国艺人"之誉。

第六讲

曲艺艺术

弹词：但许兰闺消永昼，岂教少女动春思

> 弹词，也叫"南词"，最早在金代已经出现类似的形式，董解元《西厢记诸宫调》，别称《西厢记·弹词》。明代时期，南方、北方都有弹词流传。到清代，南方"弹词"分支和流派已经极多，北方弹词则逐渐衰微。

弹词，按照各地称呼的不同，有苏州弹词、开篇、扬州弦词、四明弹词、绍兴平湖调、平胡调、长沙弹词、木鱼歌等。由此可见，说唱文学在我国有悠久的历史，唐代的变文、宋代的陶真、诸宫调、鼓子词和元代的词话，都是说唱文学在各个时代的不同名称。它们都在自己的历史发展中丰富了我国说唱文学的思想内容和艺术技巧。继承前代的艺术传统，明、清两代的说唱文学有了进一步的发展，以弹词和鼓词为主的各种说唱艺术出现了，同种说唱艺术的不同流派出现了，它们在同一城市中同时演出，艺人们相互竞赛，相互揣摩，为了压倒别人，不仅在演唱方面有不少可贵的创造，而且在作品内容方面也进行了加工和润色，让它们更加丰富和生动。

发展过程

弹词是由宋代的陶真和元代的词话发展起来的。"弹词"这一名称最早见于田汝成在嘉靖二十六年(1547年)左右写成的《西湖游览志馀》中，原书卷二十记杭州八月观潮说："其时优人百戏：击球、鱼鼓、关扑、弹词，声音鼎沸。"明代弹词见于著录确实可信者有两部：嘉靖间梁辰鱼的《江东廿一史弹词》和明末清初陈忱的《续廿一史弹词》，现均已散佚。据说明代大才子杨慎的《廿一史弹词》较梁著为早，故梁著别标"江东"二字以示区别。但杨著的十字句与后来弹词中有衬字的十字句不同，它不是弹词，而是元代词话的继续，本名为《历代史略十段锦词话》，其书传到江南才被改为今名。文人的拟作都在一种文艺流行民间以后，由此可以推知，弹词的风行至迟当在明

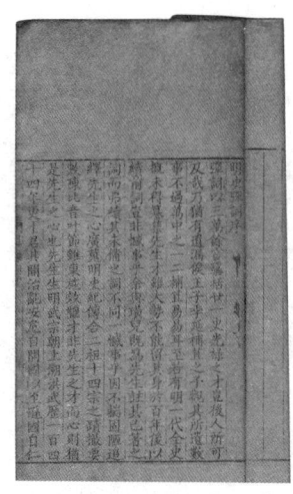

◆ 《廿一史弹词》书影（乾隆时期刻本）

嘉靖年间。

弹词的特点

弹词包括说白和唱词两部分，前者为散体，后者的七言韵文为主，穿插以三言句，这种格式极为古老，在先秦荀子的《成相篇》中就可看到。语言上则有"国音"和"土音"之分。方言的弹词以吴语为最多，另外像广东的木鱼书，则杂入广东方言。弹词的篇幅往往很大，如《榴花梦》竟达三百六十卷、约五百万字。内容通行用第三人称叙述。文字大多很浅近。在某种意义上，弹词可以说是一种韵文体的长篇小说。

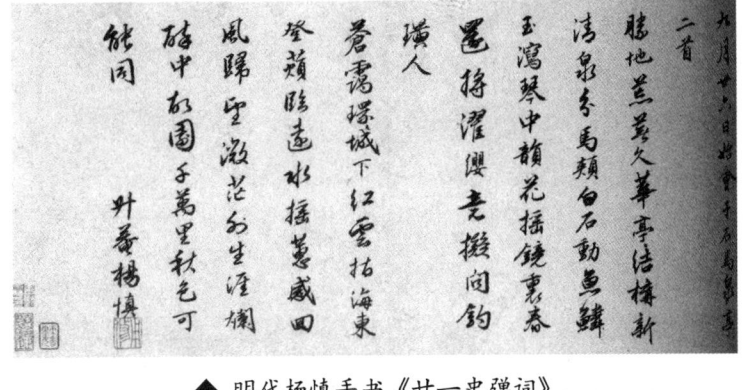

◆ 明代杨慎手书《廿一史弹词》

音的弹词则广泛运用于实际演出，较著名的有《玉蜻蜓》《珍珠塔》及《三笑姻缘》等。流行于其他地方的弹词别支也不少，如广东之"木鱼书"、福建的"评话"等。

弹词的这些特点使之适宜成为家庭的日常娱乐，弹词的文本也宜于作为一种消遣性的读物。特别是一些地位较高家庭中的妇女，既无劳作之苦，又极少社交活动，生活至为无聊，听或读弹词成为她们生活中的喜好。清代弹词的兴盛与这一背景颇有关系，许多弹词的写作也有这方面的针对性。如《安邦志》的开场白云："但许兰闺消永昼，岂教少女动春思。"说明了这一点。许多有才华的女性也因此参与了弹词的创作，既是自娱娱人的方式，也抒发了她们的人生感想。一些著名的作品如《再生缘》《天雨花》《笔生花》《榴花梦》均出于女性作家之手。

以上几种都是所谓"国音"的弹词，这种弹词作为书面读本的意义更为重要。吴

延伸阅读

再生缘

长篇弹词中最受人们称赏的是乾隆时期产生的《再生缘》，这篇弹词故事头绪繁多，富于变化。写卸职还乡的大学士孟士元有个女儿叫孟丽君，才华出众，容颜无双，堪称绝世佳人。许配给云南总督皇甫敬之子皇甫少华，国丈之子刘奎璧欲娶丽君而不得，设计陷害孟与皇甫两家。丽君女扮男装出逃，考中状元，并因此而连立大功，官至保和殿大学士。在此过程中刘氏败，皇甫少华也因丽君的相助而立功封王。一般故事到此则落入"大团圆"的窠臼，然而《再生缘》却并未到此打住，而是继续写孟丽君，说她不肯承认自己的真实身份，拒绝与父母相认，也拒绝与夫婿成婚，使故事更加曲折离奇。

弦子书：西韵悲秋书可听

弦子书亦称"子弟书"，据说唱这书的人大半是"大员子弟公勋后"。嘉庆间人所作的《京都竹枝词》里有一句"西韵悲秋书可听"，自注："子弟书有东、西二韵，'西韵'若昆曲，'悲秋'即《红楼梦》中黛玉故事。"由此可见，"子弟书"这一称呼至少在清嘉庆年间就已使用。

弦子书的流派

弦子书也叫"清音子弟书"，是清代的一种曲艺形式。曾盛行于北京、沈阳等地。创始于八旗子弟并为八旗子弟所擅长，约在乾隆年间开始流传。清代灭亡后，子弟书分为东调和西调两个流派。东调又称"东韵"，其曲调音节类似戏曲里花部的高腔，宜于演唱沉雄阔大、慷慨激昂的故事。西调又称"西韵"，其曲调音节类似戏曲里雅部的昆腔，宜于表现婉转低回、缠绵悱恻的情绪。后来又分化出"石派书"，又叫"石韵书"，为石玉昆所创，以"巧腔"取胜。再后郭栋又创出一派，即"南城调"。

弦子书的特点

唱弦子书时，只用一架三弦，自弹自唱。音调也很简单，每唱六句，即为一阕。要唱很长的故事，即将这六句重叠起来。民国九年的《北京指南》里说：弦子书者，依书说之，辅以三弦，或一人说书，一人弹弦，或一人且说且弹。所说之书，亦为古今轶事。除大街两旁外，城外之关厢，时或有之，城内则多不见。

弦子书的曲目一般取材于明清小说、戏曲和当时的社会生活，唱词基本为七字句，曲本有仅数十句的短篇，也有中长篇分回目的。短者一至数回，如《侠女传》一

◆ 盲人说书图

一般在诗篇中提过别号的结语中就不再提了。

弦子书从内容上来说，是文人或准文人的消遣之作或牢骚之作；从最早的演出形式来说，也只是在这些人的圈子之内的自娱自乐。但是发展到后来，并不属于"子弟"专有，还出现了很多演唱艺人，比如名家王心远、赵德璧等盲艺人，要听他们的说唱，票价极高。乾隆时唱东城调的赵先生，据说每演出一次要20两银子，名家石玉昆也不逊色于他，还有"水浒王""醉郭"等，都是曲艺史上的名人大腕。

◆ 评书图轴（清 梁国治）

回、《二玉论心》二回、《骂城》三回、《蝴蝶梦》四回等；长者十数回，如《玉簪记》十回、《二入荣国府》十二回、《马上联姻》十四回、《游龙传》十六回等；甚至有多达数十回者，如《荷花记》二十回、《十问十答》二十二回、《全扫秦》二十八回、《全彩楼》三十二回等。也许是因为子弟书的音调和缓，一韵纡萦良久，所以每回的篇幅较短，一般不超过一百句。开始的八句，类似七言律诗，称为"诗篇"，或称"头行"，比较文雅，一般是起到一个提纲挈领的作用。以后几番全是以七字句为基础而增添衬字的上下句，句式比较灵活，隔句押韵，韵脚讲求平仄，上句平收，下句仄收。一般不分回的子弟书末尾多有两句或两句以上的结语，点明写作的意图、时间等，有时也把作者的别号镶嵌于内，当然，

延伸阅读

石玉昆

石玉昆，籍贯及生卒年均不详，大概生活在清代咸丰年间，是北方著名的曲艺大家。他善讲《忠烈侠义传》，说唱稿达三千余篇。后人根据他的说唱陆续整理出了《三侠五义》《小五义》《续小五义传》等书。其中经俞樾之改编的《三侠五义》最出名。石玉昆以自弹自唱西城子弟书著称于世，他不仅弹唱俱佳，而且还自编长篇说唱内容，很受市民欢迎。他的说唱，描写人物细腻，情节曲折，富有生活气息。人们把他创立的这一派，叫做"石韵书"。

京韵大鼓：唱中有说，说中有唱

> 京韵大鼓由河北省沧州、河间一带流行的木板大鼓发展而来，形成于京、津两地。木板大鼓传入天津、北京后，刘宝全改以北京的语音声调来吐字发音，吸收石韵书、马头调和京剧的一些唱法，创制新腔，专唱短篇曲目，称"京韵大鼓"。

大鼓与鼓书是中国曲艺分类中一个类别的两种称谓，主要曲种有京韵大鼓、西河大鼓、梅花大鼓、东北大鼓、山东大鼓、北京琴书、河南坠子、温州鼓词等数十种。

京韵大鼓的形成过程

京韵大鼓于清末民初形成并流行于北京、天津地区。由当时的鼓书艺人刘宝全等把原用河北语音演唱的木板大鼓改用北京语音演唱，广泛吸收京剧唱腔及北京流行的民间曲调创制新腔，并在木板大鼓原有伴奏乐器三弦外，增加了四胡和琵琶，形成了一直流传至今的京韵大鼓。京韵大鼓又以刘宝全、白云鹏、张小轩成就最大，各自创立了"刘""白""张"三个流派。其中以刘宝全的艺术造诣最高，时人称其为"鼓界大王"。继三大流派之后，白凤岩、白凤鸣兄弟二人又创立一派（少白派），打破了三足鼎立的局面，后来又出现了刘派、骆派等，使得京韵大鼓更加精彩纷呈。

京韵大鼓的特点

京韵大鼓唱词的基本句式是七字句，有的加入了嵌字、衬字及垛句。每篇唱词约一百四五十句左右。用韵以北京十三辙为准，一个唱段大都一韵到底。京韵大鼓的唱腔，经过刘宝全和弦师韩永禄、白凤岩、韩德福等人的革新而丰富多彩。基本唱腔包括慢板和紧慢板。京韵大鼓是唱中有说，说中有唱，所以韵白在演唱中也有重要的位置。

◆ 京韵大鼓道具

◆ 京韵大鼓白派创始人白云鹏

韵白讲究语气韵味，要半说半唱，与唱腔自然衔接。京韵大鼓的表演形式是一人站唱。演员自击鼓板掌握节奏；主要伴奏一般为三人，所操乐器为大三弦、四胡、琵琶，有时佐以低胡。

京韵大鼓曲目基本属短篇唱段，曲目有继承于木板大鼓的《单刀会》《战长沙》《博望坡》等数十段，有由刘宝全、庄荫棠、白云鹏等人根据子弟书作品整理的《刺汤勤》《白帝城》《探晴雯》《黛玉焚稿》等，还有一些写景抒情的小段，如《丑末寅初》《风雨归舟》《八爱》等。

《丑末寅初》

《丑末寅初》又名《三春景》，是京韵大鼓历经几代艺人传唱不绝、脍炙人口的唱段。全曲有九对句子，每个下句均是多层次的长句。早年只作为《南阳关》的"帽儿"，演唱后成独立唱段。作品以极简练的笔触，形象地描述了丑末寅初这一时期人民的生活景况，犹如一幅生动古朴的画卷。它的腔调流畅，节奏活泼，短句大腔搭配巧妙。悠扬婉转的唱腔，使人们得到充分的艺术享受。

延伸阅读

刘宝全

刘宝全（1869—1942年），著名京韵大鼓表演艺术家，刘派京韵大鼓创始人。曾用名刘顺全，字毅民，河北深县人。他7岁入私塾，读书之余，喜欢听戏和学着唱戏。9岁时，举家流落到河北关上。在这期间，他爱上了木板大鼓。为了生计，父子一起卖艺，父亲演唱，他弹三弦伴奏，慢慢地自己也学会了演唱。21岁时，到北京献艺，得到京剧大师谭鑫培的指点，告诉他入乡随俗，改掉怯音。他牢记教诲，把自己唱大鼓用的方音都改成京音，耍着木板唱，使说唱结合，并加强演唱时的面部表情和身段。

宣统二年（1910年），刘宝全再到天津，在四海升平茶园登台演唱，获得很高声誉。此后一发不可收拾，遂成一代大师。

梅花大鼓：悲如秋声，脆如落珠

> 梅花大鼓又名"梅花调"，是一种起源于北京，在天津发扬光大的曲艺形式。演员一手持鼓棒，一手持板，面前有一个类似京韵大鼓使用的用鼓架支撑的扁鼓，边唱边用鼓板打拍，同时有乐器伴奏。

发展历程

梅花大鼓脱胎于清末流传在北京北城一带的清口大鼓。20世纪20年代，职业艺人多在南城演唱，称为"南板梅花调"，把原来北城的"清口大鼓"称为"北板大鼓"。梅花大鼓产生较晚，距今不足百年，其创始人已无从考悉，通常认为是满族文人所创，故名"梅花调"，后称"梅花大鼓"，演唱者有满族子弟和民间艺人。当时满族住内城，艺人住外城，因此从地区上分为北板梅花调和南板梅花调。北板梅花调唱腔古朴。50多年前的艺人刘荩臣、王宪臣在北京电台演唱，定名北板大鼓，缓慢舒徐，如怨如诉，沙哑的嗓音，更添苍凉凄恻之感。北板终因节奏太慢，且少变化，所以知音甚少，50年前已有曲高和寡之叹，刘、王两大师去世之后，后继乏人，遂成绝响。南板则传唱至今。

艺术特征

梅花大鼓因演唱者击鼓，并用三弦、四胡、扬琴、琵琶等乐器伴奏，五样乐器像梅花的五个花瓣，俗称为"梅花五瓣"，而定名为"梅花大鼓"。它的表演程式是：一般在前头先加四、六、八句书篇闲文，接着即为慢板，唱几"落儿"（段儿）后，接"怯何""野鸡溜"（比慢板拍子加快），再转"上板"（快板）。收腔后，再唱几句书尾，即算一阕。

◆《群芳宴》。红楼梦故事是梅花大鼓的主要曲目，图为红楼梦"群芳宴"插图

梅花大鼓原为一人演唱，四人伴奏。后来也采用过两人对唱的形式。在伴奏上还出现过"换手五音联唱"的情景。即演员击板、司鼓，四人伴奏使用五种乐器。从左向右，第一个人右手打扬琴，左手按第二个人的三弦；第二人右手弹三弦，左手按第三人的四胡弦；第三人右手拉四胡，左手按第四人怀中的琵琶；第四人右手弹琵琶，左手打第二架扬琴。如此联弹下去，伴奏手法灵活，往往博得听众的喝彩。但难免喧宾夺主，影响演唱。故这种联弹演出形式，常作为重头戏，安排在后场。

梅花大鼓还有一种类似杂技的演出形式："五音连弹"，即伴奏乐师第一人右手演奏扬琴，左手为第二人的三弦摁弦；第二人右手弹拨三弦，左手为第三人的四胡抚弦；第三人右手为四胡拉弓，左手为第四人的琵琶摁弦；第四人右手弹拨琵琶，左手演奏另一架扬琴。甚至还有"七音连弹"。

新时代的梅花大鼓

建国以后，为了表现新的生活，演员、弦师和作曲家不断对梅花大鼓进行了改革。"慢板"唱腔中开始的"哎哪"取消，末眼起唱改为板上起唱；压缩了唱腔旋律，字少音长的弊病得到改变；伴奏音乐——特别是上、下三番得以丰富；花五宝在《傻泄》中创造了"哏头板""原板"；周文如在《罗昌秀》中创造了"散板"；花五宝、马涤尘、李光等在《英娘恨》中发展出了"摇板"；《二泉映月》等唱段还引进了歌曲、戏曲等。这些改革，使得梅花大鼓获得了新的生命力。

◆ 梅花大鼓伴奏乐器"扬琴"

梅花大鼓的曲目，多为表现儿女情长的悲辛故事。传统曲目有《黛玉葬花》《黛玉悲秋》《宝玉探病》《宝玉劝黛玉》《探晴雯》《黛玉思亲》《昭君出塞》《杏元和番》《蟠桃会》《目连救母》《雷峰夕照》《王二姐思夫》《青楼遗恨》《指日高升》《拆西厢》《老妈上京》等。

延伸阅读

梅花大鼓的派别

梅花大鼓的曲目一般都比较短小，很少有长篇连唱的。基本分为两大派："金派"和"卢派"（也称为"花派"）。1917年艺人金万昌到天津演出，大受欢迎，留在天津，广收弟子，创出金派梅花大鼓。主要以男艺人演唱，曲调悲怆，婉转悠扬，低沉。后来为金万昌伴奏的盲乐师卢成科为女艺人花四宝伴奏，根据艺人演唱特点，将曲调向高音部发展，同时吸收天津时调的演唱方法和部分曲调，创出卢派梅花大鼓，曲调高亢，由于他的弟子如花五宝、花小宝、花云宝、花银宝等的艺名都是"花"字起头，因此也被称为"花派"。

第六讲 曲艺艺术

马街书会

"马街书会"是全国曲艺行当的交流盛会,距今有近700年的历史,每年农历正月十三到十五为书会的会期。2006年5月20日,"马街书会"被国务院正式公布为"第一批国家级非物质文化遗产"。

历史上的马街书会

马街位于河南西南部,伏牛山东麓,西依大山,东临平原,现在隶属河南平顶山市宝丰县杨庄镇,离城7.5公里。这里原名马渡店,后又称过"马渡街",历史上曾经是一个"商贾云集,物产集散"的繁盛之地。

马街广严寺及火神庙的碑文记载:元朝延佑年间,马街书会初具规模,每年约有千名艺人前来说书,清代同治年间尤为兴盛。曾经在南阳府做过儒学教谕,晚年回乡当上书会主持人的文人司士选,在同治二年(1683年)对书会进行了一次统计。他让这一年赶会的艺人到火神庙里进香钱,香案前放一口大斗,每人只许进一文,后来一数达2700文,这就意味着到会的艺人有2700人。

农历正月十三书会召开,自元朝开始就形成了传统。届时河南各地以及山东、湖北、陕西、安徽、河北、四川等省成百上千的民间曲艺人,负鼓携琴,汇聚马街,说书会友,弹唱献艺。会上曲艺种类繁多,曲目丰富多彩,有河南坠子、湖北渔鼓、山东琴书、凤阳花鼓、上海平话、徐州琴书、三弦书、大鼓书、评书、乱弹、道情等,形成绵延600多年而不衰的"马街书会"。

书会特点

在书会的艺人堆里,有名家大腕、高龄老人,也有四五岁的儿童。有三口之家组成的、也有几人联帮组成的说唱团,配合十分默契。一般来说,书会的特点如下:

1、打擂

每年的马街书会都要评出"书会状元"。"状元"都是唱得最好的,书价最高

◆ 中国古代民间艺人

◆ 巍巍伏牛山，一年一度的马街书会就在伏牛山麓的宝丰举行

的，最受群众欢迎的艺人。这种民间的评选方式被称为"打擂"。

2、乐器

在历届马街书会上都可看到一种极为普通的乐器，也就是河南坠子里说唱最常用的一种叫"简板"的乐器。该乐器宽3厘米，长30～40厘米，一般用梨木、红檀木制作，音色微颤清脆。

还有一种艺人们自制的乐器，这种乐器是艺人腿上绑着的一个可拉动的木锤，能击打木管，随着说唱内容，感情的变化，艺人可用脚牵动木锤快慢相宜地敲击。

另外，艺人们还创制了许多风格迥异的乐器，如大小古琴，坐立弹拨式的古琴，肩扛式弓子拉古琴（类似小提琴），这些乐器音色古朴、浑厚。

3、亮书和写书

艺人在书会上说唱为"亮书"，邀请艺人说唱为"写书"。"亮书"是指艺人们在浩瀚的书会会场上摆阵对歌，从而展示自己吹拉弹唱的技能。而"写书"一词并非指著书立传，它是随着中原民间文化的发展，自然形成的一种文化交流现象。

马街书会和山东惠民的胡集书会并列我国北方两大书会。由于马街书会具有独特的民间艺术表演魅力和浓厚的文化底蕴，它被誉为"中国十大民俗"之一，宝丰县也被国家相关部门命名为"中国民间艺术之乡"。

延伸阅读

马街书会的起源

"马街书会"历史悠久。据马街广严寺及火神庙碑记载，这个古刹大会起于元代，盛于明、清。马街书会源远流长，不过论起它的起因则众说不一。

一说是春秋时，应国大夫张舒喜欢弹唱，技艺超群。晚年定居于马街，慕名前来的人很多。后来张公离世，朋友为了纪念他，便在每年这天聚集马街，以曲怀友。

一说是东汉前，王莽追击刘秀至马街，当时正在火神庙祭祀的乡民艺人纷纷帮助汉军过河，阻击莽军追兵。刘秀即位之后，下旨免去马街一带三年皇粮，御赐"三皇社"御牌一面，后来这里的人便以正月十三这一天为会期，年年起会。

还有一说是早年马街有一位叫马德平的老艺人，桃李满天下，每年正月十三，他的弟子从四面八方赶来为其献艺祝寿。如此年复一年，渐渐成了传统。尽管书会起因众说不一，但艺人们代代相传，来马街说书的确实越来越多，而且自元以来竟无间断。

第七讲

雕塑艺术

商周雕塑：青铜时代的壮歌

青铜，是指红铜与锡、铅等其他化学元素的合金，因颜色呈青灰色而得名。青铜器在中国原始社会末期已经产生，之后经历了长达16个世纪的青铜时代，创造了辉煌灿烂的青铜文明。目前我国已知最早的青铜制品，是1975年在甘肃东乡马家窑文化遗址中出土的一件单范铸造的青铜刀，装饰较少，反映出远古先民淳朴的审美意识，也是中国进入青铜时代的证明。

"国之大事，在祀及戎"。对于中国先秦中原各国而言，最大的事情莫过于祭祀和对外战争。作为代表当时最先进的金属冶炼、铸造技术的青铜，也主要用在祭祀礼仪和战争上。夏、商、周三代所发现的青铜器，其功能（用）均为礼仪用具和武器以及围绕二者的附属用具。

中国青铜器文化的发展一般被划分为三大阶段，即形成期、鼎盛时期和转变期。形成期是指龙山时代，距今4500—4000年；鼎盛期为商周时代；转变期指战国末期到秦汉时期，青铜器已经逐渐被铁器所替代，不仅在数量上有所减少，而且也由原来礼乐兵器及使用在礼仪祭祀、战争活动等重要场合变成日常用具，其相应的器别种类、构造特征、装饰艺术也发生了转折性的变化。

商代青铜器的雕塑特点

商代青铜器纹饰主体是兽面纹，以粗犷的勾曲回旋的线条构成，全是变形纹样，除兽目圆大，以为象征外，其余条纹并不具体表现物象的各个部位，纹饰多平雕，个别主纹出现了浮雕，早期的雕塑如二里冈上层尊、罍等器肩上已有高浮雕的牺首装饰。所有的兽面纹或其他动物纹都不以雷纹为地，是这一时期的特色。商代早期的几何纹极其简单，有一些粗率的雷纹，也有单列或多列的连珠纹，乳钉纹也已经出现。商代早期的青铜器，极少有铭文，以前认为个别器物上的龟形是文字，实际上仍

◆ 后母戊鼎（商）

◆ 四羊方尊（西周）

是纹饰而不是文字。

商代中期青铜器的雕塑出现高浮雕附饰，但线条轮廓有浑圆感，与晚期浮雕轮廓线峻直锐利的风格不同。商代中期青铜器一般仍保持着不铸铭文的习惯，但个别器物上发现铸有作器者本人的族氏徽记，但是没有发现被祭祖考的日干之称。

商代晚期青铜器的雕塑非常发达，纹饰的雕塑水平达到高峰，以动物和神怪为主体的兽面纹空前发展。纹饰不仅施在器身，有些视线不及的底部也装饰花纹。花纹总体风格森严庄重。这一期出现了记事形式的较长铭文。但最多不过三四十字。铭文铸工精细，内容有族徽、祭祀祖先、赏赐、征伐等。器形方面鼎除柱足外，出现了蹄形足；圆鼎较多，直耳略向外撇。

周代青铜器的雕塑特点

西周时期的青铜器基本上摒弃了商代的兽面纹及其变形的纹饰，尤其是中后期，兽面纹很少，即使有也多在足部和一些不起眼的地方。另外，商代的夔龙和鸟纹在西周时期也少见，基本上弃置不用了。而替代的则是新的雕刻纹饰，当然，这些纹饰非常抽象，如重环纹、垂鳞纹、龙纹等。另外，还有一些无法解释的纹饰，比如波曲纹，在西周时期的青铜豆和青铜甗等器物上都有表现，一般认为这是一种不知名的兽纹。从风格上来说，周代的青铜器雕塑，已经打破了商人"重鬼"的传统，狰狞的风格有所弱化，而是出现了更多细腻和华美的雕塑。

青铜雕塑的载体

目前出土的青铜器包括炊器、食器、酒器、水器、乐器、车马饰、铜镜、带钩、兵器、工具和度量衡器等。其中以日常所用的饮食器具装饰最为华美，例如鼎、鬲、甗、角、斝、觚、觯、兕觥、尊、卣、盉、方彝、勺、罍、壶、盘、匜、瓿、盂、簋、簠、盨、敦、豆、爵等，另外乐器以及其他用具也都反映了商周时代的雕塑艺术。如编铙、编钟、钺等。

延伸阅读

青铜器上的装饰纹样和铭文

夏、商、周三代青铜器，除了其独特的造型令人震撼，器物上的装饰纹样和铭文更是因其丰厚的艺术与文化含量而享誉世界。青铜器最常见的纹样之一，是饕餮纹，也叫兽面纹，充满了浓厚的神秘色彩。这种纹饰最早出现在距今五千年前长江中下游地区的良渚文化玉器上，山东龙山文化继承了这种纹饰。商、周两代的饕餮纹类型很多，有的像龙、像虎、像牛、像羊，还有像鸟、像凤、像人的。西周时代，青铜器纹饰的神秘色彩逐渐减退。龙和凤成为许多青铜器花纹的母题。可以说，很多图案化的花纹，实际是从龙蛇、凤鸟两大类纹饰衍变而来的。西周后期，随着无需分铸的失蜡法工艺技术的发明和使用，花纹刻制更为考究和精美，并开始出现了类型化的纹样。

第七讲　雕塑艺术

秦俑：气势磅礴的阵容

陶塑始于秦汉时期，它的出现为我国雕塑史和陶艺史上谱写了光辉灿烂的一页。秦俑在艺术表现上运用严格的写实手段，制作上采用模、塑结合的手法，运用塑、捏、堆、贴、刻、画等多种技法制作而成。它的发现被誉为"世界第八奇迹"。

秦汉乃至唐代，形成了一种独具特色的雕塑艺术——陶俑。陶俑是代替活人或动物殉葬的一种明器。秦代陶塑突显活泼、开朗、写实的现实主义风格，秦始皇陵出土的7000兵马俑，个个如实塑制，充分显示出秦代陶塑高超的雕塑技艺。秦始皇陵兵马俑规模之大、气势之宏伟、形象之逼真，史无前例，开创了我国雕塑史上大型群塑的先河。

兵马俑的阵容

秦始皇兵马俑是世界最大的地下雕塑博物馆，总共有3个兵马俑坑，呈"品"字形排列。一号坑，呈长方形，东西长230米，南北宽62米，深约5米，总面积14260平方米。俑坑中最多的是武士俑，身高1.7米左右，最高的1.9米。陶马高1.5米左右，身长2米左右，战车与实用车大小一致。人、马车和军阵通过写实手法加以再现。秦俑大部分手执青铜兵器，有弓、弩、箭镞、铍、矛、戈、殳、剑、弯刀和钺。青铜兵器因经过防锈处理，埋在地下两千多年，至今仍然光亮锋利如新。

二号坑呈曲尺形，位于一号坑的东北侧和三号坑的东侧，东西长96米，南北宽为84米，总面积约为6000平方米。坑内建筑与一号坑相同，但布阵更为复杂，兵种更为齐全，是3个坑中最为壮观的军阵。它由骑兵、战车和步兵（包括弩兵）组成，是多兵种的特殊部队。陶俑陶马1300多件，战车80余辆，青

◆ 兵马俑博物馆

◆ 将军俑

铜兵器数万件。这个军阵分为四个单元：第一单元位于俑坑东端，四周长廊由立式弩兵俑60个，阵心面东的160个蹲跪式弩兵俑组成；第二单元，位于俑坑的右侧，由64乘战车组成方阵，每列8乘，共有8列；第三单元，位于中部，由19辆战车、264个步兵俑和8个骑士俑组成长方形阵，共分3列；第四单元，位于军阵左侧，108个骑士俑和180匹陶鞍马俑排成11列横队，组成长方形骑兵阵。

三号坑位于一号兵马俑坑西端北侧，与二号兵马俑坑东西相对，南距一号坑25米，东距二号坑120米，面积约为520平方米，呈"凹"字形，门前有一乘战车，内有武士俑68个。从3号坑的布局看，似为总指挥部，统帅左、右、中三军。纵观这千百个兵马俑，其雕塑艺术成就达到了一种史无前例的高度。

秦俑的着色特点

秦俑的色彩主要有红、绿、蓝、黄、紫、褐、白、黑八种颜色。如果再加上深浅浓淡不同的颜色，如朱红、粉红、枣红色、中黄、粉紫、粉绿等，其颜色就不下十几种

了。化验表明，这些颜色均为矿物质，例如辰砂、铅丹、赭石、孔雀石、铜矿、铅丹、褐铁矿、铅白、高岭土、无定形炭等。这些矿物质都是中国传统绘画的主要颜料。秦俑运用了如此丰富的矿物颜料，表明2000多年前我国劳动人民已能大量生产和广泛使用这些颜料。这不仅在彩绘艺术史上，而且在世界科技史上都有着重要意义。

艺术风格

兵马俑整体风格浑厚、健美、洗练。如果仔细观察，脸型、发型、体态、神韵均有差异，从中可以看出，秦兵来自不同的地区，有不同的民族，人物性格也不尽相同。陶马双耳竖立，有的张嘴嘶鸣，有的闭嘴静立。所有这些秦始皇兵马俑都富有感人的艺术魅力。

秦始皇兵马俑全面系统地具体展现了中国古代第一个封建王朝的军队风貌。秦始皇兵马俑的发现，对研究秦代军队编制、武器装备、作战方式以及士兵的服饰、雕塑艺术等，有着非常重要的意义。

延伸阅读

秦始皇兵马俑发现过程

秦始皇陵兵马俑最初是陕西潼县的村民发现的，这里祖辈传说地下有"瓦王爷"。1974年，村民们为了抗旱，在村南打井，挖到5米多深时，竟然真的发现了"瓦王爷"，一个陶制的人头雕像。正好一位干部来检查打井进度，见到这个情景，就急忙把消息报告给县文化馆。经过文物部门几年的勘查和发现，气势磅礴的秦始皇陵兵马俑面世了。

第七讲 雕塑艺术

霍去病墓石雕：庄重雄浑的史诗

> 霍去病墓石刻，是一组大型的古代石雕艺术珍品，是两千多年中国的雕刻力作。特别在表现各种动物的造型上，惟妙惟肖，生动传神，其姿态或腾跃或宁息，神态万般，各具特色，风格质朴而有灵趣，凝重刚健，恢宏含蓄，气势浑厚磅礴，有着强烈的艺术感染力。

雕刻手法

霍去病墓石刻是西汉石雕群的代表作，这些石雕采用了线雕、圆雕和浮雕相结合的手法，按照石材原有的形状、特质，顺其自然，以关键部位细雕、其他部位略雕的浪漫主义写意方法，突出对象的神态和动感，给我们留下了一组年代最早、数量最多、风格粗犷古朴、气势豪放的陵墓石雕艺术珍品。

造型风格

霍去病墓群雕的主体是一匹昂首屹立的战马，四足下踏着一名手持弓箭的匈奴首

◆ 霍去病墓石刻"牛"

◆ "马踏匈奴"

领，以战马象征西汉政权的声威和霍去病的战功。群雕中没有出现霍去病的形象，却更加强了象征性和纪念意义。战马既警惕又安详，既善良又含讽刺的神情，似乎在讥笑被踩的失败者；仰卧马下挣扎的敌人露出绝望的神情，反衬出马的英雄气概，构图别具匠心，造型特征鲜明。马的腿粗而坚实，犹如四根巨大石柱，与马身浑然一体。

其余则围绕这一主题，与坟墓所象征的环境结合起来作全面性的烘托：或展现山野川林的荒蛮艰苦，或体现战斗的激烈残酷，或表现西汉军旅的英勇矫健等。整个作品风格庄重雄劲，深沉浑厚，寓意深刻，耐人寻味，既是古代战场的缩影，也是霍去病赫赫战功的象征。雕塑的外轮廓准确有力，形象生动传神，刀法朴实明快，具有丰富的表现力和高度的艺术概括力，是我国陵墓雕刻作品的典范之作。

整体布局

现存的霍去病墓石刻，包括马踏匈奴、卧马、跃马、卧虎、卧象、石蛙、石鱼二、野人、母牛舐犊、卧牛、人与熊、野猪、石蟾等14件，全部用花岗岩雕成。其中两件上有铭文，分别刻着"左司空"和"平原乐陵宿伯牙""霍臣孟"的题铭，可见是出于官府工匠之手，雕琢手法娴熟，具有较高的艺术水平。

这批巨型的动物石雕散置在坟山上，石虎、石牛、石羊，姿势或站立，或卧伏，个个神态不同，造就出祁连山上牛马成群，一派北国风光的面貌，意味深长，富有情趣。

整个雕塑群已脱离了石刻艺术的初级阶段，其艺术构思、表现手法、雕刻技法已达到相当成熟的水平。尤其是整体布局，构想超凡，富于大自然的山野情调，意象博大深沉。

延伸阅读

"匈奴未灭，何以家为？"

霍去病是西汉武帝时期杰出的青年将领，他18岁起领兵作战，24岁病逝，短暂的一生，六次领兵，大败匈奴，平定西部边陲，取得了决定性的胜利，为西汉王朝的统一、巩固，做出了卓越的贡献。武帝曾为其修建府第，他却慨然答道："匈奴未灭，何以家为？"汉武帝为纪念霍去病生前河西大捷的战功，特在茂陵东侧修建了一座象征祁连山的墓冢，垒石成山，杂植苍松翠柏，境界逼真，墓上散置一批大型石刻，手法简练，气势浑厚，达到形神兼备的艺术化境界，是我国迄今发现最早、最大，保存最完整的大型石刻群，在国际上享有极高的声誉，素为中外艺术大师所赞仰。

麦积山石窟：东方雕塑陈列馆

> 麦积山石窟位于甘肃省天水市东南约35公里处的麦积山山腰上。麦积山是秦岭山脉西端小陇山中的一座奇峰，海拔1742米，山高离地142米，犹如麦垛，石窟就分布在这座山的悬崖上。

麦积山石窟与敦煌莫高窟、河南龙门石窟、山西云冈石窟一起，被并称为中国的四大石窟。莫高窟以其壁画而著名，龙门、云冈以其石刻闻名，而麦积山则以精美的雕塑独树一帜，石窟多、塑像完美、延续时代长，因此被称为"东方雕塑陈列馆"。

石窟分布

麦积山石窟原是一个完整的山体，唐开元二十二年（735年），天水一带发生强烈地震，整个窟群便分为东崖和西崖两部分。现存洞窟194个，多凌空凿于20～80米的悬崖峭壁上，由崖阁、摩崖龛、山楼、走廊、小洞组成，栈道"凌空穿云"，其惊险陡峻为世罕见。游人攀登上这些蜿蜒曲折的凌空栈道，不禁惊心动魄。

麦积山石窟最可观赏的为东崖摩崖大像、七佛阁、千佛廊、踏牛天王、43号窟、127号窟、133号窟、135号窟、44号窟等。其中，最出名是第44窟——号称"东方蒙娜丽莎"，造像的微笑安详又神秘。而133号窟9号龛内的小沙弥塑像，是北魏时期最具代表性的作品之一。雕像是一个满脸稚气的小沙弥，正在听佛师讲经。他俯首侧耳，双眼微眯，嘴角挂着微微的笑意，好像不是在听深奥的佛经，而是在想少年的心事，留下了这永恒的微笑。

各个时代的造像特点

北魏

北魏晚期的作品以121号、135号、142号石窟为代表。121号石窟位于西崖上层西

◆ 麦积山石窟造像

端，系北魏晚期作品，宋代曾经重修。窟形为覆斗藻井平面方形窟。窟内正、左、右壁开尖拱深龛；窟高2.55米，宽2.36米，深2.15米。三壁龛内各塑一佛。正龛内左、右壁中门内两侧塑二力士。佛上半身为宋代重塑，下身衣裙搭于座前呈三瓣式下垂，结跏趺坐于方台上，弟子穿袈裟，下着裙。左弟子塔螺旋发髻。菩萨着褒衣博带式袈裟。菩萨与弟子紧紧相依，面带笑意，双手合掌于胸前，作拍手状，似在窃窃私语，会心交谈，犹如现实生活中一对亲姐弟一般，充满着青春活力与动人的情感，使人倍感自然与亲切。力士头部宋代重修。左力士袒上身，下着裙、披巾，左手持金刚杵而立，右手提风带；右力士着宽袖上衣，下着长裙，垂手而立，身穿护身铠甲，刚健雄武，具有一种威严震慑的气魄。

142号石窟内塑三世佛及菩萨、弟子。石窟墙壁上有贴影塑佛、菩萨、飞天及供养人等。布局严谨，形式多样，是内容最丰富的洞窟之一。

西魏

西魏时期的作品以44号洞窟最具代表性。该洞窟为四角攒尖顶窟，高2.25米，面阔3.20米，进深1.9米，窟前部塌毁，仅存后部造像。佛造像位于正壁龛内，龛外塑左右胁侍菩萨各一身，左、右两壁后侧塑弟子各一身。佛高1.60米，水涡纹高肉髻，内穿僧祇支，胸前系结，外披通肩袈裟，结跏趺座。肉髻、胸前、衣裙上均残存彩绘痕迹，覆于佛座前的悬裳衣褶俱呈圆转的线条，质感厚重，层次分明，富有装饰趣味。佛面形方圆适中，端庄典雅、微微俯视、和蔼可亲，集中体现了西魏造像的美感。

隋唐

隋代造像以37号洞窟为代表，洞窟为圆卷龛、前部毁。主佛高2.1米，顶作低平螺旋髻，略有残损，面形方圆，着通肩袈裟，善跏趺座于方形座上，中踩半圆莲台，体躯健美，神态安详。右胁侍菩萨，高1.85米，顶蓄高髻，戴华髻冠，面容丰满，形体修长，双手自然交叉于胸际，姿态优美，表现手法简练、生动，是麦积山隋代造像的精品。

唐代造像以5号窟为代表，塑一佛二弟子四菩萨。虽经后代重修，仍保持着隋末到唐初的造像风格。中窟外两侧各开一圆拱形大龛，每龛内各塑一佛二菩萨。菩萨花萝高冠，面目端庄秀丽、胸部半袒、双臂外露、肌肤丰腴。但姿态服饰有别，体形微呈型扭动曲线，婀娜多姿，后人形象地称唐代的菩萨如宫娃，具有"丰满圆润"的艺术风格。

延伸阅读

麦积山石窟的开凿

麦积山石窟所处位置极其惊险，大都开凿在悬崖峭壁之上，洞窟之间全靠凌空栈道通达。据说当年修建洞窟，宛若今日建楼，一层一层搭建木架，靡费数百万。从上往下修建，修一层就拆除一层架子。当地至今还流传着"砍完南山柴，修起麦积崖""先有万丈柴，后有麦积崖"的谚语。可见当时开凿洞窟，修建栈道工程之艰巨、宏大。

云冈石窟：飞翔和微笑的世界

> 云冈石窟雕刻在我国三大石窟中，以造像气魄雄伟、内容丰富多彩见称。最小的佛像2厘米，最大的高达17米，多为神态各异的宗教形象。它的雕刻艺术继承并发展了秦汉雕刻艺术传统，吸收融合了佛教艺术的精华，在我国艺术史上占有重要地位。

开凿历史

云冈石窟开凿于1500多年前，整个石窟依山开凿，东西绵延一公里左右，洞窟内塑有佛像5万余尊。公元5世纪初，平城（今大同）作为北魏的都城，非常繁荣，在迁都洛阳之前的近百年间一直是北方的统治中心。初期的北魏王朝非常崇信佛教，并奉为国教。北魏太平真君七年（466年），太武帝听信司徒崔浩的建议，焚毁佛寺佛塔，强迫僧人还俗，造成了佛教史上的"太武灭法"。不久太武帝病，疑为灭法所致，大悔，杀崔浩。文成帝继位后，首先恢复佛法。云冈石窟就是在这样的情况下，由当时一位著名和尚奉文成帝之命，役使了数以万计的劳动人民和雕刻家动工开凿的。

乐舞雕刻

云冈石窟乐舞雕刻，是古代多元文化结合的产物，各民族深厚悠久的民间乐舞艺

◆ 云冈石窟雕塑

术在此积淀。经调查统计,石窟中目前有22个洞窟雕刻乐器图像,尚存各种乐器雕刻500余件、27种,乐队组合60余组。有表现佛界或俗界的专门性伎乐,也有点缀于壁面空间的图案化装饰性伎乐;有规模宏大,形式俊丽的天宫伎乐,也有态势缥缈悠逸、具有回旋流动之美的飞天伎乐。

双窟和云冈大佛

云冈大佛位于云冈石窟的第五窟中,第五窟为椭圆形草庐形式,分前、后室。处在云冈石窟群中部,为孝文帝迁洛前约465—494年开凿,和第六窟相连,是一组双窟。庙前有清顺治八年(1651年)建造的五间四层木楼阁,朱红柱栏,琉璃瓦顶,颇为壮观。

第五窟后室北壁的释迦牟尼坐像是整个云冈石窟群中最大的一尊佛像,高17米,外部经唐代泥塑重装。窟内满雕佛龛造像。窟西侧刻有两佛,对坐在菩提树下,顶部浮雕飞天,线条优美。

第六窟平面近方形,中央是一个连接窟顶的二层方形塔柱,高约14米,塔柱上雕有四方佛,上面四角各有一座九层出檐小塔,驮于象背上。窟四壁满雕佛、菩萨、罗汉、飞天等造像。窟顶有三十三诸天及各种骑乘,令人目不暇接。环绕塔柱四面和东、南、西三壁的中下部,刻有33幅描写释迦牟尼从诞生到成道的佛传故事浮雕,内容连贯,构图精巧。此窟规模宏伟,雕饰富丽,内容丰富,技法精炼,是云冈石窟中有代表性的一窟,也是中期造像艺术汇集的大检阅。

艺术风格

云冈石窟按照开凿的时间可分为早、中、晚三期,不同时期的石窟造像风格也各有特色。早期的"昙曜五窟"气势磅礴,具有浑厚、纯朴的西域情调。中期石窟则以精雕细琢,装饰华丽著称于世,显示出复杂多变、富丽堂皇的艺术风格。晚期窟室规模虽小,但人物形象清瘦俊美,比例适中,是中国北方石窟艺术的榜样和"瘦骨清像"的源头。此外,石窟中留下的乐舞和百戏杂技雕刻,也是当时佛教思想流行的体现和北魏社会生活的反映。

云冈石窟形象地记录了印度及佛教艺术向中国化艺术发展的历史轨迹,反映出佛教造像在中国逐渐世俗化、民族化的过程。多种佛教艺术造像风格在云冈石窟实现了前所未有的融会贯通,由此而形成的"云冈模式"成为中国佛教艺术发展的转折点。敦煌莫高窟、龙门石窟中的北魏时期造像均不同程度地受到云冈石窟的影响。

> **延伸阅读**
>
> **太武灭佛**
>
> 北魏统一北方,为巩固在中原的地位,以全民为兵。当时,僧人不用缴纳租税、徭役,锐志武功的太武帝就在太延四年(438年)下诏,凡是50岁以下的沙门一律还俗服兵役。太平真君五年(444年),太武帝的灭佛运动达到高潮,他弹压沙门,下令上自王公,下至庶人,一概禁止私养沙门,并限期交出私匿的沙门,若有隐瞒,诛灭全门。次年,诛戮长安的沙门,焚毁天下一切经像。一时之间,举国上下,风声鹤唳。这就是中国历史上"三武一宗"中的"太武灭佛"。

龙门石窟：神秘华丽的佛界

> 龙门石窟位于河南省洛阳市南13公里处，它同甘肃的敦煌石窟、山西大同的云冈石窟并称中国古代佛教石窟艺术的三大宝库。龙门石窟始凿于北魏孝文帝时期，目前存佛像十万余尊，窟龛两千三百多个。1961年被国务院列为国家重点文物保护单位。

根据《魏书》记载，龙门石窟开凿于云冈石窟之后。这一时期北魏统一北方，外来的宗教—佛教成为思想统治的精神支柱。为了控制中原地区，太和十八年（494年），孝文帝将国都平城（今山西大同）迁于洛阳。之后在龙门开凿石窟，此后东魏、西魏、北齐、北周、隋、唐、五代、北宋、明都曾在此地开凿石窟，以北魏和唐代的开凿活动规模最大，长达150年之久。

◆ 龙门石窟雕塑

魏窟

北魏太和十九年（495年），魏宗室丘慧成开始在龙门山开凿古阳洞，经过魏宣武帝、魏孝明帝的连续开凿，形成以宾阳洞为首的北、中、南三个大石窟，古阳洞和宾阳洞的修建共费人工80万以上，另外药方洞、莲花洞等石窟都动用人工巨大。北朝石窟位于龙门山，古阳洞自慧成至东魏末50多年的营造，表现出强烈的中国艺术形式，大佛姿态也由云岗石窟的雄健可畏转变为龙门石窟的温和可亲。以宾阳中洞主佛为代表的佛像，人物面部含着微笑。从造像风格上来说，龙门石窟比云岗石窟表现出更多的中国风格。

唐窟

唐朝的石窟开凿最多，占石窟总数的60%以上，其中尤以武则天执政时期开凿的石窟最多，占唐代石窟的多数，这与她长期处在洛阳有关。奉先寺是最具有

◆ 奉先寺卢舍那大佛（局部）

集中的地方，它是皇家意志和行为的体现。北魏和唐代的造像反映出迥然不同的时代风格。北魏造像在这里失去了云岗石窟造像粗犷、威严、雄健的特征，而生活气息逐渐变浓，趋向活泼、清秀、温和。这些北魏造像，脸部瘦长，双肩瘦削，胸部平直，衣纹的雕刻使用平直刀法，坚劲质朴。北魏时期人们崇尚以瘦为美，所以，佛雕造像也追求秀骨清像式的艺术风格。而唐代人们喜欢以胖为美，所以唐代佛像的脸部浑圆，双肩宽厚，胸部隆起，衣纹的雕刻使用圆刀法，自然流畅。龙门石窟的唐代造像继承了北魏的优秀传统，又汲取了汉民族的文化，创造了雄健生动而又纯朴自然的写实作风，达到了佛雕艺术的顶峰。

代表性的唐窟，二菩萨高70尺，迦叶、阿难、金刚、神王各高50尺（唐代长度）。规模之大，在龙门石窟中称第一，先后用了四年时间。

卢舍那大佛通高17米多，仅耳朵就有1.9米。在佛经中，卢舍那是佛在显示美德时的一种理想化身。奉先寺卢舍那大佛佛龛是唐高宗及武则天亲自经营的皇家开凿造像工程，工程设计和施工是由高宗亲自制定的。武则天曾经于咸亨三年（672年）捐出"脂粉钱二万贯"，武则天自称是卢舍那大佛所化，因此卢舍那佛被赋予了女性的形象：面容丰腴饱满，修眉细长，眉若新月，眼睑下垂，双目俯视，嘴巴微翘而又含笑不露，庄重而文雅、睿智而明朗。

艺术风格

龙门石窟是历代皇室贵族发愿造像最

延伸阅读

佛教文化与魏碑体

龙门石窟是佛教文化的艺术表现，但它也折射出当时的政治、经济以及文化时尚。石窟中保留着大量的宗教、美术、建筑、书法、音乐、服饰、医药等方面的实物资料，因此，它是一座大型石刻艺术博物馆。

龙门石窟也是书法艺术的宝库。著名的书法精品龙门二十品，是后代碑拓鉴赏家从龙门石窟众多的石刻造像题记中精选出来的书法极品。这些碑刻不仅记录了发愿人造像的动机、目的，还为石窟考古分期断代提供了依据。清代学者康有为曾大力提倡魏碑体，还称赞魏碑有十美，如笔法跳跃，结构天成，血肉丰美等。时值今日，魏碑体还作为标语、装潢用字广泛使用。由此可见，二十品在书法上占有举足轻重的地位。

南朝陵墓石刻：倾听风雨的神兽

> 丹阳是南朝齐、梁两代帝王的故里。齐梁帝王死后大多葬于丹阳。他们的陵墓多背依山冈，面临开阔平地。现丹阳境内有齐高帝、梁武帝等十多处陵墓。墓前石兽20多只，至今保存完好，已有1500多年历史，1988年被国务院公布为全国重点文物保护单位。

齐梁帝王陵石刻分布

中国南朝齐梁时期帝王陵墓神道石刻群位于江苏省丹阳市境内萧梁河沿岸。从陵口至水经山南北长约16公里。丹阳南朝陵墓的位置及其石刻，自唐以来，《元和郡县图志》《太平寰宇记》等书多有记载。20世纪30年代朱希祖曾多次进行调查，1949年以来，江苏省文管会多次组织人员进行调查、测绘。石刻造型优美生动，刻工精细逼真，具有鲜明的时代特色，集中代表了南朝雕刻艺术的突出成就。

丹阳南朝陵墓石刻主要分布在萧梁河两岸、狮子湾、仙塘、前艾庙、金王陈村、烂石垅、三城巷、水经山村八地十处，这十处陵墓主要是南朝时的齐、梁两代的帝王、帝后陵墓，其中有齐宣帝萧承之的永安陵、齐景帝萧道生的修安陵、齐武帝萧赜的景安陵、齐明帝萧鸾的兴安陵、梁文帝萧顺之的建陵、梁武帝萧衍的修陵以及金王陈村、烂石垅、水经山等一些无法考证的陵墓。这些陵墓前都有神道石刻，石刻的造型十分生动，气魄雄伟，是中国古代石刻艺术的珍品。

齐宣帝萧承之陵石刻

齐宣帝萧承之陵坐落在丹阳市胡家桥北二里狮子湾，坐南向北，墓葬的封土已经消失，陵前现存石刻二件，东为天禄，保存完好，身长2.95米，高2.75米，颈高1.40米，体围2.75米，昂首挺胸，张口垂身，腾超如跃，有双角，今已残断，颔下卷须垂于胸际；有翼，翼面前作卷云纹，中有细鳞，

◆ 辟邪

后为长翅；身上长毛卷曲如流苏，尾长曳地；足有四爪，左足前攫一小兽。西兽倾倒于土中，头已不存，其余部分保存完整，身长2.90米，体围2.40米，通高2.42米，颈高1.38米。石兽的整体造型精巧，气势雄伟，栩栩如生。

齐武帝萧赜陵石刻

齐武帝萧赜陵位于丹阳县建山乡田家村附近，陵坐北向南，墓葬的封土已经消失，陵前仅存有一对石兽，东为天禄，西为麒麟。天禄身长3.15米，高2.80米，颈高1.55米，体围3米，其造型、雕饰以及精神形态，均与萧承之永安陵前的天禄相仿，因其体长，高颈斜出，双目平视，显得窈窕秀美。西侧麒麟四足已失，身长2.70米，残高1.40米，体围2.51米，风化剥落严重，通体纹饰漫漶不清，两翼仅有其大体形貌，虽然形体略小于天禄，但其造型矫捷灵动，体态十分优美。

齐景帝萧道生陵石刻

齐景帝萧道生陵位于丹阳市东北17公里的水经山南面的仙塘湾附近，陵坐北朝南，于1965年发掘，墓室内有砖画。陵前510米处现存石刻两件，保存尚完好，东为天禄，西为麒麟。天禄身长3米，高2.75米，颈高1.54米，体围2.52米，双角残断；麒麟身长2.9米，高2.42米，颈高1.83米，体围2.4米，独角，其上满缀鳞纹。两兽均胸突腰耸，喷目张口，其状如跋。天禄头略向左，麒麟头略向右；天禄左足在前，麒麟右足在前；足趾四爪，踏下均有一小兽；两兽长尾均垂于趾间，内收后，天禄尾回折向

◆ 麒麟

左，麒麟尾则回折向右，两兽的姿态协调对称，给人以整体造型协调、优美之感。

丹阳是南朝齐、梁两代帝王的故里。齐高帝萧道成是东海兰陵人。南朝时期，刘宋政权覆灭，萧齐政权建立，兰陵遂成为帝王故里。随后萧梁政权代替萧齐政权，梁武帝同样出自兰陵，南兰陵中都里人。树高千丈，落叶归根。南朝齐、梁两个王朝帝王死后大都归葬丹阳，从而在这里营建陵墓，建造了大批精美的石刻。历尽千余年的风雨，王朝更迭，这些石刻依旧保持着华美的面貌。

延伸阅读

相墓术

目前有12座南朝齐梁陵墓散布在丹阳市境内云阳、后巷、埤城等乡镇的丘峦岗地，按当时流行的相墓风水之说，建筑万世之宅供帝王死后永久居住，并求达到后人的富贵发达。《南齐书·高帝纪》云："建元四年，窆泰安陵，其岗阜相属数百里，上常见五色云气，有龙出焉。宋明帝恶之，遣相墓士高灵文占视。灵文与世祖善，还，诡言不过方伯。退谓世祖曰'贵不可言。'帝意犹未已……太祖后ома所树华表柱，忽龙鸣，震响山谷。"上述记载，可见相墓术在南朝帝王心目中的地位。

昭陵六骏：凝注在石上的辉煌

昭陵是唐太宗李世民和文德皇后的合葬墓，位于陕西省礼泉县。墓旁祭殿两侧有庑廊，"昭陵六骏"石刻就列置其中。这六件石刻作品，是按照太宗皇帝生前最喜欢的六匹马的造型雕刻的，具有极高的艺术价值。

六骏的艺术风格

石刻中的"六骏"是李世民经常乘骑的六匹战马，它们既象征唐太宗所经历的六次重大战役，同时也是表彰他在唐王朝创建过程中立下的赫赫战功。六骏均为三花马鬃，束尾。这是唐代战马的特征，其鞍、鞯、镫、缰绳等，都逼真地再现了唐代战马的装饰。传说"昭陵六骏"石刻是依据当时绘画大师阎立本的手稿雕刻而成。

六骏采用高浮雕手法，以简洁的线条，准确的造型，生动传神地表现出战马的体态、性格和战阵中身冒箭矢、驰骋疆场的情景。六幅作品栩栩如生，不只是艺术上的成功，同时也反映了唐太宗奋发向上的气概。

六骏和李世民

1. 白蹄乌

"白蹄乌"是武德元年(618年)九月至十一月间，身为秦王的李世民与薛仁杲在浅水原作战时的坐骑，列于祭坛西侧三骏之末位（由南往北排列）。该马通身毛色纯黑，四蹄俱白。石刻"白蹄乌"筋骨强健，四蹄腾空，鬃鬣迎风，呈疾速奔驰之状，足见它当年载着李世民在黄土高原上急驰，追击薛军的情景。唐太宗给它题的赞语是："倚天长剑，追风骏足，耸辔平陇，回鞍定蜀。"

2. 特勒骠

"特勒骠"是武德二年（619年）十一月至次年四月李世民消灭割据马邑的刘武周势力，收复河东时，与刘武周大将宋金刚等作战时的坐骑，排列于昭陵祭坛东侧首位。它载着李世民驰骋汾晋，为收复大唐帝国的发祥地——太原和河东失地，立下了战功。因此，唐太宗李世民称赞它："应策腾空，承声

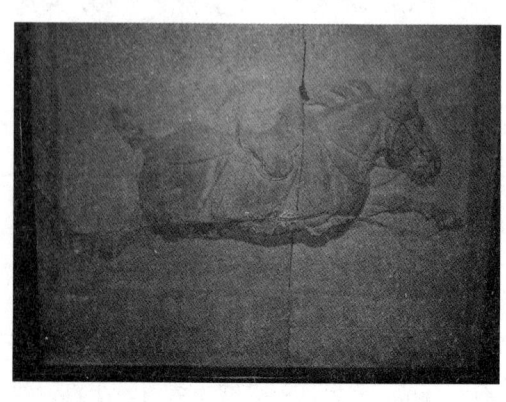

◆ 昭陵六骏之"青骓"

半汉,入险摧敌,乘危济难。"

3. 飒露紫

"飒露紫"是李世民东征洛阳,铲平王世充势力时的坐骑,列于陵园祭坛西侧首位,前胸中一箭。"飒露紫"是六骏之中唯一旁伴人像的作品。李世民为了表彰丘行恭拼死护驾的战功,特命将拔箭的情形刻于石作中。

4. 什伐赤

"什伐赤"是一匹纯赤色骏马,排列于祭坛东侧末位。是李世民在洛阳城外、武牢关前和王世充集团作战时的又一匹坐骑。在这场战斗中,"什伐赤"身中五箭,而且都在臀部,其中一箭是从背后射来的。石刻"什伐赤"呈带箭飞奔的形象。李世民为其题赞语曰:"瀍涧未静,斧钺申威,朱汗骋足,青旌凯归。"

5. 青骓

"青骓"为一匹苍白杂色骏马,是李世民和窦建德在洛阳武牢关交战时的坐骑,列于祭坛东侧三骏中间。武牢关大战,李世民最先骑上"青骓"马,率领一支精锐骑兵,似离弦之箭,直入窦建德军长达20里的军阵,左驰右掣,打垮了窦建德和十几万大军,并在牛口渚俘获了窦建德。因此,李世民称赞"青骓"马:"足轻电影,神发天机,策兹飞练,定我戎衣。"

6. 拳毛䯄

"拳毛䯄"是李世民武德四年(621年)十二月至次年三月平定河北,与刘黑闼

◆ 昭陵六骏之拳毛䯄

在洺水作战时所乘的战马,列于祭坛西侧三骏石刻中间。黑嘴头,周身旋毛呈黄色,原名"洛仁䯄",是代州刺史许洛仁在武牢关前进献给李世民的坐骑,故曾以许洛仁的名字作马名。李世民给它题的赞语是:"月精按辔,天驷横行。弧矢载戢,氛埃廓清。"

延伸阅读

六骏的去向

昭陵六骏是艺术价值极高的石刻作品,也是举世罕匹的文物。可惜已被美国文物大盗全部打碎,旧中国时期,中国内忧外患。美国文物贩子将昭陵六骏打碎,企图贩运出国,其中的"飒露紫"和"拳毛䯄"两骏于1914年被盗走,现存费城宾夕法尼亚大学博物馆。青骓、什伐赤、特勒骠、白蹄乌四件作品于1918年再次遭到破坏,盗卖者将石刻砸成几块企图装箱外运,途经西安北郊时被发现截获,现存陕西省博物馆。

乾陵：初唐时期的雕刻总汇

乾陵，是初唐时期唐高宗李治与女皇武则天的合葬墓，是我国唯一的一座两个皇帝的合葬陵寝和目前所知唯一没被盗掘过的唐代帝王陵墓，它的保护、考古调查及研究，一再受到世人的关注。

乾陵格局

乾陵位于陕西省乾县北门外6公里处的梁山上，距西安市约85公里，是唐关中十八陵中保存比较完整的一座陵墓。据史载，唐高宗生前选陵于好畤县梁山，因其位居长安西北，即八卦的乾方，故称"乾陵"。梁山地势险要，东为豹谷，西为漠谷，从黄土高原的台地上平拔而起，三峰耸立，气势雄伟。北峰最高，上摩烟霄，海拔1048米，是乾陵"玄宫"所在，南面二峰较低，东、西对峙，为陵之天然门户。

乾陵分内城和外城，内城总面积240万平方米。城墙四面，南有朱雀门，北有玄武门，东有青龙门，西有白虎门。从乾陵头道门踏上石阶路，计537级台阶，其台阶高差为81.68米。走完台阶即是一条平宽的道路直到"唐高宗陵墓"碑，这条道路便是"司马道"。道两侧的石刻作品有华表1对，翼马、鸵鸟各1对，石马5对，翁仲10对，石碑2道。东为无字碑，西为述圣记碑。有王宾像61尊，石狮1对，周围还有17座陪葬墓。"唐高宗陵墓"墓碑，高2米，是陕西巡府毕源为高宗所立，原碑已毁，现在这块碑是清乾隆年间重建的。此碑右前侧另一块墓碑，是郭沫若题写的"唐高宗李治与则天皇帝之墓"12个大字。

石刻的风格

华表，或称"神通石柱"，刻胡桃形的柱顶，胡桃是摩尼宝珠，是一种从佛教演化出来的建筑形式。华表是八棱形，多边形柱

◆ 乾陵石刻

身，方形的基座，柱身上下交接处均雕有莲瓣，每个棱面都刻有精致的蔓草。陵前置华表，是以陵墓象征宫殿，远望去巍巍矗立，衬托出壮观、庄严、肃穆而宏伟的气氛。

翼马，又称"龙马"，其特点是马的

◆ 乾陵无字碑

前肢有双翼，做腾空飞起之状，肌肉健壮，翼上刻有美丽的朵文纹，这显然是受希腊波斯艺术风格的影响。据说有作为的皇帝才能见到龙马，表示贤君盛世，因雕龙马置陵前。也有人认为是受升仙思想的影响，带羽之马供神灵飞升成仙。

乾陵内城朱雀门前有石狮一对，这对蹲狮高3.35米，形体高大，昂首挺胸，前肢挺拔，肌肉突出，巨头、卷毛、突目、隆鼻、阔口、利齿、巍然蹲踞于陵前，雄风威武，令人望而生畏。

无字碑

武则天晚年，侄儿武三思把持朝政，政宪大乱。神龙元年（705年）正月，宰相张柬之发动政变，拥立中宗复位。同年11月，武则天病死于洛阳上阳宫，临终遗嘱去皇帝尊号，终年82岁。神龙二年（706年）5月，重新启开乾陵墓道，将武则天与高宗合葬于乾陵。

武则天的无字碑通高7.53米，宽2.1米，厚1.49米，重约98.8吨。碑身雕有八条互相缠绕的螭龙，左、右两侧各四条。碑身用一块完整的巨石雕成，两侧各线刻高4.12米的"升龙图"。碑座阳面线刻"狮马图"，长2.14米，宽0.66米。整个无字碑高大雄浑，雕刻精美，为中国历代群碑中的巨制。无字碑唐时立，但不铭唐人一字，留下诸多待解之谜。

从北宋崇宁二年（1103年）至明崇祯六年（1633年）的530年间，有"往来登眺者题咏诗篇刊其上"，计39人42段。其中无字碑阳面正中的"大金皇弟都统经略朗君行记"题刻是用被称为"二十世纪之谜"的罕见的契丹文字镌刻的，史料价值弥足珍贵。

乾陵石刻可以说是初唐石刻艺术的总汇，尽管不少石刻作品已经被损毁，但是存世的作品依然可以一窥当时的雕刻艺术。

延伸阅读

翁仲

翁仲，历史上确有其人。原是秦始皇时的一名大力士，名阮翁仲。相传他身长一丈三尺，勇武异于常人，秦始皇令翁仲将兵守临洮，威震匈奴。翁仲死后，秦始皇为其铸铜像，置于咸阳宫司马门外。匈奴人来咸阳，远见该铜像，还以为是真的阮翁仲，不敢靠近。于是后人就把立于宫阙庙堂和陵墓前的铜人或石人称为"翁仲"。司马贞的《索隐》云："各重千石，坐高二丈，号曰翁仲。"可知，陵墓前置翁仲始于秦代。

明十三陵：帝陵的杰出代表

> 明十三陵是中国明朝皇帝的墓葬群，坐落在北京西北郊昌平区境内的燕山山麓的天寿山。这里自永乐七年（1409年）五月始作长陵，到明朝最后一帝——崇祯葬入思陵止，其间230多年，先后修建了十三座皇帝陵墓、七座妃子墓、一座太监墓。

明十三陵是明朝迁都北京后13位皇帝陵墓的总称，坐落于天寿山麓。总面积120余平方公里。距离北京约50公里。十三陵地处东、西、北三面环山的小盆地之中，陵区周围群山环抱，中部为平原，陵前有小河曲折蜿蜒，山明水秀，景色宜人。十三座皇陵均依山而筑，分别建在东、西、北三面的山麓上，形成了体系完整、规模宏大、气势磅礴的陵寝建筑群。该陵园从1409年开始营建，距今已有500多年历史。陵区占地面积达40平方公里，是中国乃至世界现存规模最大、帝后陵寝最多的一处皇陵建筑群。明代时，于沙河镇北，建有七孔石造"朝宗桥"。在镇东，则筑有壮丽的"巩华城"。该城原为嘉靖皇帝祭陵时中途休息的行宫，现仅存遗址。

十三陵是我国历代帝王陵寝建筑中保存完整、埋葬皇帝最多的古墓葬群，建筑雄伟，体系完整，历史悠久，具有极高的历史和文物价值。

石刻作品

石牌坊，位于十三陵神路最南端。明嘉靖十九年（1540年）建。为汉白玉砌成，面阔五间，六柱十一楼。夹柱石上雕刻麒麟、狮子、龙和怪兽，云腾浪涌，神态逼真。门上端额枋上雕刻的云纹，给人以柔美飘逸之感。这座晶莹光洁的牌坊是中国现存最大、最早的石坊建筑。

石像生，位于十三陵大牌楼至龙凤门的神路两侧。有石兽二十四座（狮、獬、豸、骆驼、象、麒麟、马各四，均二卧二立），石人十二座（武臣、文臣、勋臣各四），为明宣德十年整修长陵、献陵时雕造，均用整块巨石琢成。

◆ 明十三陵石骆驼

◆ 明代十三陵武官石像

棂星门，俗称"龙凤门"。位于十三陵石像群以北的神路上。是一座汉白玉石牌坊。门南向，三门并排，其间联以红色短垣，柱头的云板和异兽，构成门上的装饰，结构奇特。三门额枋中央，都有一颗石琢火珠，故又称"火焰牌坊"。

著名的陵寝

长陵，位于天寿山主峰下。是明成祖朱棣和他皇后徐氏（十三陵中第一个入葬的人）的陵寝，为十三陵中最早和最大的一座。建成于永乐十一年（1413年）。整个陵园用围墙环绕，分为三个院落，包括陵门、神库、神厨、碑亭、祾恩门、祾恩殿、棂星门、宝城、明楼等。这样宏伟的楠木建筑物，在中国已绝无仅有。

永陵，位于长陵东南阳翠岭下，是明世宗和他三个皇后的陵寝。构造精美细致，墙垛用花斑石砌造，斗栱、飞椽、檐椽、额枋都为石雕，宝城垛口和两侧通道也用石砌，是明代宫殿雕石的杰作。

定陵，位于长陵西南大峪山下，是明代第十三帝神宗朱翊钧和他两个皇后（孝端、孝靖）的陵寝。明楼为黄琉璃筒瓦重檐歇山顶，檐下榜额书"定陵"二字。四角及台阶都用巨石拼砌而成，枋、椽、斗栱也用石雕，加饰彩画，坚实美观。

明十三陵，既是一个统一的整体，各陵又自成一个独立的单位，陵墓规格大同小异。每座陵墓分别建于一座山前。陵与陵之间少至半公里，多至8公里。除思陵偏在西南一隅外，其余均成扇面形分列于长陵左右。在中国传统风水学说的指导下，体现了"天人合一"的哲学观点。明十三陵作为中国古代帝陵的杰出代表，展示了中国传统文化的丰富内涵。

延伸阅读

十三陵名称的来历

十三陵是明朝十三个皇帝的陵墓。明朝历经十六帝，为什么叫十三陵呢？这要追溯一下明朝的历史。明朝开国皇帝朱元璋，建都于南京，死后葬于南京钟山之阳，称"明孝陵"。第二帝朱允炆因其叔父朱棣以"靖难"为名发兵打到南京，建文帝不知所终。有人说出家当了和尚，总之是下落不明，所以没有陵墓。第七帝朱祁钰，因其兄英宗皇帝被瓦剌所俘，在太后和大臣的拥立下即了帝位。后英宗被放回，在心腹党羽的策划下，搞了一场"夺门之变"，英宗复辟，又做了皇帝。朱祁钰被害死，英宗不承认他是皇帝，将其在天寿山区域内修建的陵墓也给捣毁了，而以"王"的身份将他葬于北京西郊玉泉山。这样，明朝十六帝有两位葬在别处，一位下落不明，其余十三位都葬在天寿山，所以称"明十三陵"。建文帝最终是自焚还是从秘密隧道中逃走，至今还是个谜。